普通高等教育金融学类专业系列教材

固定收益证券

郭 凯 戴晓兵 编

机械工业出版社

本书在详细介绍债券分类、衍生和债券市场结构的基础上，主要讲解债券收益率、利率期限结构、离散与连续利率模型、离散与连续债券定价模型、内嵌期权债券的收益率与价格、债券利率风险、久期、凸性，以及如何利用久期与凸性构建免疫对冲策略等，并在重要结论之后给出"举例"和"问题"，做到有的放矢，巩固所学。同时，本书还给出了我国固定收益类产品的实际应用案例。本书内容既精简又实用，既论证翔实又深入浅出，既有基础又有前沿，既有理论又有应用，是一本接地气的固定收益证券教材。

本书适用于金融学及其相关专业的本科生、硕士研究生和金融相关从业人员，也适用于高等院校、科研院所的教师和科研人员。

图书在版编目（CIP）数据

固定收益证券/郭凯，戴晓兵编. —北京：机械工业出版社，2022.2
普通高等教育金融学类专业系列教材
ISBN 978-7-111-46669-7

Ⅰ. ①固… Ⅱ. ①郭…②戴… Ⅲ. ①固定收益证券–高等学校–教材 Ⅳ. ①F830.91

中国版本图书馆 CIP 数据核字（2022）第 015531 号

机械工业出版社（北京市百万庄大街22号　邮政编码100037）
策划编辑：常爱艳　　　责任编辑：常爱艳　马新娟
责任校对：史静怡　贾立萍　封面设计：鞠　杨
责任印制：单爱军
河北宝昌佳彩印刷有限公司印刷
2022年4月第1版第1次印刷
184mm×260mm · 12.25 印张 · 301 千字
标准书号：ISBN 978-7-111-46669-7
定价：49.00 元

电话服务　　　　　　　　　网络服务
客服电话：010-88361066　　机 工 官 网：www.cmpbook.com
　　　　　010-88379833　　机 工 官 博：weibo.com/cmp1952
　　　　　010-68326294　　金　书　网：www.golden-book.com
封底无防伪标均为盗版　　　机工教育服务网：www.cmpedu.com

前　言

　　我国固定收益证券市场以债券市场为主。从1981年恢复国债发行和1996年成立中央托管机构开始，我国债券市场进入高速发展期，债券发行额、市场存量、交易规模逐年快速增长，截至2019年年底，我国债券市场存量规模为97.84万亿元，约占全年国内生产总值（GDP）的98%。与此相对应，债券市场发展也呈现出两方面的基本特征。一方面，与债券相关的其他固定收益类产品、利率衍生品、利率互换、资产支持证券、债券回购、债券期货、互联网债券等创新产品不断涌现并快速发展；另一方面，随着债券"刚性兑付"被逐渐打破和信用债券违约潮的出现，债券信用风险凸显，债券风险管理策略显得尤为重要。

　　相对于股票定价，债券定价因涉及各种内嵌期权、市场利率波动、到期期限、息票率、信用评级等而更加复杂，这些因素均会影响债券的收益率、未来现金流和债券价格波动风险。借助无套利理论、二叉树模型、期权定价理论和随机微分方程等，可以刻画较为准确的利率期限结构，可以对短期利率和远期利率定价，可以估算内嵌期权的价值，以及可以对信用定价。借助久期、凸性等可以分析债券价格对市场利率波动的敏感度，可以构建对冲债券价格波动风险的免疫策略。这些理论和工具有助于研究债券定价、风险度量和对冲策略的构建，也是本书介绍的各类债券收益、风险、定价的基础。

　　我们编写本书的目的是使其成为能够较多体现本土案例、侧重金融产品核心和实际应用的固定收益证券教材。本书具有以下特点：

　　（1）更多聚焦我国固定收益类产品的实际案例。本书在基础与概念篇对我国债券的基本分类和相关衍生产品进行了详细的介绍。一方面，书中选取的基本债券和相关衍生品均在中央国债登记结算有限责任公司、中国证券登记结算有限责任公司、上海证券交易所和深圳证券交易所备案登记；另一方面，在每一类债券和相关衍生品内容之后，本书以"举例"的形式给出了具体的实际案例。本书按照代表性和时间优先的原则来选择实际案例，并依据债券及其衍生品的基本构成要素有的放矢地进行介绍。同时，本书还选择了一些我国近年来出现的固定收益类产品进行介绍，比如债贷组合债券、"一带一路"债、扶贫专项债、疫情防控专项债、双创孵化专项债券、人民币利率互换期权、联合办公领域ABS、区块链应收款ABN、互联网消费金融ABN、信用保护凭证等，从而使本书更加接地气。

　　（2）聚焦"收益、定价、风险"三个核心。本书并没有以债券类别区分章节，以一类债券单独成章，然后分析这类债券的收益、定价和风险，而是聚焦"收益、定价、风险"三个核心，分为基础与概念篇、收益与价格篇、风险与策略篇三篇，在每一篇下面分设不同章节，这些章节专门聚焦某一个核心。以收益与价格篇为例，该篇分设三章，分别聚焦无内嵌期权债券的收益率与价格、有内嵌期权债券的收益率与价格和考虑利率期限结构的债券价格，从而可以更系统地讲解不同类别债券的收益率测度与定价方法的内涵和区别。

　　（3）强调"去定理化"和"问题导向"。"去定理化"并非抹掉数学推导，恰恰相反，本书在收益与价格篇、风险与策略篇都有详尽的数学推导过程，便于读者理解。进一步，本书还在重要结论之后给出了"举例"和"问题"，这样读者就可以有的放矢，通晓结论的关键所在和如何应用。

　　本书内容既精简又实用，既论证翔实又深入浅出，既有基础又有前沿，既有理论又有应用。本书的编写得益于两位作者在长期固定收益证券授课过程中的工作积累。其中，郭凯负责本书整体框架和第 4~8 章的编写，戴晓兵负责第 1~3 章的编写。本书的出版也意味着我们可以拥有一本属于自己的教材，这的确是一件值得庆幸的事情。在编写过程中，我的两位研究生也做了大量早期的录入工作，她们分别是高雪和马桥桥，对她们的辛苦工作表示感谢！

郭凯
2021 年 12 月于东北财经大学之远楼

目　　录

前言

基础与概念篇

第1章　固定收益证券内涵与构成要素 ... 3
1.1　固定收益证券 ... 3
- 1.1.1　固定收益证券的内涵 ... 3
- 1.1.2　固定收益证券的基本分类 ... 3
- 1.1.3　固定收益证券的构成要素 ... 4
- 1.1.4　固定收益证券价格的影响因素 ... 5

1.2　债券的构成要素 ... 6
- 1.2.1　债券面值 ... 6
- 1.2.2　债券期限 ... 7
- 1.2.3　发行主体 ... 9
- 1.2.4　票面利率 ... 12
- 1.2.5　付息周期 ... 17
- 1.2.6　信用评级 ... 19

本章关键词 ... 22

第2章　债券的基本分类与衍生 ... 23
2.1　债券的基本分类 ... 23
- 2.1.1　政府债券 ... 23
- 2.1.2　中央银行票据 ... 26
- 2.1.3　政府机构支持债券 ... 27
- 2.1.4　金融债券 ... 27
- 2.1.5　企业债券 ... 30
- 2.1.6　公司债券 ... 31
- 2.1.7　债务融资工具 ... 35
- 2.1.8　同业存单 ... 38
- 2.1.9　其他概念债券 ... 38

2.2　债券的基本衍生 ... 44
- 2.2.1　资产支持证券 ... 44
- 2.2.2　资产支持票据 ... 48
- 2.2.3　信用风险缓释工具 ... 49
- 2.2.4　利率互换 ... 52
- 2.2.5　回购 ... 53

  2.2.6 国债期货 ……… 55

本章关键词 ……… 56

第3章 债券市场结构 ……… 57
3.1 中国债券市场结构 ……… 57
  3.1.1 一级市场 ……… 57
  3.1.2 二级市场 ……… 57
  3.1.3 银行间债券市场 ……… 58
  3.1.4 商业银行柜台市场 ……… 58
  3.1.5 交易所债券市场 ……… 59
  3.1.6 自贸区债券市场 ……… 59
  3.1.7 "债券通"市场 ……… 59
  3.1.8 债券衍生品市场 ……… 60
3.2 美国债券市场结构 ……… 60
  3.2.1 一级市场 ……… 60
  3.2.2 二级市场 ……… 60
  3.2.3 预售市场 ……… 61
  3.2.4 回购市场 ……… 62
  3.2.5 本息分离市场 ……… 62
  3.2.6 衍生品市场 ……… 63
3.3 债券发行 ……… 63
  3.3.1 发行方式 ……… 63
  3.3.2 招标方式 ……… 64
3.4 债券交易与价格形成机制 ……… 65
  3.4.1 参与者 ……… 65
  3.4.2 托管机构 ……… 66
  3.4.3 做市商机制 ……… 67
  3.4.4 竞价交易机制 ……… 67
3.5 债券期货报价方式 ……… 67
3.6 债券指数 ……… 68
  3.6.1 全球债券指数 ……… 68
  3.6.2 我国债券指数 ……… 69

本章关键词 ……… 70

收益与价格篇

第4章 货币时间价值、债券收益率与债券价格 ……… 75
4.1 货币时间价值 ……… 75
  4.1.1 连续情形的货币时间价值 ……… 75
  4.1.2 离散情形的货币时间价值 ……… 75

  4.1.3 年金时间价值 ………………………………………………………………………… 76
4.2 中长期债券收益率与价格 …………………………………………………………………… 77
  4.2.1 总收益率与收益分解 …………………………………………………………………… 77
  4.2.2 到期收益率 ……………………………………………………………………………… 78
  4.2.3 债券价格的表达形式 …………………………………………………………………… 79
  4.2.4 息票率与到期收益率 …………………………………………………………………… 80
  4.2.5 息票率与债券价格 ……………………………………………………………………… 80
  4.2.6 债券价格收益曲线 ……………………………………………………………………… 80
  4.2.7 债券价格时间路径 ……………………………………………………………………… 81
4.3 应计利息与债券价格 ………………………………………………………………………… 82
  4.3.1 两个息票日之间的债券价格 …………………………………………………………… 82
  4.3.2 计日方法 ………………………………………………………………………………… 83
  4.3.3 应计利息 ………………………………………………………………………………… 85
  4.3.4 债券全价与净价 ………………………………………………………………………… 85
  4.3.5 债券价格报价方式 ……………………………………………………………………… 87
  4.3.6 转换因子 ………………………………………………………………………………… 88
4.4 短期债券收益率与价格 ……………………………………………………………………… 89
  4.4.1 持有期收益率 …………………………………………………………………………… 89
  4.4.2 等价年收益率 …………………………………………………………………………… 89
  4.4.3 银行贴现收益率 ………………………………………………………………………… 89
  4.4.4 货币市场收益率 ………………………………………………………………………… 90
4.5 投资组合收益率 ……………………………………………………………………………… 90
  4.5.1 投资组合加权平均收益率 ……………………………………………………………… 90
  4.5.2 投资组合内部收益率 …………………………………………………………………… 91
4.6 总收益率 ……………………………………………………………………………………… 92
  4.6.1 税前总收益率 …………………………………………………………………………… 92
  4.6.2 资本利得摊销 …………………………………………………………………………… 93
  4.6.3 税后期满总收益率 ……………………………………………………………………… 94
4.7 有效息票率 …………………………………………………………………………………… 95
本章关键词 ………………………………………………………………………………………… 96

第5章 利率期限结构、利率模型与债券价格 …………………………………………………… 97

5.1 即期利率与远期利率 ………………………………………………………………………… 97
  5.1.1 离散情形的即期利率 …………………………………………………………………… 97
  5.1.2 连续情形的即期利率 …………………………………………………………………… 97
  5.1.3 离散情形的远期利率 …………………………………………………………………… 97
  5.1.4 连续情形的远期利率 …………………………………………………………………… 99
5.2 利率期限结构 ………………………………………………………………………………… 100
  5.2.1 利率期限结构形式与理论解释 ………………………………………………………… 100
  5.2.2 利率期限结构推导——自举法 ………………………………………………………… 103

5.2.3 利率期限结构推导——三次样条函数法 …… 106
5.2.4 利率期限结构套利 …… 109
5.3 离散利率模型与债券价格 …… 110
5.3.1 离散利率模型 …… 110
5.3.2 Ho–Lee 模型 …… 113
5.3.3 Vasicek 离散模型 …… 115
5.4 连续利率模型与债券价格 …… 117
5.4.1 连续利率模型与债券价格的偏微分方程 …… 117
5.4.2 Vasicek 连续模型 …… 118
5.4.3 HJM 模型 …… 119
5.4.4 Hull–White 模型 …… 120
本章关键词 …… 121

第6章 内嵌期权债券收益率与价格 …… 122

6.1 可赎回债券收益率与价格 …… 122
6.1.1 可赎回债券 …… 122
6.1.2 首次赎回收益率 …… 123
6.1.3 最佳赎回日 …… 123
6.1.4 可赎回债券的定价方法 …… 125
6.2 可转换债券收益率与价格 …… 126
6.2.1 可转换债券 …… 126
6.2.2 溢价率与转股价值 …… 127
6.2.3 可转换债券的定价方法 …… 128
6.3 浮动利率债券收益率与价格 …… 134
6.3.1 浮动利率债券 …… 134
6.3.2 浮动利率债券衍生 …… 135
6.3.3 利差 …… 136
6.3.4 浮动利率债券定价 …… 138
6.4 利率互换收益率与价格 …… 142
6.4.1 利率互换 …… 142
6.4.2 利率互换收益 …… 143
6.4.3 利率互换定价 …… 145
本章关键词 …… 149

风险与策略篇

第7章 债券价格波动率及其测度 …… 153

7.1 债券价格波动率 …… 153
7.1.1 债券价格波动率内涵 …… 153
7.1.2 债券价格波动率的影响因素 …… 154

7.2 债券价格波动率测度（一） ……………………………………… 156
  7.2.1 一个基点的价格值 ………………………………………… 156
  7.2.2 收益率值 …………………………………………………… 156
7.3 债券价格波动率测度（二） ……………………………………… 157
  7.3.1 麦考利久期 ………………………………………………… 157
  7.3.2 久期简化公式 ……………………………………………… 158
  7.3.3 久期、价格波动率与PVBP ……………………………… 159
  7.3.4 有效久期 …………………………………………………… 160
  7.3.5 关键利率久期 ……………………………………………… 161
7.4 债券价格波动率测度（三） ……………………………………… 161
  7.4.1 凸性 ………………………………………………………… 161
  7.4.2 凸性简化公式 ……………………………………………… 162
  7.4.3 凸性、价格波动率与PVBP ……………………………… 163
  7.4.4 有效凸性 …………………………………………………… 164
  7.4.5 凸性的影响因素与价值 …………………………………… 164
7.5 浮息债价格波动率 ………………………………………………… 168
  7.5.1 浮息债久期与凸性 ………………………………………… 168
  7.5.2 逆向浮息债久期与凸性 …………………………………… 169
  7.5.3 利率互换久期与凸性 ……………………………………… 170
7.6 投资组合久期与凸性 ……………………………………………… 170
本章关键词 ……………………………………………………………… 173

第8章 债券投资策略 …………………………………………………… 174
8.1 PVBP对冲 ………………………………………………………… 174
8.2 免疫策略 …………………………………………………………… 175
  8.2.1 部分免疫 …………………………………………………… 175
  8.2.2 完全免疫 …………………………………………………… 177
  8.2.3 部分免疫与完全免疫的关系 ……………………………… 178
8.3 利率互换久期对冲 ………………………………………………… 180
8.4 现金流匹配策略 …………………………………………………… 180
本章关键词 ……………………………………………………………… 182

参考文献 ………………………………………………………………… 183

基础与概念篇

第1章 固定收益证券内涵与构成要素

1.1 固定收益证券

固定收益证券市场是金融市场体系中的一个重要组成部分，它与股票市场一起构成了证券市场的两大基石。固定收益证券主要是指债券、票据及其衍生品，是重要的直接融资工具。固定收益证券种类繁多，为资金需求者提供了一个较为迅速、便利地获取资金的渠道。它以利率为杠杆，调节着整个社会经济的资金流向，所融通的大量资金保证了整个社会经济的正常运行。一般认为，固定收益证券包括国债、公司债、优先股和结构化产品等。可转换债券、可交换债券，甚至固定分红的保险产品、利率互换协议，都可以划归为这一类产品。尽管如此，无论在理论研究中还是在实际操作中，通常是将债券和票据作为固定收益证券的最主要的代表性产品。在我国，国债和央行票据构成了我国固定收益证券的主体。

1.1.1 固定收益证券的内涵

固定收益证券（Fixed–Income Securities/Instruments）按字面意思理解就是持券人按照约定可以在特定的时间内取得固定的收益并预先知道取得收益的数量和时间的一类证券。固定收益证券最简单的形式是指由某一主体承诺在将来的某一时间支付特定金额的金融义务。做承诺的主体即固定收益证券的发行人（Issuer），包括企业（如上市公司或大型国有企业）、中央政府和地方政府、某一特定的行政部门或行政部门的担保机构（如联邦国民抵押贷款协会房利美、联邦住宅贷款抵押公司房地美）以及国际性机构（如世界银行）。

1.1.2 固定收益证券的基本分类

固定收益证券主要分为两大类：债权工具和权益工具。

债权工具主要包括债券、票据、银行存贷款、房地产抵押支持证券（Mortgage–Backed Securities，MBS）、资产支持证券（Asset–Backed Securities，ABS）、担保债务凭证（Collateralized Debt Obligation，CDO）等。在债权工具中，发行人为借款人或债务人，购买债权工具的投资者为出借方或债权人。债务人承诺在未来特定日期支付票面利息和本金两个部分，其中本金代表所借入资金的偿还。权益工具主要包括优先股和可转换可赎回优先股。优先股代表了公司的所有者权益，可以享受合同约定的固定股利支付和公司剩余利润再分配的优先权，当公司破产清算时，优先股股东也会相对于普通股股东被优先考虑。因此，优先股被视为一种具有和债券相似特征的权益凭证。

目前，国内固定收益证券的主要种类有银行存贷款、国债、金融债券、同业存单、中央银行票据、地方政府债券（市政债券）、公司债券、企业债券、可转换债券、可分离交易可转换债券、可交换债券、抵押债券、信用债券、优先股、分级基金中的A基金、养老保险金、资产支持证券及以固定收益资产为基础的结构化产品等。从存量来看，国债、地方政府债券

(市政债券)、同业存单、金融债券构成了我国固定收益类证券的主体,可转债、企业债券、信用债券以及结构化产品也正在快速发展。截至 2019 年 12 月 31 日,我国债券市场总存量为 97.84 万亿元,约占全年国内生产总值(GDP)的 98%。图 1-1 给出了截至 2019 年 12 月 31 日我国债券市场存量结构。

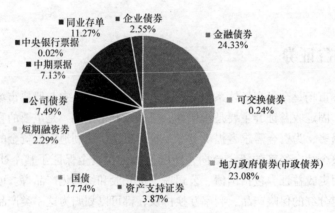

图 1-1 我国债券市场存量结构(截至 2019 年 12 月 31 日)

数据来源:Wind 数据库。

1.1.3 固定收益证券的构成要素

固定收益证券的构成要素主要有面值、价格(净价和全价、应计利息)、到期期限(付息期)、发行额度、票面利率、收益率(到期收益率、贴现率)、发行人、信用评级、选择权(内嵌期权)、税收、禁止条款、偿还条款等。

固定收益证券的构成要素大部分会在契约中进行约定。以债券为例,按照商务印书馆《英汉证券投资词典》中的解释,债券契约(Bond Indenture)是债权人与债务人之间签订的具有法律效力的协议,是详细写明债券发行事宜、发行人义务和投资者权益的法律合约,由某信托机构或发行人的开户银行充当债券发行的托管人,监督发行人严格履行合约中的所有条款。

债券契约条款分为标准化条款和非标准化条款。标准化条款主要包括息票利率、付息方式与时间、发行期限、发行规模、发行价格、发行人信息、上市时间、信用评级等基本内容。非标准化条款主要用于保护投资者的各类含权条款,包括还款、赎回、担保、偿债基金、流动资金比例限制等条款内容。债券契约条款大体可以分为期权类条款、限制资产转移类条款、限制投融资类条款以及偿付安排类条款。

(1)期权类条款是指在债券发行上市后,根据环境或条件的变化,发行人或投资者可以适时执行选择权,从而改变未来的现金流,以保护债券投资者利益的条款。它主要包括利率可调整、可转换、可回售、可赎回、可提前偿还、(新)质押式回购等具有期权特性的条款。

(2)限制资产转移类条款是指限制发行人通过某种直接或间接途径向公司股东输送利益而有可能损害债券投资者利益的条款。它主要包括限制出售资产、限制关联交易、限制对外担保、限制质押资产、限制向股东大比例分红、限制高管薪酬等。

(3)限制投融资类条款是指在债券存续期内,限制发行人进行高风险的投资活动,降低债券投资者的信用风险的条款。它主要包括限制重大风险项目对外投资、限制收购或兼并、限制资产出售、限制质押或担保等。

(4) 偿付安排类条款是指债券发行之后，为了保证未来债务本息的顺利偿付，发行人给出的一系列明确的计划和安排。它主要包括：①在债券存续期间，发行人对审计质量、会计技术要求的承诺和说明，关于条款说明的定期发布，以及承诺遵守契约中的条款等；②设立专门的偿付工作小组、主要责任人不得调离、建立偿债基金、对债务提供第三方担保等保障偿债的安排，调低高管薪酬、不分配股东利润、利率上调、加速清偿、追加担保等。

1.1.4 固定收益证券价格的影响因素

固定收益证券价格的影响要素与权益类证券价格不同，主要包含市场利率、标的证券、契约条款和信用利差。以债券为例，息票率（Coupon Rate）、到期期限（Term to Maturity）、市场利率、信用评级以及契约条款都会影响债券的市场价格（见表1-1）。

表1-1 债券市场价格的影响因素

	息票率	到期期限	市场利率	信用评级	契约条款
价格	正向	溢价：正向 折价：反向	反向	正向	正向
价格波动率	反向	正向	反向	反向	反向

(1) 息票率是以票面为基础的名义利率，是发行人定期支付息票利息的利率。息票率可以是固定利率，也可以是浮动利率，决定了投资者未来获取现金流的大小。其他变量不变的情况下，息票率越高，债券价格越高，反之则债券价格越低。除此之外，息票率也影响着债券价格对市场利率变化的敏感性。其他变量不变的情况下，息票率越高，债券的价格波动率越小。

(2) 到期期限是指债券从发行日起至最后一个清算日（以一次还本债券为例，最后一个清算日为偿还全部债券面值和最后一笔息票利息的日期）止的时间。一般而言，在其他变量不变的情况下，到期期限越长，债券的流动性越低，投资者面临的风险越大，进而投资者要求的流动性溢价越高。此时，对溢价债券而言，到期期限越长，债券价格越高，到期期限越短，债券价格越低，即到期期限与债券价格正向变化；对折价债券而言，到期期限与债券价格反向变化。到期期限也会影响债券价格波动率，到期期限越长，债券价格对市场利率变化越敏感，债券价格波动率越大；反之，到期期限越短，债券价格波动率越小。

(3) 市场利率又称到期收益率（Yield to Maturity，YTM），是货币资金价格的表现形式，反映了货币市场的资金供求关系。市场利率是债券价格最重要的影响因素，且债券价格对市场利率具有同质性。在其他变量不变的情况下，市场利率下降，债券价格上升；市场利率上升，债券价格下降。

(4) 信用评级反映了债券发行人的信用等级。在其他变量不变的情况下，发行人的信用等级越高，债券违约风险越低；信用利差越小，债券价格越高。发行主体的信用等级由信用评级机构进行评定，当前世界三大信用评级机构为标准普尔信用评级公司（Standard & Poor's Ratings Services，简称标普）、穆迪投资服务有限公司（Moody's Investors Service，简称穆迪）和惠誉国际信用评级公司（Fitch Ratings，简称惠誉）。这三家评级机构都拥有较为成熟的评级技术，其中标普与惠誉共用一套评级标识体系，而穆迪则有另外一套标识体系，三大信用评级机构均采用"发行人付费"（Issuer-Pays Model）的商业模式。标普和惠誉评级BBB及以上或者穆迪评级Baa3及以上级别的债券为投资级债券，相应的低于该级别的债券则为投机级债券，亦称为垃圾债券。

（5）契约条款的主要作用是保护债券投资者，缓解由信息不对称导致的股东和债权人之间的代理冲突，从而降低债券的信用风险。债券契约条款对债券的到期收益率、息票率、流动性和价格波动率均会产生影响。①对于到期收益率，一方面契约条款会通过降低信用价差而降低到期收益率；另一方面，契约条款还可能通过改变债券到期期限和未来现金流而提高或降低非信用价差，进而提高或降低到期收益率。②对于息票率，由于契约条款保护债权人和限制股东行为，因而债权人应降低息票率来弥补股东损失，即契约条款越多，息票率越低。③对于流动性，契约条款会降低债券信用风险，而高信用债券的流动性要比低信用债券强，因此契约条款增强了债券流动性。④对于价格波动率，契约条款越多，对投资者保护越强，债券价格受系统冲击越小，债券价格波动率越小，因此契约条款会降低价格波动率。

1.2 债券的构成要素

债券是固定收益证券中的一种，是指本国（外国）政府、金融机构、企业（上市公司）等直接向社会借入资金，向投资者发行，同时承诺按一定票面利率支付利息并按约定条件偿还本金的债权债务凭证。债券的本质是债权债务的证明书，具有法律效力。债券投资者与发行人之间是一种债权债务关系，债券投资者（债券购买者）即债权人，发行人即债务人。

1.2.1 债券面值

债券种类繁多，不同债券包含不同的发行信息，但在内容上都具有一些基本要素，这些要素是所发行债券必须说明的基本内容，也是明确发行人与投资者债权债务关系的主要内容，其中包括：

（1）债券面值（Face Value）。它是指债券的票面价值，是发行人对债券持有人在债券到期后应偿还的本金数额，也是发行人向债券持有人按期支付票面利息的计算依据。债券面值与债券实际发行价格并不完全一致，发行价格高于面值为溢价发行，发行价格低于面值为折价发行，发行价格等于面值为平价发行。债券面值还与债券标价有关，由于不同债券面值不尽相同，为了债券标价或计价的方便与比较，交易所通常用债券面值的百分比来对债券进行标价。

（2）币种。在债券的票面价值中，首先要规定票面价值的币种，即以何种货币作为债券价值的计量标准。确定币种主要考虑债券的发行对象。在国内发行的债券通常以本国本位货币作为面值的计量单位；在国际金融市场融资，则通常以债券发行地所在国家或地区的货币或以国际上通用的货币为计量标准。

（3）票面金额。币种确定后，还要规定债券的票面金额。我国发行的债券，一般每张面额为100，即债券面值为100元人民币；美国发行的债券，一般每张面额为1000，即债券面值为1000美元。

债券期货的面值为期货合约的面值，通常是合约标的债券面值的倍数。在中国金融期货交易所（CFFEX）上市交易的五年期（TF）和十年期（T）国债期货合约均为面值100万元人民币、票面利率3%的名义中长期国债，两年期（TS）国债期货合约为面值200万元人民币、票面利率3%的名义中短期国债。在芝加哥商品交易所（CBOT）上市交易的五年期（ZF）和十年期（ZN）国债期货合约均为面值10万美元、票面利率6%的美国国债，两年期（ZT）国债期货合约为面值20万元美元、票面利率6%的美国国债。大体而言，境外国债期货合约面值为60万～130万元人民币。

1.2.2 债券期限

债券期限包括发行期限和剩余期限。发行期限是指债券上载明的偿还债券本金的期限，即债券发行日至到期日之间的时间间隔。剩余期限是指债券交易日（清算日）至到期日之间的时间间隔。通常，发行期限小于一年（含一年）的债券为短期债券；发行期限超过一年的债券为中长期债券。剩余期限不到一年的债券（一年以内债券）也属于短期债券。债券期限不仅可以明确债券本金收回的确切日期，而且随着到期日临近和剩余期限越来越短，还会影响债券的到期收益率和收益曲线，同时还会影响债券的价格波动率。对于内嵌期权的债券而言，剩余期限至关重要，随着到期日临近，债券可能因为债券契约的限制性条款而提前终止，导致实际剩余期限小于名义剩余期限，从而减少了债券的发行期限，影响债券价格和价格波动率。

不规定到期期限、发行人没有偿还本金的义务且投资人可以按照息票利率永久获取利息的债券则为可续期债券或永续债（Perpetual Bond）。我国永续债期限设置上多采取"3＋N"和"5＋N"（N代表多个重新定价周期）方式，息票利率多采用"基础利率＋上浮基点"的方式。我国永续债可分为公司永续债和银行永续债，公司永续债又称可续期公司债券，其发行主体为以大型国有企业和上市公司为主的非金融企业，内嵌发行人可选择权；银行永续债又称无固定期限资本债券，其发行主体为商业银行，内嵌有条件赎回权、双（单）触发减记条款和次级性风险条款，除次级债券、混合资本债、二级资本债以外，银行永续债已经成为我国商业银行补充资本金的一个重要的融资渠道。

举例

❶ 公司永续债。2013年10月，武汉地铁集团有限公司发行了我国第一支可续期债券（13武汉地铁可续期债）。期限采用"5＋N"方式，每五个计息年度末，发行人有权选择将债券期限延续五年，或选择终止，即该计息年度末到期全额兑付本息。息票利率采用"基准利率＋基本利差"的浮动利率方式，基准利率每五年确定一次。首次基准利率为发行公告日前1250个工作日的七天上海银行间同业拆放利率（Shibor）的算术平均数，其后每五年的基准利率为该五年计息周期起息日前1250个工作日的七天Shibor的算术平均数。按此规则，13武汉地铁可续期债第一个五年期基准利率为2.89%，基本利差为5.61%，息票利率为8.5%。2018年9月7日，武汉地铁集团发布公告，决定不行使续期选择权。该"永续债"实际上变成五年期公司债券。2018年10月29日，13武汉地铁可续期债全额兑付本息，"永续债"到期。

❷ 公司永续债——可续期中期票据。2016年3月11日，新疆特变电工发行了5亿元第一期中期票据（16特变股份MTN001）。期限采用"5＋N"方式，内嵌赎回权。息票利率每五年重置一次，前五个计息年度息票利率为"初始基准利率＋初始利差"，即固定利率5.8%，从第六个计息年度起，息票利率为"当期基准利率＋初始利差＋300bp"，初始基准利率和当期基准利率为簿记建档日和票面利率重置日前五个工作日中国债券信息网公布的中债国债收益率曲线中待偿期为五年的国债收益率的算术平均数。

❸ 银行永续债——商业银行。2019年1月25日，中国银行在银行间债券市场发行400亿元减记无固定期限次级债券（19中国银行永续债01）。这是我国首支商业银行永续债。债券发行后，中国银行一级资本充足率提高约0.3个百分点。期限采用"5＋N"方式，内嵌有条

件赎回权、双触发减记条款和次级性风险条款。息票利率每五年重置一次，不含利率跳升机制，前五个计息年度票面利率为4.5%。息票利率为"基准利率+固定利差"，基准利率为簿记建档日前五个工作日中国债券信息网（或中央国债登记结算有限责任公司）公布的中债国债收益率曲线中待偿期为五年的国债收益率的算术平均数，固定利差为发行确定的息票利率与基准利率之差。有条件赎回权：存在更高质量的资本工具可以替换本期债券或行使赎回权后资本水平仍显著高于银保监会的监管资本要求。双触发减记条款：①持续经营触发事件（CET1事件），即发行人核心一级资本充足率降至5.125%以下，经中国银行保险监督管理委员会（简称银保监会）同意，发行人可将债券面值全部或部分减记，息票利息按减记后面值支付；②无法生存触发事件（PONV事件），即银保监会认定若不减记则发行人无法生存，或相关部门认定若不进行公共部门注资和提供同等效力的支持则发行人将无法生存，发行人可将债券面值全部减记。次级性风险条款：债券本金清偿顺序在存款人、一般债权人和次级债务之后。2019年12月26日，平安银行在银行间债券市场发行200亿元的减记无固定期限资本债券（19平安银行永续债01），减记条款采用的是单触发减记条款（PONV）。该债券是2019年11月《关于商业银行资本工具创新的指导意见（修订）》出台后，我国首支采取单触发减记条款的无固定期限资本债券。

❹ 银行永续债——城市商业银行。2019年11月19日，台州银行在银行间债券市场发行16亿元减记无固定期限次级债券（19台州银行永续债01）。这是我国首支城市商业银行永续债。期限采用"5+N"方式，内嵌有条件赎回权、双触发减记条款和次级性风险条款。息票利率每五年重置一次，不含利率跳升机制，前五个计息年度票面利率为5.4%。息票利率为"基准利率+固定利差"。2019年12月3日，徽商银行在银行间债券市场发行100亿元减记无固定期限次级债券（19徽商银行永续债01），这是我国第二支城市商业银行永续债。期限采用"5+N"方式，内嵌有条件赎回权、双触发减记条款和次级性风险条款。息票利率每五年重置一次，不含利率跳升机制，前五个计息年度票面利率为4.9%。息票利率为"基准利率+固定利差"。

我国短期债券主要有央行票据和短期融资券。央行票据的期限通常为三个月、六个月、一年。以央行票据为例：2003年4月22日，中国人民银行正式通过公开市场操作发行了金额为50亿元、期限为六个月的央行票据。2003年4月以来，中国人民银行选择发行央行票据作为中央银行调控基础货币的新形式，在公开市场上连续滚动发行了三个月、六个月及一年期央行票据。

举例

❶ 2020年1月，中国人民银行发行了2020年第一期央行票据（互换）（20央票01换），发行期限为三个月，发行日为2020年1月20日，到期日为2020年4月20日，票面利率为2.35%，平价发行，到期一次还本付息，截至2020年2月11日，剩余期限为0.1885年。

❷ 中国人民银行也会发行长期票据。2004年12月9日，开始发行三年期央行票据，即2004年第98期央行票据（04央行票据98），发行期限为三年，发行日（起息日）为2004年12月17日，到期日为2007年12月17日，票面利率为4.15%，平价发行，按年付息，付息日为12月17日。

❸ 中国人民银行也会发行远期票据。2004年12月29日，中国人民银行首次发行200亿元远期票据（04央票103），缴款日和起息日均为2005年2月21日，距发行日50余天，是历

史上首次带有远期性质的央行票据。

短期融资券（Commercial Paper，CP）是指具有法人资格的企业，依照《银行间债券市场非金融企业债务融资工具管理办法》规定的条件和程序，在银行间债券市场发行和交易，并约定在一年内还本付息的有价证券。它是由企业发行的无担保短期本票。短期融资券包括一般短期融资券（CP）和超短期融资券（SCP）。短期融资券期限通常为一年，超短期融资券期限通常低于270天。

举例

❶ 鞍钢集团2019年度发行的第一期短期融资券（19鞍钢集CP001），发行额度为30亿元，发行期限为一年，票面利率为3.31%，发行日（起息日）为2019年2月22日，债券评级A-1。

❷ 江苏常熟发展投资有限公司2019年度发行的城投债（19常熟发投CP001）属于一般短期融资券，发行额度为6亿元，发行期限为一年，票面利率为3.34%，发行日（起息日）为2019年9月24日。

❸ 包钢集团2019年度发行的第一期超短期融资券（19包钢SCP001），发行额度为10亿元，发行期限为0.74年（270天），票面利率为5.86%，发行日（起息日）为2019年12月2日，债券评级AA+。

❹ 江苏常州城市建设集团2019年度发行的第八期超短期融资券（19常城建SCP008），发行额度为9亿元，发行期限为0.66年，票面利率为2.85%，发行日（起息日）为2019年8月20日。

美国政府债券按期限分为短期债券（Treasury Bill）、中期债券（Treasury Note）和长期债券（Treasury Bond）。短期债券期限为13周、26周、52周，零息票，折价发行，面值为10 000美元的整数倍。中期债券期限为两年、三年、四年（1990年12月停发），五年、七年（1993年4月停发）以及十年的息票债券，面值为1000美元的整数倍。长期债券期限为10~30年的息票债券，面值是1000美元的整数倍。

债券期货的期限为期货标的债券的期限，而非期货合约的期限。我国国债期货的合约月份为最近的三个季月（3月、6月、9月、12月中的最近三个月循环），例如，2019年3月国债期货上市日期和最后交易日分别为6月17日和次年3月13日，6月国债期货上市日期和最后交易日分别为9月17日和次年6月12日，9月国债期货上市日期和最后交易日分别为12月16日和次年9月11日。理论上，两年期、五年期、十年期国债期货用于交割的标的债券也应为对应期限的国债，但实际可交割国债剩余期限往往与国债期货期限不同，这时期货交易所会发布一揽子可交割国债，但一揽子可交割国债的期限是有限定的。十年期国债期货可交割国债的期限为发行期限不高于十年、合约到期月份首日剩余期限不低于6.5年，五年期国债期货可交割国债期限为发行期限不高于七年、合约到期月份首日剩余期限为4~5.25年，两年期国债期货可交割国债期限为发行期限不高于五年，合约到期月份首日剩余期限为1.5~2.25年。美国芝加哥期货交易所（CBOT）分别于1982年、1988年、1990年、2009年、2010年和2016年推出十年期、五年期、两年期、三年期、超长期和超长十年期期限美国国债期货合约。

1.2.3 发行主体

发行主体明确债券的债务主体，为还本付息和到期追偿本金及利息提供依据。按发行主体分，我国债券包括国债、地方政府债券、金融债券、企业债券、公司债券、可转债、可分离交易可转债、可交换债、短期融资券、央行票据、同业存单、中期票据（MTN）等。在国外市场发行的债券大类可以分为欧洲（欧元）债券、外国债券和离岸债券。欧洲（欧元）债券是在国外债券市场发行、以第三国货币为面值的债券，外国债券是在国外债券市场发行、以发行地货币为面值的债券，离岸债券是在国外债券市场发行、以本国货币为面值的债券。

举例

❶ 2017年12月，甘肃公航旅集团在境外成功发行首支三年期4.1亿欧元债券（约合5亿美元），债券品种为高等级无抵押债券，标普、惠誉评级BBB−（境外发债投资级），息票率为1.875%。

❷ 2019年11月5日，中国财政部在法国巴黎成功发行了40亿欧元主权债券，系15年来首次发行欧元主权债券。其中：七年期20亿欧元，票面利率为0.197%；12年期10亿欧元，票面利率为0.618%；20年期10亿欧元，票面利率为1.078%。

❸ 2019年11月26日，中国财政部在中国香港发行60亿美元无评级主权债券。其中：三年期15亿美元，票面利率为1.929%；五年期20亿美元，票面利率为1.996%；十年期20亿美元，票面利率为2.238%；20年期5亿美元，票面利率为2.881%。

❹ 2019年3月21日，新疆金融投资有限公司在香港联合交易所有限公司（简称香港联交所）发行三年期2亿美元的中资美元债，票面利率为7.5%，每年付息两次，付息时间为每年3月21日和9月21日，发行规则遵循Reg S规则。

❺ 2019年5月30日，新疆中泰（集团）有限责任公司在香港联交所首次发行三年期3.8亿美元的高级无抵押中资美元债，国际评级为标普、惠誉BB+，票面利率为7%，每年付息两次，付息时间为每年6月6日和12月6日，发行规则遵循Reg S规则。这是新疆发行的规模最大的境外债券，票面利率在新疆国资企业境外债券中最低。

在国内（国外）市场发行的债券还可以依据发行主体属于境内还是境外进行分类。境内以人民币作为面值计量单位的债券发行主体可能为境外主体，境外以人民币作为面值计量单位的债券发行主体可能为境内主体。境外发行人在中国境内发行的以人民币计价的债券称为熊猫债（Panda Bond），境外发行的以人民币计价和结算的离岸人民币债券称为点心债（Dim Sum Bond）。根据国际惯例，在一个国家的国内市场发行本币债券时，一般以该国最具特征的吉祥物来命名，如美国的扬基债券、日本的武士债券等。此外，在中国市场发行的以人民币结算的特别提款权（Special Drawing Rights，SDR）计价债券称为木兰债（Mulan Bond）。在除日本以外的其他亚洲地区发行的第三国货币计价的债券称为龙债券。离岸人民币债券除在中国香港发行之外，也在世界很多国家（地区）发行，名字也丰富多彩，比如宝岛债（中国台湾）、狮城债（新加坡）、泡菜债（韩国）、猛犬债（英国）、金虎债（马来西亚）、歌德债（德国）、凯旋债（法国）、申根债（卢森堡）、大洋债（澳大利亚）、彩虹债（南非）、伦布兰特债（荷兰）等。

境外债券分类见表1-2。

表1-2 境外债券分类

债券简称	发行主体	发行市场	计价货币	境外债券大类
中资美元债、中资欧元债	中国境内政府、企业或公司	境外市场：中国香港地区、新加坡、日本、德国、法国等	美元或欧元	欧债债券（Reg S）或外国债券（144A）

(续)

债券简称	发行主体	发行市场	计价货币	境外债券大类
亚洲美元债（144A）	亚洲或中资企业	美国债券市场	美元	扬基债、外国债券
中资美元债（144A）	中资企业	亚洲债券市场	美元	扬基债、外国债券
亚洲美元债（Reg S）	亚洲或中资企业	亚洲债券市场	美元	欧洲债券
中资美元债（Reg S）	中资企业	亚洲债券市场	美元	欧洲债券
熊猫债	中国境外主体	中国银行间债券市场	人民币	外国债券
点心债	中国境外主体	中国香港、伦敦	人民币	离岸债券
龙债券	各国主体	日本以外的亚洲地区，以中国香港和新加坡为主	美元、加元、澳元、日元等其他货币	欧洲债券
木兰债	世界银行	中国银行间债券市场	SDR	—
宝岛债	中国台湾（境外主体）	中国台湾OTC市场	人民币	欧洲债券
武士债	日本（境外主体）	日本债券市场	日元	外国债券
扬基债	美国（境外主体）	美国债券市场	美元	外国债券

举例

❶ 国际金融机构熊猫债。2005年10月，国际金融公司（IFC）和亚洲开发银行（ADB）获准在我国银行间债券市场分别发行11.3亿元和10亿元（首支）人民币债券熊猫债。

❷ 跨国企业熊猫债。2014年3月，非金融企业戴姆勒股份公司（Daimler AG）发行了市场首支非金融企业熊猫债，发行规模为5亿元，票面利率为5.2%。

❸ 外国政府熊猫债。2017年7月，匈牙利政府在我国银行间债券市场成功发行了三年期10亿元人民币债券，这成为首支通过"债券通"管道面向境内外投资者完成发行的外国主权政府人民币债券。

❹ 点心债。2018年4月，神州租车在香港联交所发行了三年期7.5亿元可赎回人民币优先票据（计划发行4亿元），票面利率为6.5%，半年付息，每年4月4日和10月4日付息，发行价格为98.8元，信用评级AA+（20190524），内嵌可赎回条款，首次赎回日为2020年4月4日，赎回价格为面值的103.25%及截至赎回日的应计利息。

❺ 木兰债。2016年8月31日，世界银行在中国银行间债券市场簿记建档发行5亿元特别提款权计价债券，期限为三年。

❻ 宝岛债。2019年7月17日，摩根大通银行（J.P. Morgan）在中国台湾OTC市场发行了七年期1.66亿元可赎回人民币计价金融债，票面利率为3.6%，按年付息，付息日为每年7月17日，信用评级Aa2-（20191106），内嵌可赎回条款，首次赎回日为2022年7月17日。

1.2.4 票面利率

债券的票面利率（Coupon Rate）是指债券息票利息与债券面值的比率，是发行人承诺在某一固定时点按期支付给债券持有人利息的计算标准。债券票面利率的确定主要受市场利率、发行期限、计息方式、发行主体信用、内嵌选择权等因素的影响。按票面利率，债券可基本分为固定利率债券、浮动利率债券、零息票利率债券和负利率债券。实际中，固定利率债券的票面利率又可以累进利率、递延利息、利率跃升等，浮动利率债券的票面利率又可以正向浮动、逆向浮动、杠杆浮动、指数浮动、非利率指数浮动、区间浮动、棘轮浮动、延期浮动、利差浮动等，固定利率债券与浮动利率债券还可以以固定利率与浮动利率结合、利率上限、利率下限、利率互换而相互转换。

举例

❶ 累计利率。2004 年 11 月 10 日，内蒙古包钢钢联股份有限公司发行 18 亿元可转换公司债券（包钢转债）。发行期限为五年，内嵌可转换权、转股价修正条款、回售权和赎回权。转股期为 2005 年 5 月 10 日至 2009 年 11 月 9 日，初始转股价为 4.62 元。当股票收盘价连续 30 个交易日低于当期转股价的 70% 时，投资人可行使回售权，回售价格为 108 元。当股票收盘价连续 30 个交易日高于当期转股价 130% 时，发行人可行使赎回权，赎回价为溢价赎回 103 元。票面利率为累进固定利率，按年付息，第一年为 1.3%，第二年为 1.5%，第三年为 1.7%，第四年为 2.1%，第五年为 2.6%。

2018 年 11 月 20 日，圆通速递股份有限公司发行 36.5 亿元可转换公司债（圆通转债）。发行期限为六年，内嵌可转换权、转股价修正条款、回售权和赎回权。转股期为 2019 年 5 月 27 日至 2024 年 11 月 19 日，初始转股价为 10.89 元，期满后仍未转股的可转债，发行人按面值的 110%（含最后一期利息）的价格赎回。2019 年 12 月 6 日，圆通速递股份有限公司将原募集资金的投资项目"航空运能提升项目"变更为"转运中心自动化升级项目"，同时使用自有资金置换"航空运能提升项目"的部分募集资金，导致募集资金运用的实施情况与公司在募集说明书中的承诺相比出现重大变化，触发了回售权条款，回售期为 2019 年 12 月 31 日至 2020 年 1 月 7 日，回售价格为 100.09 元（含应计利息），回售期内停止转股，但最终没有投资人行使回售权。票面利率为累进固定利率，按年付息，第一年为 0.5%，第二年为 0.8%，第三年为 1.0%，第四年为 1.5%，第五年为 1.8%，第六年为 2.0%。

❷ 递延付息。递延付息往往用于永续债中。2018 年 9 月 21 日，中国大唐集团有限公司发行 42 亿元可续期公司债券（18 大唐 Y1）。期限采用"3+N"方式，内嵌利息递延权。息票利率每三年重置一次，前三个计息年度息票利率为初始基准利率，即固定利率 5.05%，从第三个计息年度起，息票利率为当期基准利率，初始基准利率（当期基准利率）为簿记建档日（票面利率重置日）前 250 个工作日中国债券信息网公布的中债国债收益率曲线中待偿期为三年的国债收益率的算术平均数。递延支付利息权：每个付息日，发行人可自行选择将当期利息及已经递延的所有利息及其孳息推迟至下一个付息日支付，且不受任何递延支付利息次数的限制，利息递延不属于发行人未能按照约定足额支付利息的行为，即递延付息不属于发行人违约行为。但当发行人向普通股股东分红、向偿付顺序劣后于本期债券的证券进行兑付、减少注册资本时，发行人不可以行使递延支付利息权。2019 年 9 月 23 日，发行人如期支付第一年息票利息，没有行使递延支付利息权。

2017年12月20日，三亚凤凰国际机场有限公司发行第二期5亿元可续期中期票据（17凤凰MTN002）。期限采用"3+N"方式，内嵌赎回权、利息递延权、持有人救济条款。息票利率每三年重置一次，前三个计息年度息票利率为"初始基准利率+初始利差"，即固定利率8%，从第四个计息年度起，息票利率为"当期基准利率+初始利差+300bp"，初始基准利率（当期基准利率）为簿记建档日（票面利率重置日）前五个工作日中国债券信息网公布的中债国债收益率曲线中待偿期为三年的国债收益率的算术平均数。递延支付利息权：每个付息日，发行人可自行选择将当期利息及已经递延的所有利息及其孳息推迟至下一个付息日支付，且不受任何递延支付利息次数的限制，且利息递延不属于发行人未能按照约定足额支付利息的行为，即递延付息不属于发行人违约行为。但当发行人向普通股股东分红、向偿付顺序劣后于本期债券的证券进行兑付、减少注册资本时，发行人不可以行使递延支付利息权。2018年12月19日，发行人行使递延支付利息权，递延支付本期债券的当期利息4000万元。2019年12月20日，发行人再次行使递延支付利息权，递延支付本期债券的累计利息8320万元。实际上，三亚凤凰国际机场有限公司发行了第一期10亿元可续期中期票据（17凤凰MTN001），票面利率为7.95%，2019年6月22日，发行人也行使了递延支付利息权，递延支付本期债券的累计利息7950万元。

❸ 利率跃升。利率跃升机制往往用于永续债中，表现为上浮基点，细分为固定上浮基点、递增上浮基点、累进上浮基点等。永续债的主流票面利率设定形式为"当期基准利率+初始利差+上浮基点"，还有部分设定为"当期基准利率+初始利差+N×固定上浮基点"或"前一期票面利率+上浮基点"的形式。2015年8月11日，北京基础设施投资有限公司发行40亿元可续期公司债券（14京投可续债02），期限采用"5+N"方式，内嵌赎回权、利息递延权。息票利率每五年重置一次，前五个计息年度（第一个计息周期）息票利率为"初始基准利率+初始利差"，即固定利率4.9%，第六个计息年度至第十个计息年度（第二个计息周期），息票利率为"当期基准利率+初始利差+150bp"，从第11个计息年度开始（第三个计息周期开始），息票利率为"当期基准利率+初始利差+200bp"，基准利率为周期起息日前1250个工作日的七天上海银行间同业拆放利率的算术平均数。

2015年12月30日，天津泰达投资控股有限公司发行40亿元可续期中期票据（15泰达投资MTN001），期限采用"5+N"方式，内嵌赎回权、利息递延权、持有人救济条款。息票利率每五年重置一次，重置后为当期基准利率+初始利差+上调基点，而上调基点为"前一期上调基点+300bp"。2017年3月24日，徐州经济技术开发区国有资产经营有限责任公司发行5亿元可续期中期票据（17徐州经开MTN001），期限采用"3+N"方式，内嵌赎回权。息票利率每三年重置一次，重置票面利率为"前一个计息周期票面利率+300bp"。2014年11月5日，北京首都创业集团有限公司发行20亿元可续期公司债券（14首创集团可续期债01），期限采用"3+N"方式，内嵌赎回权、利息递延权。以三年为一个重定价周期，在前四个重定价周期（12年），票面利率为"当期基准利率+初始利差"，在第五个重定价周期（13~15年），票面利率为"当期基准利率+基本利差+300bp"，从第六个重定价周期开始（16年开始），票面利率为"当期基准利率+基本利差+600bp"。这意味着在前12个计息年度，发行人如果选择延期，不会有利率跃升。

❹ 浮动利率。2004年11月17日，国家开发银行招标发行100亿元第17期金融债券（04国开17），这是我国首次不采用银行一年期存款利率而采用**七天回购加权利率作为利率基准**的

浮动利率债券。期限为三年，内嵌回售权，回售价为折价99.8元，投资者有两次时点选择权，即可选择在2005年11月25日或2006年11月25日向发行人全部或部分回售债券。按季付息，第一次付息日为2005年2月25日，以后每年的2月25日、5月25日、8月25日和11月25日为付息日和利率调整日。首次付息时的利率基准为11月15日往前十个交易日的七天回购加权利率（R007）的算术平均值，即11月15日的B_2W[○]数据。第二次付息的基准利率为前次付息日往前十个交易日的七天回购加权利率的算术平均值，即前次付息日的B_2W数据，这表明若前一次付息日市场利率发生变化，后一次付息日基准利率也即时调整，即基准利率前置（从起息日开始）。通常，利率债券的票面利率为"基准利率+信用利差+流动性利差+利率重置风险利差+期限利差"。本期债券发行方式为单一利差（荷兰式）招标，即票面利率为"基准利率+中标利差"，实际中标利差为129bp。紧接着，2004年12月2日，国家开发银行又采用单一利差（荷兰式）招标的方式发行100亿元五年期第20期金融债券（04国开20），同样采用R007的B_2W数据为基准利率，内嵌四次时点选择的回售权，实际中标利差为100bp。

2006年3月29日，国家开发银行发行200亿元第二期浮动利率债券（06国开02），是我国首次采用**七天回购定盘利率（FR007）**作为利率基准的浮动利率债券。期限为五年，按季付息，第一次付息日为2006年7月8日，以后每年的10月8日、1月8日、4月8日和7月8日为债券付息日和利率调整日，中标利差为48bp。实际上，2006年3月8日，国家开发银行与全国银行间同业拆借中心联合推出了银行间回购定盘利率（Fixing Repo Rate），包括隔夜（FR001）和七天（FR007）两个品种，目的是为银行间市场开展利率互换、远期利率协议等衍生品业务提供参考利率。

2007年6月19日，国家开发银行招标发行100亿元第11期金融债券（07国开11），是我国首次采用**Shibor作为利率基准**的浮动利率债券。期限为五年，按季付息，第一次付息日为2007年9月28日，以后每年的12月28日、3月28日、6月28日和9月28日为债券付息日。首次付息时的利率基准为6月18日的三个月Shibor10日均值，第二次付息的基准利率为前次付息日前一个工作日的三个月Shibor10日均值。招标时的基准利率三个月Shibor为3.05%，最终票面利率为3.53%，实际中标利差为48bp。接着，2007年7月4日，国家开发银行又招标发行200亿元第13期短期浮动利率金融债券（07国开13），期限为一年，按季付息，利率基准为三个月Shibor五日均值。2009年8月，国家开发银行在香港发行10亿元人民币浮动利率债券，它是首家在香港发行人民币浮动利率债券的中资机构，该债券是**香港首次发行以Shibor为基准利率的浮动利率债券**。期限为两年，基准利率为三个月Shibor，基本利差为30bp，按季付息。参与认购银行包括中国银行（香港）、汇丰银行、渣打银行、中国工商银行（亚洲）等八家机构。在此基础上，2010年10月，国家开发银行再次在香港发行20亿元Shibor浮动利率债券，利差降为10bp。

2019年11月28日，国家开发银行招标发行30亿元第16期金融债券（19国开16），这是我国**首次采用贷款市场报价利率（Loan Prime Rate，LPR）作为利率基准的浮动利率债券**。期限为两年，按季付息。基准利率为全国银行间同业拆借中心每月20日公布的一年期LPR利率，中标利差为－135bp，首次付息基准利率为2019年11月20日公布的一年期LPR利率

○ B_2W表示最近两周的算数加权平均。

4.15%，票面利率为2.8%。

2007年9月21日，上海华谊（集团）公司发行8亿元浮动利率债券（07华谊债），这是我国**首次采用Shibor作为利率基准的浮动利率企业债券**。期限为十年，半年付息，每年3月21日和9月21日为付息日。内嵌投资人定向转让选择权，即投资人有权选择在第2、4、6、8、10、12、14、16、18个计息期末将持有的本期债券全部或部分转让给主承销商海通证券股份有限公司，转让净价为债券面值。票面利率为"基准利率＋基本利差"，基本利差为2.35%，基准利率为当期起息日前一周Shibor的前120个工作日的算术平均值。

▶银行间市场七天回购利率R007（见表1-3）是统计意义上的综合品种，实际涵盖了回购期限为两天、三天、四天、五天、六天、七天的质押式回购交易，计算过程包括异常数据处理、日加权数据生成和计算移动平均利率三个阶段。第一步，异常数据处理。采用"削头去尾"的处理方法，即在参与当天计算的全部交易当中，去掉一个最高价和一个最低价；碰到不止一个最高价和不止一个最低价的情况，则去掉成交量最小的那一个；如果仅有两笔交易参与计算，则不做任何处理。第二步，以成交量为权重生成回购利率的日加权数据。第三步，以日加权数据为基础，采用算术加权平均或指数加权平均计算移动加权平均利率。

表1-3 R007

七天回购移动平均利率	算术加权	指数加权
日加权	B0	B0
最近两周的加权	B_2W	B2W
最近一个月的加权	B_1M	B1M
最近两个月的加权	B_2M	B2M
最近三个月的加权	B_3M	B3M
最近六个月的加权	B_6M	B6M

注：B_iM（W）表示最近i个月（周）的算术加权平均，BiM（W）表示最近i个月（周）的指数加权平均。B0为当天当时的加权利率，随着时间的推移，B0的值在变化，一直到每天的闭市，1W为前五个交易日，2W为前十个交易日，1M为前20个交易日，2M为前40个交易日，均不包括当天，依次类推。

▶银行间回购定盘利率（FR）是以银行间市场每天上午9:00—11:00的回购利率为基础同时借鉴国际经验编制而成的利率基准参考指标，每天上午11:00起对外发布。第一步，以隔夜回购（R001）、七天回购（R007）、14天回购（R014）交易在每个交易日上午9:00—11:00之间（包括9:00和11:00）的全部成交利率为计算基础；第二步，分别对R001、R007、R014利率进行紧排序，即回购利率数值相同的排序序号也相同，记排序之后的最大序号为N，则［N/2］（取整）位置上的利率为当日的定盘利率，也就是该序列的中位数，并分别以FR001、FR007、FR014对隔夜回购定盘利率、七天回购定盘利率、14天回购定盘利率进行标识。可以看出，FR属于盘中利率，R属于盘后利率，且FR采用中位数算法，R采用算术或指数加权平均算法。

❺ 浮动利率与固定利率结合。2004年12月28日，国家开发银行发行**5亿美元混合债券**，其中，4亿美元浮动利率债券（04国开美元A）为首支浮动利率美元债券，1亿美元固定利率债券（04国开美元B）。浮动利率债券期限为五年，半年付息，票面利率为"基准利率＋信用利差"，**基准利率为起息日前两个工作日的六个月伦敦银行间同业拆借利率（London Inter-Bank Offered Rate，LIBOR）**，英国银行家协会（British Bankers' Association，BBA）于伦敦时间每天上午11:00公布。信用利差为40bp。计息方式为实际天数/360。固定利率债券期限为三

年，半年付息，票面利率为3.95%，计息方式为实际天数/360。

2004年12月20日，中国建设银行发行第三期167亿元次级混合债券（其中67亿元为超额增发），其中，106亿元为固定利率债券，61亿元为浮动利率债券，期限均为十年，内嵌可转换权、可赎回权。固定利率债券第1~5年的票面利率为4.95%，按年付息；浮动利率债券第1~5年的票面利率为"基准利率+基本利差"，半年付息，基准利率为起息日前20个交易日的七天回购加权利率的算术平均值，即B_1M数据，基本利差为200bp。**固定与浮动可转换权**：2006年12月27日，投资者有权将固定利率债券按面值1:1全部或部分转换为浮动利率债券，转换之后的票面利率为"基准利率+基本利差"，按年付息，基准利率为起息日适用的一年期整存整取定期储蓄存款利率，基本利差为180bp。可赎回权：2009年12月27日，发行人有权按面值赎回全部或部分债券，若不赎回，固定利率债券后五年的票面利率为7.95%，浮动利率债券后五年的基本利差为300bp，经转换的浮动利率债券后五年的基本利差为280bp。

2007年11月14日，中国电力财务有限公司发行了首支50亿元**非银行金融机构混合债**（07中电财债），其中，22.8亿元为固定利率债券，27.2亿元为浮动利率债券。期限均为五年。固定利率债券的票面利率为5.40%，浮动利率债券的票面利率为"基准利率+基本利差"，按年付息，基准利率为起息日适用的一年期整存整取定期储蓄存款利率，基本利差为110bp。

2010年11月25日，国家开发银行同时发行第34、35和36期五年期**金融互换债券**（10国开34、10国开35、10国开36）。10国开34为100亿元固定利率债券，票面利率为3.70%，按季付息；10国开35为160亿元浮动利率债券，基准利率为起息日的一年期定期存款利率，基本利差为45bp，首次付息日基准利率为1.75%，票面利率为2.20%，按季付息；10国开36为160亿元浮动利率债券，基准利率为起息日的三个月Shibor十日均值，基本利差为5bp，首次付息日基准利率为3.10%，票面利率为3.15%，按季付息。投资者有债券交换权，即在调换日（付息日），每年3月7日、6月7日、9月7日、12月7日，投资者有权将持有的全部或部分债券调换成其他两个债券，按面值调换，调换比例为1:1，调换数量最低为面值1000万元或其整数倍。同时，国家开发银行每年2月7日—21日、5月7日—21日、8月7日—21日、11月7日—21日期间向中央结算公司提出调换债券的指令。实际上，如果浮动利率债券可以调换为固定利率债券，那么固定利率可以成为浮动利率债券的利率下限。

❻**基准利率后置**（从付息日开始）。2004年5月19日，国家开发银行招标发行200亿元第八期金融债券（04国开08），这是我国首次采用**基准利率后置法**发行的浮动利率债券。期限为七年，票面利率为"基准利率+基本利差"，半年付息，基准利率为付息日前第五个工作日适用的一年期定期存款利率。第一次付息日为2004年12月1日，基准利率为2004年11月24日的法定一年期定期存款利率，以后每年的6月1日和12月1日为付息日，基准利率调整日为每个付息日前第五个工作日。

❼**保底浮动利率**。2004年11月15日，河南高速公路发展有限公司发行10亿元浮动利率债券（04豫高速债），这是我国**首支设定保底利率的浮动利率债券**。期限为十年，按年付息。基准利率为起息日的一年期定期存款利率，基本利差为2.72%。设定保底参考利率为5.05%，当基准利率与基本利差之和小于5.05%时，票面利率为5.05%；当基准利率与基本利差之和不小于5.05%时，票面利率为"基准利率+基本利差"。

❽**逆向浮动利率**。20世纪90年代，联邦国民抵押贷款协会房利美（Fannie Mae）发行了

分阶段逆向浮动利率债券，1999年到期。票面利率为固定利率10%减去三个月LIBOR，调整时间间隔为三个月。从1996年起，票面利率为固定利率11.25%减去三个月同业拆借利率。显然，市场利率LIBOR或同业拆借利率越高，逆向浮动利率债券的票面利率越低，债券价格越低，这意味着逆向浮动利率债券的投资者预期未来市场利率下降。但从1994年5月起，市场利率不断上升，1994年美联储六次提高了短期利率，从3%提高到5.5%，结果导致逆向浮动利率债券的投资者损失巨大。延伸：1994年12月，美国加利福尼亚州奥兰治郡因投资逆向浮动利率债券和双重指数债券亏损16.9亿美元而破产。

❾零利率。零利率债券即零息债券，是指息票率为零，而非到期收益率为零。零息债券的到期收益率为利率期限结构中的即期利率（Spot Rate）。通常，零息债券折价发行。零息债券有两种发行方式：①发行单支零息债券；②将息票债券按照本金和息票利息拆分成多个不同期限的零息债券。长期零息债券：1981年6月，美国通用汽车承兑公司（GMAC）发行面值为1000美元、期限为十年的零息债券，发行价为252美元；1982年，美国百事可乐公司（Pepsi-Co）发行面值为1000美元、期限为30年的零息债券，发行价不到60美元。短期零息债券（贴现债券）：2002年3月6日，国家开发银行发行第一期100亿元六个月零息债券（02国开01），计息方式为贴现，采用贴现、多重价格中标（美国式）招标方式，发行价为99.01元，到期面值偿付；2002年4月2日，中国进出口银行发行第一期80亿元三个月零息债券（02进出01），计息方式为贴现，发行价为99.52元。本息分离债券（Separate Trading Registered Interest and Principal Securities，STRIPS）：1982年，投资银行美林公司推出了首支具有本息分离债券性质的产品"国债投资成长收据"（Treasury Investment Growth Receipts，TIGRs）；2002年10月23日，国家开发银行发行首支100亿元十年期本息分离金融债券（02国开14），票面利率为固定利率3.63%，该债券可以进行本息拆离交易，即按照每笔付息和最终本金偿还拆分为11支单笔零息债券，每笔拆分出的零息债券都具有单独的代码，可以作为独立的债券进行交易和持有。该债券代码为020214，本息分离后由本金产生的零息债券代码为0202140，而由利息产生的零息债券则必须考虑原附息债券各付息日。由于该附息债券付息日为每年的10月26日，以分离出来的五年期零息债券为例，其债券代码为02071026，其中，02为国家开发银行代码，071026为该债券到期日。

❿负利率。负利率债券源于投资者对通货紧缩的预期，负利率债券虽然票面利率为负，但考虑到未来出现的通货紧缩，实际收益率还是会大于零。截至2019年10月底，全球负利率债券规模已超20万亿美元，占全球债市规模的30%以上，主要集中在日本、欧元区、法国、德国和西班牙，甚至在2019年8月5日，丹麦日德兰银行推出了世界首例负利率房地产按揭贷款，期限为十年，利率为-0.5%。2015年4月，瑞士发行2.325亿瑞士法郎十年期零息国债，发行价为溢价的116%，到期收益率为-0.055%，成为世界首个以负收益率发行国债的国家；2016年3月，日本发行2.2万亿日元（约合200亿美元）十年期基准国债，平均收益率为-0.024%；2019年8月21日，德国发行8.24亿欧元30年期欧元主权债券，票面利率为-0.11%，创票面利率纪录低位。

1.2.5 付息周期

债券的付息周期是指连续两次息票利息支付的时间间隔，也是起息日与首笔息票利息支付日之间的时间间隔。对于中长期固定利率债券，付息周期通常为一年或半年；对于一年以内的短期固定利率债券,付息周期通常为债权发行期限;对于零息债券,由于折价发行不存在息票利息且到期一次性偿还本金,付息周期实际上为债权发行期限;对于浮动利率债券,付息周期通常为半年或季度,息票利率调整也区分为起息日之前(即时调整)和付息日之前(后置调整);对于永续债券,由于到期期限可调整,付息周期与计息周期有关。

息票利率是指年利率,付息周期决定了付息频率或付息次数,因而每次支付的实际息票利息为息票利率/付息次数。对于连续两次息票利息支付日之间的债券,付息周期和计日方法直接决定了应计利息(Accrued Interest,AI)。通常,计算应计利息天数和付息周期天数采用"实际天数/实际天数""实际天数/365""实际天数/360""30/360""30E/360"等方法。2007年12月1日之前,我国银行间债券市场到期收益率的日计数基准为"实际天数/365",12月1日之后,我国银行间债券市场到期收益率的日计数基准为"实际天数/实际天数"(算头不算尾),但柜台市场的日计数基准仍为"实际天数/365"。美国国债、加拿大国债、澳大利亚国债的日计数基准惯例为"实际天数/实际天数",美国公司债券、市政债券和政府机构债券日计数基准惯例为"30/360",欧洲国债日计数基准惯例为"30E/360",英国国债计数基准惯例为"实际天数/365"(见表1-4)。

表1-4 全球主要债券市场的付息周期、计日方法和除息交易惯例

债券市场	付息周期	计日方法	除息交易
中国政府债券	年	实际天数/实际天数(算头不算尾)	否
美国政府债券	半年	实际天数/实际天数(在时期内)	否
美国公司债券	半年	30/360	否
美国政府机构债券	年	30/360	否
美国市政债券	半年	30/360	否
英国政府债券	半年	实际天数/365	是
澳大利亚政府债券	半年	实际天数/实际天数(在时期内)	是
新西兰政府债券	半年	实际天数/实际天数(在时期内)	是
加拿大政府债券	半年	实际天数/实际天数(在时期内)	否
德国政府债券	年	30E/360	是
瑞士政府债券	年	30E/360	否
荷兰政府债券	年	30E/360	是
欧洲债券	年	30E/360	否
意大利政府债券	年	30E/360	否
法国政府债券	年	实际天数/实际天数(在时期内)	否
丹麦政府债券	年	30E/360	是
瑞典政府债券	年	30E/360	是
西班牙政府债券	半年	实际天数/实际天数(在时期内)	否
比利时政府债券	年	30E/360	否
爱尔兰政府债券	年	实际天数/365	是
奥地利政府债券	年	30E/360	是
挪威政府债券	年	实际天数/365	是

付息周期会影响到期收益率。付息周期长短决定了付息频率高低,付息频率和次数越高,投资者再投资收益就越多,债券收益分解中的利滚利就越多,到期收益率就越高。当付息周期

为债券发行期限时，债券到期收益只包含息票利息和资本利得，再投资收益为零。当付息周期趋于零时，债券连续计息，此时到期收益率或贴现率为指数函数形式。

付息周期还会影响债券价格和价格波动率。如果付息周期大于零，即债券非连续计息，则付息周期会影响溢价债券或折价债券的债券价格在连续两次息票利息支付日之间周期性波动。如果付息周期趋于零，即债券连续计息，浮动利率债券的价格趋于面值。付息周期越小，浮动利率债券价格波动率越小；付息周期越大，浮动利率债券价格波动率越大；浮动利率债券的久期不会超过付息周期。

1.2.6 信用评级

债券信用评级对债券起到"守门"的效果，是债券市场的定价基础和风险测量准绳，既有助于债券估值和定价，也有利于监管机构和投资者对债券风险进行识别。信用评级包括外部评级和内部评级，外部评级由信用评级机构（Credit Rating Agency，CRA）发布，信用评级机构通常采用"发行人付费"的商业模式，但这种商业模式使得债券发行人会尽可能选择对自己有利的评级机构进行评级，即评级选购（Rating Shopping），评级机构为了获得更多的评级业务也会采取倾向于发行人的评级结果，即评级迎合（Rating Catering）；内部评级由机构投资者通过自己的内部评级和定价分析体系进行，以弥补外部评级可能存在的评级失真。1997年亚洲金融危机、2001年美国安然公司财务造假案、2008年美国次贷危机，以及2010年欧洲主权债务危机，国际资本市场对三大评级机构债券评级的调整速度过慢，不能及时反映债券发行人的违约风险提出了批评。我国债券评级市场起步较晚，1997年中国人民银行批准了九家企业债券信用评级机构，2003年国家发改委要求对企业债发行强制评级，并要求发行人提供具有评级资格的评级机构出具的债券评级报告，目前国内主要的信用评级机构包括中诚信、中债资信、联合资信、上海新世纪、东方金诚、中证鹏元、大公国际、远东资信。上海远东资信成立于1988年3月，是我国第一家专业资信评估机构；穆迪和惠誉先后于2006年和2007年收购中诚信和联合资信49%的股权，并接管经营权，标普于2007年与上海新世纪也开展全面技术合作；2010成立的中债资信则首次采用"投资者付费"模式。

不同信用评级标准反映了信用评级机构对信用评级内涵的界定。穆迪对信用评级的界定是：信用评级是对借款人无法偿还所借款项、延迟还款或只能偿还部分借款本息时，贷款人可能蒙受信用损失的可能性及损失程度进行的分析预测，信用等级反映了借款人不能履行合约的可能性及借款人违约后预计给贷款人造成损失的严重程度。标普对信用评级的界定是：标普提供的以字母标识的信用评级服务代表了公司对各类借款人信用可靠性的分析结果和评估意见，信用可靠性是借款人履行所借资金或所承担的债务偿还责任的真正实力。惠誉评对信用评级的界定是：信用评级反映了惠誉对借款人能否满足信用契约责任的实力的一种意见。

代表信用风险等级的信用等级符号是由各家评级机构依据市场需要自行制定的，并非行业统一规定。世界三大评级机构在信用等级符号系列的设立上，有着很高的相似程度（见表1-5）。虽然有个别的等级细项的差异以及符号形式上的不同，但信用等级符号含义及信用级别分置基本相似。每一家评级机构都设立了三套信用等级符号系列，分别为长期债项等级系列、短期债项等级系列及金融机构财务实力等级系列。以标普信用等级符号系列为例，其长期信用等级符号包括 AAA、AA、A、BBB（投资级），BB、B、CCC、CC、C（投机级），SD/D（违约级）；

其短期信用等级符号包括 A-1+、A-1、A-2、A-3（投资级），B、C、SD/D（投机级）；其金融机构财务实力等级又称基本实力等级，包括 A、B、C、D、E 五个等级，没有投资、投机以及违约分类。在上述基本等级符号系列之外，评级机构在长期信用等级的分类基础上，还设立了等级微调，如标普用"+"或"-"符号表示调高或调低，以区分相同等级内的细微差异。评级机构还为长期债项设立了评级展望与关注。评级展望反映评级机构未来 12~18 个月内信用等级可能变化趋势的原则性看法；展望包括正面的（Positive）、负面的（Negative）和稳定的（Stable）。当影响信用评级的因素有变化的迹象，但影响程度尚不明确时，评级机构会用等级关注提示对这种可能变化给予密切的关注。2006 年 3 月 29 日，中国人民银行发布了《中国人民银行信用评级管理指导意见》（银发〔2006〕95 号），规定了我国信用等级的划分、符号及含义。其中，银行间债券市场长期债券信用等级分为三等九级，符号分别为 AAA、AA、A、BBB、BB、B、CCC、CC、C，除 AAA 级和 CCC 级以下等级外，每一个信用等级可用"+""-"符号进行微调，表示略高或略低于本等级；银行间债券市场短期债券信用等级分为四等六级，符号分别为 A-1、A-2、A-3、B、C、D，每一信用等级均不进行微调。

表 1-5 世界三大评级机构信用等级符号

信用等级	评级级别	标普	惠誉	穆迪
长期信用等级	投资级	AAA	AAA	Aaa
		AA	AA	Aa
		A	A	A
		BBB	BBB	Baa
	投机级	BB	BB	Ba
		B	B	B
		CCC	CCC	Caa
		CC	CC	Ca
		C	C	C
	违约级	SD/D	RD/D	—
短期信用等级	投资级	A-1+	F1+	P-1
		A-1	F1	P-2
		A-2	F2	P-3
		A-3	F3	—
	投机级	B	B	NP
		C	C	—
		SD/D	RD/D	—

举例

❶ 2014 年 12 月，贵人鸟股份有限公司发行 8 亿元公司债券（14 贵人鸟），期限为五年（3+2），票面利率可调整。2014 年 12 月 3 日至 2017 年 12 月 2 日，票面利率为 6.8%；2017 年 12 月 3 日至 2019 年 12 月 2 日，票面利率为 7%，内嵌回售权。关于该债券评级，表 1-6 给出了联合评级、中债估值、中证指数、穆迪公司的历史评级变动情况。

表1-6　14贵人鸟债券历史评级变动

评级发布日期	信用评级	评级展望	变动方向	评级机构	主体评级方式
2014/06/03	AA	稳定	首次	联合评级	发行人委托
2019/06/21	AA-	稳定	调低	联合评级	发行人委托
2019/09/16	A	负面	调低	联合评级	发行人委托
2019/11/05	BBB	负面	调低	联合评级	发行人委托
2019/11/12	CC	负面	调低	联合评级	发行人委托
2017/12/25	AA-	—	首次	中债估值	—
2019/03/06	A	—	调低	中债估值	—
2019/06/24	A-	—	调低	中债估值	—
2019/10/30	BBB+	—	调低	中债估值	—
2019/11/06	BBB	—	调低	中债估值	—
2019/11/12	C	—	调低	中债估值	—
2018/06/29	A-	稳定	首次	中证指数	—
2018/09/21	A-	稳定	维持	中证指数	—
2018/12/14	BBB+	稳定	调低	中证指数	—
2019/08/09	BBB	负面	调低	中证指数	—
2019/11/01	BB	稳定	调低	中证指数	—
2019/11/15	CC	稳定	调低	中证指数	—
2019/12/06	C	—	调低	中证指数	—
2017/12/04	B1	稳定	首次	穆迪公司	—
2018/06/28	B2	—	调低	穆迪公司	—
2018/08/02	B2	负面	维持	穆迪公司	—

❷ 2013年1月，东飞马佐里纺机有限公司发行1.1亿元第一期中小企业私募债券（12东飞01），期限为两年，票面利率为9.5%，担保人为东台市交通投资建设集团，并承担不可撤销连带责任担保，担保期限为债券存续期及到期后两年。中诚信对该债券首次信用评级为AA，上海新世纪和中诚信对担保人信用评级为AA。2015年1月25日，12东飞01到期没有支付本息，构成实质性违约。但担保人却拒绝承担担保责任，原因是"东台交投的担保事项是东飞马佐里发行的中小企业私募债券的信用评级，如债券发行人未能清偿本期债券项下的任何本金或利息，东台交投不承担任何代为清偿或与之类似的义务和责任"。实际上，私募债发行必须具备政府融资平台出具的"不可撤销连带责任保证"的担保材料，而发行人却将政府融资平台出具的"信用评级"担保材料编造为"不可撤销连带责任保证"的担保材料，因此12东飞01属于欺诈债券发行（《江苏省高级人民法院刑事判决书》2018苏刑终205号）。

❸ 2018年7月，中国民生投资发行15亿元第四期超短期融资券（18民生投资SCP004），票面利率为6.5%，2019年4月21日到期。2019年4月16日，中国民生投资发布风险提示公告，称本期超短期融资券到期兑付存在不确定性，2019年4月10日，中债估值将本期融资券的信用评级从A直接降为C。2019年4月22日，中国民生投资将部分资金支付到上海清算所应收固定收益产品付息兑付资金户，但由于资金划转不及时，4月23日才全部付清本息。尽管延迟一天兑付，上海新世纪仍维持中民投AAA级发行主体信用评级。

问题

假定具有表 1-7 所示特征的企业债券 A、B 均平价发行。不考虑信用水平，试找出债券 A 息票率较低的四个原因，并说明理由。

表 1-7 A、B 债券特征

债券	A	B
发行额（亿美元）	12	1.5
到期期限（年）	15①	20
息票率	9%	10%
抵押	一级抵押	普通债券
赎回条款	不可赎回	十年后方可赎回
赎回价（美元）	无	110
偿债基金	无	五年后开始

① 此债券可由投资者自由选择是否延期五年。

本章关键词

固定收益证券　债权工具　债券　票据　权益工具　优先股　可转换可赎回优先股　标准化条款　非标准化条款　期权类条款　限制资产转移类条款　限制投融资类条款　偿付安排类条款　息票率　到期期限　市场利率　信用评级　契约条款　债券面值　债券期限　发行期限　剩余期限　永续债　公司永续债　银行永续债　国债　短期债券　央行票据　短期票据　长期票据　远期票据　短期融资券　美国政府债券　短期债券　中期债券　长期债券　发行主体　欧洲债券　外国债券　离岸债券　熊猫债　点心债　扬基债券　武士债券　木兰债　龙债券　宝岛债　票面利率　固定利率债券　累进利率　递延利息　利率跃升　浮动利率债券　银行间市场七天回购利率　银行间回购定盘利率　浮动利率与固定利率结合　利率后置　保底浮动利率　逆向浮动利率　零息率　负利率　付息周期　信用评级

第 2 章 债券的基本分类与衍生

2.1 债券的基本分类

2.1.1 政府债券

政府债券包括国债和地方政府债券（市政债券）。

1. 国债

我国国债发行主体是中央政府，具有最高信用等级，由财政部具体进行发行操作，分为记账式国债和储蓄国债。记账式国债通过中央结算公司招标发行，在银行间债券市场、交易所债券市场交易，在中央结算公司总托管。记账式国债包括贴现国债（零息国债）和附息国债。贴现国债有91天、182天、273天等品种，附息国债有一年期、三年期、五年期、七年期、十年期、15年期、20年期、30年期、50年期等品种。储蓄国债通过商业银行柜台面向个人投资者发行，分为凭证式和电子式，其中电子式储蓄国债在中央结算公司总托管。

美国国债也由财政部发行，包括无息短期国债（T-Bill）、附息中长期国债（T-Note/T-Bond）和通胀保值债券（Treasury Inflation Protection Securities，TIPS）。短期国债折价发行，期限为13周（91天）、26周（182天）、52周（364天）。91天和182天债券每周发行一次，一年期债券每四周发行一次，由美联储及其分行以拍卖的形式出售。中长期债券期限为两年、三年、四年（1990年12月停发）、五年、七年（1993年4月停发）、十年、30年的息票债券，半年付息，定期拍卖发行。1983年之前，中期债券不记名；1983年之后，中期债券采用登记形式。1984年之前，长期债券内嵌可赎回条款；1984年之后，长期债券无赎回权。

通胀保值债券又称通胀指数债券（Treasury Inflation Indexed Securities，TIIS），最早于1997年1月29日发行，期限以十年为主，现已成为广泛有效的对冲通胀的金融工具，英国、日本、加拿大、法国、德国、中国香港等国家和地区，以及新兴市场国家包括巴西、印度、墨西哥、智利、南非、波兰、泰国等国均已发行过通胀保值债券。美国财政部首次发行的通胀保值债券为十年期，此后经常定期发行十年期国债，并不定期发行五年期、20年期和30年期国债。但在2010年2月，20年期的通胀保值国债已被新的30年期所替代。美国财政部每年4月发行新的五年期通胀保值债券，一年发行一次，并在8月和12月重新开放拍卖已发行且还在流通的五年期通胀保值债券。新的十年期通胀保值国债在每年1月和7月发行，而1月发行的十年期在3月、5月重新开放，7月发行的十年期在9月和11月重新开放。新的30年债券在每年发行，并在6月和12月重新开放。

TIPS基本特征是息票率固定、本金浮动，本金调整基础为美国劳工部每月公布的非季节性调整的城市平均综合消费价格指数（CPI-U），当CPI-U上升时，债券本金调增，息票利息随之增加，当CPI-U下降时，债券本金调减，息票利息随之减少，但债券本金不低于债券面值。由于债券本金反映了通胀率变化，因此TIPS的息票率反映了债券的真实收益率，常低于普通同期债券。TIPS 拍卖时以最低真实收益率为标准确定息票率,财政部每半年会依据价格指数比率(清算日价格指数与起息日价格指数的比率)来调整一次债券本金,到期日偿还的本金为通胀调整本金(Inflation - Adjusted Principal)。尽管 TIPS 的本金会随着 CPI - U 的上升而上升,以维持实际收益率,但是当 CPI - U 涨幅超过一定程度时,TIPS 会因所得税过高使得息票利息不足以抵冲税收,从而真实收益率下降,即 TIPS 存在高通胀风险。通常,普通国债息票率高于 TIPS 的息票率,二者之差称为"损益平衡通胀率"(Break - Even Rate),可以反映金融市场对未来通胀的预期。当"损益平衡通胀率"小于实际通胀率时,TIPS 实际收益率高于普通国债;当"损益平衡通胀率"等于实际通胀率时,TIPS 实际收益率等于普通国债;当"损益平衡通胀率"大于实际通胀率时,TIPS 实际收益率低于普通国债。

举例

❶ 本金按实际通胀率调整。通胀补偿债券息票利率为 6%,年通胀率为 5%,面值 10 000 美元,半年付息。投资者半年前按面值买进债券,则半年后息票利息计算基础调整为 10 250 美元,实际支付的息票利息为 307.50 美元。如果第二年通胀率为 6.5%,则下一个半年实际支付的息票利息为 317.49 美元(本金需按新的通胀率重新调整)。

❷ 本金通胀指数化调整。1997 年 2 月 16 日发行 3 - 3/8% 十年期通胀保值债券,起息日为 1997 年 1 月 15 日,起息日物价指数为 158.435 48,2003 年 12 月 4 日物价指数为 185.180 65,则 2003 年 12 月 4 日的指数比率为 1.168 81,其调整本金额应为面值的 116.881%。

❸ 利率指数化调整——iBond。中国香港 iBond 与美国 I 系列储蓄国债类似,与 TIPS 略不同。iBond 和 I 系列储蓄国债均面向个人投资者,本金固定。I 系列储蓄国债在票面利率基础上加上通胀率,半年计息,到期或回售时支付利息;iBond 半年付息一次,利率为浮动利率与固定利率(1%)中的较高者。与 I 系列储蓄国债的不同之处在于,iBond 免税且可在二级市场流通。中国香港地区第一支与通胀挂钩的政府债券 iBond 于 2011 年 7 月 29 日在香港交易所发行,发行额为 100 亿港元,期限为三年,半年付息,年利率分为浮息与定息,其中浮息与中国香港通胀率挂钩,息票率依据过去六个月的综合居民消费价格指数(CPI)年变动率平均值厘定,定息为 1%,实际票面利率采用两者中的较高利率。首次付息日为 2012 年 1 月 30 日,适用于该付息日的利率则定于 2012 年 1 月 11 日,按当时的浮动利率与固定利率的较高者确定利率。由于中国香港特区政府统计处于 2012 年 1 月 20 日公布 2011 年 12 月的 CPI,因此在计算通胀指数时使用的是 2011 年 11 月及之前共六个月的数据,也就是说,实际上 iBond 存在两个月的滞后期。2011 年 6 月—11 月的综合 CPI 年变动率分别为 5.6%、7.9%、5.7%、5.8%、5.8%、5.7%,六个月算术平均值为 6.08%,因此首次付息的息票率为 6.08%,起息日为 2011 年 7 月 28 日,付息日为 2012 年 1 月 30 日,付息期为 186 天,计日方法为实际天数/365,面值为一手(10 000 港元),则息票利息为 309.83 港元。

2. 地方政府债券

我国地方政府债券发行主体是地方政府,分为一般债券和专项债券。通过中央结算公司招标或定向承销发行,在银行间债券市场、交易所债券市场交易,在中央结算公司总托管。期限有一年、三年、五年、七年、十年等品种。一般债券以地方政府一般预算收入为还本付息来源,债券募资主要投向公共基础设施类的项目,包括公共服务如教育、公共图书馆、博物馆、文化宣传等,不能用于经常性支出。专项债券是指地方政府(含经省级政府批准自办债券发行的计划单列市)发行的以一定期限内公益性项目的政府性基金或专项收入还本付息的政府债券,债券募资主要投向具体公益性项目,包括地方政府承担的区域性轨道交通、机场、收费公路、园区建设等能够产生收益的项目。地方政府债券信用等级仅次于国债,又被称为"银边债券"。地方政府债券的一般债与专项债均为限额管理,新增一般债额度对应地方财政赤字,新增专项债额度由地方政府上报项目,经人大常委会批准后统一安排。

2009年之前,我国地方政府不能自行发债,只能通过国债转贷、地方政府融资平台等方式举债;2009年—2015年,地方政府举债制度逐渐完善,经历了财政部代发代还、试点自发代还、试点自发自还制度变革后,确定了地方政府债券自发自还的制度。因此,地方政府债券还可分为新增债券、置换债券与再融资债券。新增债券为地方政府债务新增部分;再融资债券与置换债券均为借新还旧,区别是再融资债券偿还的是以债券形式到期的地方政府债务,置换债券偿还的是2014年以前未到期的非债券形式的地方政府存量债务,即地方政府存量债务中通过银行贷款等非政府债务方式举借部分由省级财政部门在限额内安排发行地方政府债券置换。一级市场发行:地方政府债券的发行市场包括银行间债券市场和交易所债券市场,发行方式包括公开发行和定向承销发行,承销商在发行地方政府债券后可自由选择托管在中央国债登记结算有限责任公司(简称中债登)、中国证券登记结算有限责任公司(简称中证登),定向承销的地方政府债券只能托管在中债登。二级市场流通:地方政府债券若托管在中债登,则可在银行间市场和银行间柜台市场进行交易,若托管在中证登,则在交易所市场进行交易。

美国市政债券(Municipal Securities)是各州和地方政府及其设立的机构发行的债券,以地方政府税收和特定收入为基础,包括税收担保债券(Tax - Backed Debt)、收益债券(Revenue Bond)和混合债券。税收担保债券是以地方政府税收或政府拨款为担保发行的。以税收收入为担保的市政债券又称普通市政债务(General Obligation Debt),其税收收入可以是无限制的任何税收来源,也可以是有限制的税收来源(税种和税率受限),是最广泛的市政债券形式。以发行人道义和法定拨款为担保的市政债券又称拨款市政债务(Appropriation - Backed Obligation)或道义债券(Moral Obligation Bond),当某项法定拨款因政府资金短缺而短期无法支付时可发行此类债券。收益债券是以特定项目收入为担保发行的债券,这些项目收入可能包括公共事业收入、高等教育收入、卫生保健收入、港口和道路收入等。混合市政债券属于结构化债券,如事先再融资债券(Pre - refunded Bond),事先以税收担保证券或收入债券形式发行,后期息票利息支付和本金偿还则以其他现金流(如美国国债)作为保证,从而可以免除税收收入和特定项目收入的担保责任。

3. 城投债

城投债又称"准市政债券",是以地方投融资平台(或城投公司)为发行主体公开发行的企业债或中期票据,相对于产业债而言,城投债主要用于地方基础设施建设或公益性项目。上海城建公司于1993年发行了我国首支城市投资债券。2009年,我国城投债规模呈爆发式增长,银行间交易商协会再次重启城投类中期票据,2010年首次启动城投类短期融资券发行。2014年11月,首支海富通上证可质押城投债ETF正式发行;2018年11月,首支海富通上证十年期地方政府债券ETF正式发行;2019年11月,海富通上证五年期地方政府债券ETF正式发行,首募规模为109.78亿元,创债券ETF募资规模新高。

为防范城投债的信用风险,国外通常采用独立的商业信用评级机制和债券保险机制,我国通常采用外部增信方式,主要包括第三方担保增信和资产抵质押担保增信两种。第三方担保增信包括非集团第三方担保、集团母公司担保、银行担保、担保公司担保等;资产抵质押担保增信包括土地使用权抵押、固定资产抵押、应收账款抵押以及股权质押等。由于地方融资平台公司设立的主要目的是承担地方政府的融资职能,其发行的城投债也是用于本应由地方政府承担的市政基础设施和公用事业建设支出,因此地方政府为本地融资平台公司发行的城投债提供了"隐性担保"。2014 年,国务院发布的《国务院关于加强地方政府性债务管理的意见》(国发〔2014〕43 号)明确要求地方政府对已有的债务存量进行甄别,将地方政府债务分为由公共预算收入偿还的一般债务和由政府性基金收入或专项收入偿还的专项债务两类,否则地方政府不会承担偿还责任。这意味如果城投债被甄别为不属于政府性债务,那么就失去了地方政府的"隐性担保"。

举例

❶ 2015 年 4 月 14 日,高要市国有资产经营有限公司发行 9 亿元城投债(15 高要国资债),期限为七年,票面利率为固定利率 6.68%,票面利率的确定为发行公告日前五个工作日的一年 Shibor 基准利率算术平均值加上基本利差。中诚信首次评级为 AA;2018 年 6 月 25 日,东方金诚跟踪评级为 AA,评级展望稳定;2019 年 6 月 21 日,东方金诚跟踪评级仍为 AA,评级展望稳定。债券内嵌偿债基金条款,从第三个计息年度起开始等额偿还债券本金,即在本期债券存续期的第三至第七个计息年度末每年以本期债券发行总额的 20% 偿还债券本金,当期利息随本金一起支付。

❷ 延期发行。2014 年 12 月 15 日,常州天宁建设发展有限公司拟发行 12 亿元公司债券(14 天宁债),期限为七年,票面利率的确定为发行公告日前五个工作日的一年 Shibor 基准利率算术平均值加上基本利差。2014 年 12 月 10 日,常州天宁区财政局将 14 天宁债纳入地方政府债务,但次日就更正为 14 天宁债不属于政府性债务,政府不承担偿还责任,结果 14 天宁债延期发行。无独有偶,2014 年 12 月 15 日,乌鲁木齐国有资产投资有限公司发行 10 亿元公司债券(14 乌国投债),期限为六年,在 12 月 15 日完成簿记建档后,乌鲁木齐财政局发布更正为 14 乌国投债不再属于政府性专项债,14 乌国投债因投资者拒缴款而终止发行。在市场逐渐接受城投债不能纳入预算的事实后,2015 年一季度,15 天宁债和 15 乌国投债顺利发行。

❸ 延期支付。2017 年 11 月 14 日,六师国资在上海证券交易所(简称上交所)公开发行 5 亿元的超短期融资券(17 兵团六师 SCP001),期限为 270 天,息票利率为 5.89%,新世纪评级为 AA。2018 年 8 月 13 日到期兑付,上海清算所(简称上清所)只收到 1.3 亿元划转资金,无法足额承兑,次日,六师国资发行的另一支中期票据 15 兵团六师 MTN001 价格异动,成交价为 47.24 元,几近"腰斩"。8 月 15 日,17 兵团六师 SCP001 延期两天兑付本息。2014 年,石家庄国控投资集团有限公司发行了第三~五期中期票据,分别为 14 石国投 MTN003(15 亿元)、MTN004(18 亿元)、MTN005(18 亿元),并定于 2018 年 8 月 13 日提前进行债权置换,由于置换前部分投资者进行了债券质押式回购,导致债券兑付流程中出现账户金额偏差,无法进行置换资金及时划款。8 月 14 日,发行人进行重新置换,并支付了一日的应计利息。

2.1.2 中央银行票据

中央银行票据发行主体为中国人民银行,是为调节货币供应量面向商业银行(一级交易商)发行的债务凭证。期限通常为三个月、六个月、一年,但也会发行三年期的中期央票、预发行的远期央票(04 央票 103)和离岸央票。央行票据通过央行公开市场操作系统发行,在银行间债券市场交易,在中央结算公司托管。

举例

离岸央票。2015年10月20日,中国人民银行首次在伦敦采用簿记建档方式发行50亿元离岸票据,期限为一年,中标利率为3.1%。2018年11月7日,中国人民银行首次通过香港金融管理局债务工具中央结算系统(CMU)分别发行100亿元第一期和第二期离岸央票,期限分别为三个月和一年,中标利率分别为3.79%和4.2%。

2.1.3 政府机构支持债券

我国政府机构支持债券发行主体为中央部委或中央国有企业。一般通过中央结算公司发行,在银行间债券市场交易,在中央结算公司托管。

1. 铁道债券

铁道债券发行主体为中国国家铁路集团有限公司(前身为铁道部),由国家发改委核准发行。

2. 中央汇金债券

中央汇金债券发行主体为中央汇金投资有限责任公司,经央行批准发行。

美国政府机构债券成为联邦机构债券,以美国政府信用为担保,发行主体为除财政部之外的美国政府其他机构或政府资助机构,如政府国民抵押贷款协会"基尼美"(Ginnie Mae)、学生贷款营销协会"萨利美"(Sallie Mae)、联邦农业信贷体系(FFCS)、联邦住房贷款银行体系(GHLB)、联邦国民抵押贷款协会"房利美"(Fannie Mae)、联邦住宅贷款抵押公司"房地美"(Freddie Mac)。以政府资助机构发行的债券可能属于机构信用债券(Agency Debentures),无政府信用担保,如房利美发行的短、中、长期基准(Benchmark)债券,房地美发行的短、中、长期参考(Reference)债券。

举例

❶ 铁道债券。2003年8月,中国国家铁路集团有限公司发行30亿元中国铁路建设债券(03中铁债),期限为18年,息票利率为4.63%,按年付息,中国铁路建设基金提供不可撤销连带责任担保,大公国际和联合资信均首次评级为AAA,并分别于2019年6月26日和2019年6月14日维持AAA评级不变。2019年11月,中国国家铁路集团有限公司发行50亿元中国铁路建设债券(铁道1918),期限为20年,息票利率为4.16%,按年付息,中国铁路建设基金提供不可撤销连带责任担保,中诚信首次评级为AAA。

❷ 中央汇金债券。2010年8月,中央汇金投资有限公司发行280亿元政府支持机构债券(10汇金02),期限为20年,息票利率为4.05%,按年付息,中债估值首次评级为AAA+。2015年9月,中央汇金投资有限公司发行130亿元政府支持机构债券(15汇金02),期限为五年,息票利率为3.55%,按年付息,中债估值首次评级为AAA+。

2.1.4 金融债券

金融债券发行主体为政策性银行、商业银行或非银行金融机构。一般通过中央结算公司发行,在银行间债券市场交易,在中央结算公司托管。

1. 政策性金融债券

政策性金融债券发行主体为开发性金融机构(国家开发银行)和政策性银行(中国进出口银行、中国农业发展银行)。

❶ **绿色金融债券**。2016年12月，中国进出口银行首次发行10亿元第一期绿色金融证券（16进出绿色债01），期限为五年，息票利率为3.28%，按年付息，募资投向清洁能源项目，为企业提供低成本资金。2017年2月，国家开发银行发行50亿元第一期绿色金融债券（17国开绿债01），期限为五年，按年付息，息票利率为3.86%，募资投向环保、节能、清洁能源和清洁交通等支持环境改善、应对气候变化的绿色项目投放，推动我国绿色金融体系建设。2019年11月12日，国家开发银行首次发行"债券通"绿色金融债券，合格境外投资者可通过"北向通"投资，期限为三年，按年付息，息票利率为3.1%，募资投向重庆市林业生态建设暨国家储备林项目等专项支持长江大保护及绿色发展的绿色项目。

❷ **疫情防控金融债券**。2003年6月18日，国家开发银行发行第七期200亿元"非典"特别金融债券，期限为一年，票面利率为零，折价发行，发行价格为97.79元。2020年2月5日，中国农业发展银行通过中央结算公司全球发行50亿元战疫专题金融债券，期限为一年，票面利率为1.8833%；2月6日，国家进出口银行发行30亿元战疫专题金融债券（20进出01），期限为一年，票面利率为1.61%；2月7日，国家开发银行发行135亿元战疫专题债券（20国开战疫120），期限为一年，票面利率为1.65%；2月11日，中国农业发展银行又在上海清算所通过公开招标方式成功发行了全球市场首支两年期战疫情、助脱贫双主题金融债券50亿元，发行利率为2.2951%。

❸ **扶贫专项金融债券**。2016年4月，农业发展银行发行第12～13期扶贫专项金融债券，发行额分别为30亿元和70亿元，期限分别为三年和五年，息票利率分别为2.63%和2.98%，募资投向"易地扶贫搬迁"贷款项目。2016年7月4日，农业发展银行进行第一次（1/1）增发，增发利率不变，增发额分别为60亿元和100亿元（60/100），之后在2016年7月、2016年10月、2017年4月、2017年7月、2017年10月分别进行了2/2（50/80）、2/3（70）、3/4（50/100）、4/5（40/50）增发。

2. 商业银行债券

商业银行债券发行主体为境内设立的商业银行法人，分为一般金融债券、小微企业贷款专项债、"三农"专项金融债、次级债券、混合债券、二级资本工具、特种金融债券等品种。

举例

❶ **小微企业贷款专项债**。其特点是，计算存贷比时，对于商业银行发行金融债所对应的单户500万元（含）以下的小企业贷款，可不纳入存贷比考核范围。2011年11月9日，民生银行获批发行500亿元小微企业贷款专项债券（银监复〔2011〕480号），并于2012年2月和5月分别发行300亿元和200亿元的小微企业贷款专项债券，期限均为五年，息票率为4.30%和4.39%。2012年11月15日，宁波鄞州农村合作银行（鄞州银行）在全国银行间债券市场公开发行20亿元小微企业专项金融债（12鄞州银行债），期限为三年，息票率为5%，这是我国首家农村金融机构发行的小微企业贷款专项金融债券。

❷ **"三农"专项金融债**。2014年10月17日，大连农村商业银行股份有限公司发行6亿元第一期"三农"专项金融债券（14大连农商三农债01），期限为三年，息票率为5.9%，联合资信评级为AA。该公司是我国首次发行"三农"专项金融债券的农村中小金融机构。2015年7月16日，浙江义乌农村商业银行发行12亿元第一期"三农"专项金融债券，期限3年，息票率为4.87%，中诚信评级为AA。2020年1月9日，重庆农村商业银行发行20亿元"三农"

专项金融债券，期限为三年，息票率为3.20%，联合资信评级为AAA。

❸ **次级债券**（Subordinated Debentures）。次级债于2003年12月开始计入银行附属资本，清偿顺序劣于存款和高级债券，优于优先股和普通股。2004年12月23日，兴业银行发行30亿元次级债券，期限为十年，其中18.6亿元为固定利率次级债券（04兴业01固），11.4亿元为浮动利率次级债券（04兴业01浮）。内嵌赎回权，首次赎回日为第五年年末。04兴业01固的息票率为5.10%；04兴业01浮的息票率为基准利率与基本利差之和，基准利率为发行日（起息日）的一年期整存整取定期储蓄存款利率，前五个计息年度基本利差为2.4%，如果发行人不行使赎回权，从第六年（2009年12月30日）开始，基本利差为2.9%。2009年12月29日，兴业银行行使全部赎回权。

❹ **混合资本债券**。2006年12月27日，民生银行发行43亿元混合资本债券，期限为15年，其中33亿元为固定利率债券（06民生02固），10亿元为浮动利率债券（06民生02浮）。内嵌赎回权、利息递延权、暂停索偿权，首次赎回日为第十年年末。06民生02固的票面利率为累进利率，1～10年为5.05%，11年之后提高300bp为8.05%；06民生02浮的息票率为基准利率与基本利差之和，基准利率为发行日（起息日）的一年期整存整取定期储蓄存款利率，前十个计息年度基本利差为2%，如果发行人不行使赎回权，从第11年开始，基本利差提高100bp。利息递延权：债券到期前，若发行人核心资本充足率低于4%，则发行人有权选择延期支付利息；若同时最近一期盈余公积与未分配利润之和为负，且最近12个月内未向普通股股东支付现金股利，则发行人必须延期支付利息。暂停索偿权：若发行人无力偿付受偿顺序在本期债券之前的债务，或偿付本期债券将导致无力偿付受偿顺序在本期债券之前的债务，则投资人应暂停索偿权，此时债券本金和所有应付利息合并计算为新的本金，并重新计息。

❺ **二级资本工具**。募资充实发行人二级资本，提高资本充足率。二级资本工具的本金和利息的清偿顺序在存款人与一般债权人之后，在其他一级资本工具之前。2013年7月25日，天津滨海农商行发行首支15亿元二级资本债券（13滨海农商二级），期限为十年，息票率为6.5%，内嵌赎回权，首次赎回日为第五年年末，联合资信评级为AA。2020年3月13日，浙江诸暨农商行发行第一期5亿元二级资本债券（20诸暨农商二级01），期限为十年，息票率为4.95%，内嵌赎回权和减记条款，首次赎回日为第五年年末，联合资信评级为AA−，本金和利息的清偿顺序在存款人和一般债权人之后，在股权资本、其他一级资本工具和混合资本债券之前。

3. 非银行金融债券

非银行金融债券发行主体为非银行金融机构，包括财务公司债券、金融租赁公司债券、信托公司债券、证券公司债券、证券公司次级债、保险公司金融债和保险公司次级债。

举例

❶ 财务债券、信托债券、租赁债券、投资债券等。2001年12月19日，中国国际信托投资公司发行35亿元金融债券（01中信债），期限为十年，息票率为3.98%，中诚信评级为AAA。2018年7月11日，中国华电财务公司发行10亿元金融债券（18华电财务债），期限为三年，息票率为4.5%，大公国际评级为AAA。2020年3月3日，东风日产汽车金融公司发行15亿元第一期金融债券（20东风日产汽车债01），期限为三年，息票率为3.09%，中诚信评级为AAA。2020年3月13日，建信金融资产投资公司发行70亿元第一期金融债（20建信金融债01），期限为三年，息票率为2.68%，中诚信评级为AAA。2019年3月26日，工银金融

资产投资公司发行90亿元金融债券（19工银投资债01），期限为三年，息票率为3.6%，中诚信评级为AAA。2020年3月11日，佛山海晟金融租赁公司发行10亿元金融债券（20海晟租赁债），期限为三年，息票率为3.5%，中诚信评级为AA+。2019年6月13日，长城国兴金融租赁发行20亿元第一期绿色金融债券（19长城国兴租赁绿色01），期限为三年，息票率为4.05%，中诚信评级为AAA。

❷ 证券公司债。2004年11月1日，国泰君安发行16.5亿元浮动利率债券（04国泰君安债），期限为五年，息票率为"基准利率+基本利差"，基准利率为发行日（起息日）的一年期整存整取定期储蓄存款利率，基本利差为2.97%。2004年12月31日，湘财证券发行10亿元浮动利率债券（04湘财债），期限为五年，息票率为"基准利率+基本利差"，基准利率为发行日（起息日）的一年期整存整取定期储蓄存款利率，基本利差为3%，内嵌回售权。2020年1月7日，华西证券发行10亿元第一期短期融资券（20华西CP01），期限为91天，息票率为2.85%，联合资信评级为A-1。2019年7月19日，东北证券发行20亿元第一期短期债券（东证1901），发行期限为一年，息票率为3.6%。2020年1月14日，中金财富证券发行20亿元第一期证券（20中财G1），期限为五年，息票率为累进利率，内嵌回售权、赎回权和利率调整条款，首次赎回日为第三年年末。前三年息票率为3.44%，后两年息票率为"3.44%+调整基点"。2020年3月12日，中泰证券非公开发行16亿元第一期证券（20中泰F1），期限为两年，息票率为3.08%。

❸ 证券公司（永续）次级债。《证券公司次级债管理规定》第四条规定，证券公司发行的长期次级债可按一定比例计入净资本，到期期限为三年以上的，可全部计入净资本；到期期限为两年以上的，可按照70%的比例计入净资本；到期期限为一年以上的，可按照50%的比例计入净资本。2019年9月20日，国泰君安非公开发行50亿元第一期永续次级债（19国君Y1），期限为"5+N"年，息票率为4.2%，内嵌利息递延权、利率调整条款、赎回权，上海新世纪评级为AA+。2019年3月22日，国联证券非公开发行8亿元第一期次级债券（19国联C1），期限为三年，息票率为4.74%，联合资信评级为AA。

❹ 保险公司债券（资本补充债券）。2015年9月，前海人寿发行25亿元第一期资本补充债券（15前海人寿01），期限为十年，息票率为累进利率，内嵌赎回权和利率调整条款。首次赎回日为第五年年末，前五年息票率为6.25%，后五年息票率为7.25%，中诚信评级为AA-。2020年3月，珠江人寿发行3.5亿元第一期资本补充债券（20珠江人寿01），期限为十年，息票率为累进利率，内嵌赎回权和利率调整条款。首次赎回日为第五年年末，前五年息票率为6.25%，后五年息票率为7.25%，中诚信评级为A+。

❺ 保险公司次级债（次级定期债务）。2011年6月，中国人保发行50亿元次级定期债务（11人保财险债），期限为十年，息票率为累进利率，内嵌赎回权和利率调整条款。首次赎回日为第五年年末，前五年息票率为5.38%，后五年息票率为7.38%。2012年8月，太平洋人寿非公开发行75亿元次级定期债务（12太平人寿债），期限为十年，息票率为累进利率，内嵌赎回权和利率调整条款。首次赎回日为第五年年末，前五年息票率为4.58%，后五年息票率为6.58%。

2.1.5 企业债券

企业债券发行主体为中小企业、地方国有企业或非上市公司。

1. 中小企业集合债券

中小企业集合债券发行主体为多个中小企业所构成的集合，发行企业各自确定发行额度分别负债，使用统一的债券名称，统收统付，期限一般为3～7年。

举例

❶ 辽宁沿海经济带城镇化建设集合债券（14辽宁沿海债）。该债券于2014年4月1日发行，发行人为凌海市海兴投资运营公司、北票市建设投资公司、东港市城建投资公司、建平县鑫达城市建设投资公司，发行额为22亿元，期限为七年，息票率为8.9%，东北中小企业信用再担保公司承担不可撤销连带责任担保，大公国际评级为AA+，担保人评级为AA+。集合债券内嵌偿债基金条款：从第三年起，联合发行人逐年分别按照债券发行总额的20%等额偿还债券本金。

❷ "一带一路"南通新型城镇化建设集合债券（PR一带债）。该债券于2016年7月14日发行，发行人为如皋富港工程建设有限公司、江苏老坝港沿海开发有限公司、南通鼎通交通工程有限公司，发行额为26亿元，期限为七年，息票率为4.7%，江苏信用再担保集团承担不可撤销连带责任担保，大公国际评级为AAA，担保人评级为AAA。集合债券内嵌偿债基金条款：从第三年起，联合发行人逐年分别按照债券发行总额的20%等额偿还债券本金。

2. 一般企业债券

一般企业债券发行主体多为地方国有企业。

举例

2013年10月21日，资阳市水务投资公司（地方国有企业）发行18亿元企业债券（PR资水务），期限为七年，息票率为7.4%，鹏元资信评级为AA。内嵌偿债基金条款：从第三年起，逐年按照债券发行总额的20%等额偿还债券本金。2017年3月15日，资兴市成城投资公司（地方国有企业）发行3亿元企业债券（PR资兴01），期限为七年，息票率为6.2%，担保人为重庆兴农融资担保公司，中诚信评级为AAA，担保人评级为AA+。内嵌偿债基金条款。

3. 项目收益债券

项目收益债券（Project Revenue Bond）发行主体为项目实施主体或其实际控制人，募资投向特定项目投资与建设，本息偿还资金完全或主要来源于项目建成后的运营收益，通常设置募集资金账户、收入归集账户和偿债资金账户。

举例

2020年2月28日，盐城城镇化建设投资公司非公开发行4亿元项目收益债券（20盐城镇项目NPB），期限为七年，息票率为7.5%，担保人为盐城高新投资集团，担保债券差额补偿，当债券募投项目无法覆盖本息时，担保人将补足差额。联合资信评级为AA+，内嵌偿债基金条款：从第三年起，逐年按照债券发行总额的20%等额偿还债券本金。2019年12月23日，重庆鸿业实业公司发行4.6亿元黔江区正阳工业园区标准化厂房项目收益债券（19渝鸿业项目债），期限为七年，息票率为7.5%，担保人为黔江区城建集团，担保债券差额补偿。上海新世纪评级为AA，内嵌偿债基金条款。

2.1.6 公司债券

公司债券发行主体为上市公司或非上市公众公司，在交易所债券市场公开或非公开发行，在证券交易所上市交易或在全国中小企业股份转让系统转让，在中证登记托管。

1. 一般公司债券

一般公司债券发行主体多为上市公司，公司类型通常为央企、地方国企、中外合资企业、外商独资企业、民营企业和公众公司。

举例

2019年12月12日，中化国际（央企）发行13亿元可续期一般公司债券（中化债Y1），期限为"2+N"年，中诚信评级为AAA。内嵌利率调整条款、延期权和延期付息条款，息票率为"基准利率+基本利差"且在每一付息周期内固定不变，基准利率为每一付息周期的起息日前250日剩余期限为两年的国债收益率算术平均值，基本利差为300bp。2020年3月12日，北京亦庄国际投资公司（地方国有企业）发行3亿元纾困专项公司债券（20亦纾01），期限为三年，息票率为3.08%，中诚信评级为AAA。2020年3月23日，浙江国有资本运营公司（地方国有企业）发行5亿元短期公司债（20浙资S1），期限为270天，息票率为2.3%，中诚信评级为A-1。

2020年1月14日，宁德时代新能源科技公司（民营企业）发行30亿元一般公司债券（20CATL01），期限为五年，息票率为累进利率，联合信用评级为AAA。内嵌可回售权、利率调整条款：前三年息票率为3.63%，后两年息票率为"3.63%+调整基点"。

2020年2月28日，奥园集团（中外合资企业）发行25.4亿元一般公司债券（20奥园01），期限为五年，息票率为累进利率，联合信用评级为AAA。内嵌可回售权和利率调整条款：前三年息票率为5.5%，后两年息票率为"5.5%+调整基点"。2015年9月24日，天瑞水泥公司（外商独资企业）发行10亿元一般公司债券（PR天瑞债），期限为五年，息票率为5.95%。鹏元资信评级为AA+。内嵌利率调整条款、回售权和偿债基金条款：从第三年起，投资人可行使回售权，否则发行人将逐年按照债券发行总额的50%等额偿还债券本金。

2020年2月28日，平安国际融资租赁公司（公众企业）发行16亿元可续期一般公司债券（20安租01），期限为"3+N"年，中诚信评级为AAA。内嵌利率调整条款、延期权、赎回权和延期付息条款，首次付息周期的息票率为"基准利率+基本利差"，后续付息周期的息票率为"基准利率+基本利差+300bp"，基准利率为每一付息周期的起息日前250日剩余期限为三年的国债收益率算术平均值。

2. 私募公司债券

相对于一般公司债券而言，私募公司债券的发行方式为非公开发行，通常有不可撤销连带责任担保人。

举例

2020年1月14日，遵义投资集团（地方国有企业）非公开发行9.4亿元公司债券（20遵投01），期限为五年，息票率为累进利率，前三年息票率为7.5%，后两年息票率为"7.5%+调整基点"，无担保人。2020年1月15日，湖南洞庭资源控股公司（地方国有企业）非公开发行12亿元绿色公司债（G20洞庭1），期限为五年，息票率为累进利率，前三年息票率为7%，后两年息票率为"7%+调整基点"，担保人为岳阳城建投资公司。2016年4月27日，汝城县水电公司（地方国有企业）非公开发行9亿元公司债券（PR汝水电），期限为五年，息票率为7%，汝城县城建开发公司以其国有土地使用权作为抵押担保，鹏元资信评级为AA。内嵌偿债基金条款：2017年12月21日偿还本金的60%，2019年—2021年分别偿还本金的12%、12%、16%。

3. 可转换公司债券

可转换公司债券是上市公司或重点国有企业依法定程序发行，在一定时间内依据约定条件将债券按面值和转股价转换成发行人股票的公司债券，其内嵌转股权使得可转债具有债权和股权双重属性。一般内嵌赎回权、回售权和转股价修正条款。

举例

❶ 2007年12月19日，北大荒发行15亿元可转换公司债券（大荒转债），期限为五年，发行方式采用原股东优先配售，配售比例为0.9元/股并转换成手，余额采用网上发行，息票率为累进利率，第1~5年分别为1.5%、1.8%、2.1%、2.4%、2.7%。联合资信评级为AA。内嵌可赎回条款、转股价修正条款。初始转股期为六个月后，初始转股价为14.32元/股，不低于公告募集日前一个交易日及前20个交易日股票均价最高者的102.5%。

（1）转股。转股数量为可转债面值/转股价，并以去尾法取一股的整数倍，即不足交换为一股的可转债余额以现金兑付。当因转股导致可转债流通面值低于3000万元时，可转债停止交易，但仍可转股。2008年6月19日，大荒转债进入转股期，6月30日有0.1387亿元可转债转换成股票，转股价为14.05元/股，转股987 147股，未转股可转债占99.08%。

（2）转股价修正条款。当由送股、转股、配股、增发、派现导致股价除权除息时，转股价相应调整；当股价连续30个交易日中至少20个交易日收盘价低于当期转股价85%时，转股价向下修正，但不低于修正前一个交易日及前20个交易日股票均价最高者，且不低于每股净资产和股票面值。

（3）转股价修正公式。设 P_0 为初始转股价，n 为送股或转增股本率，k 为增发新股或配股率，A 为增发新股价或配股价，D 为每股派送现金股利，P_1 为调整后转股价。则：送股或转股：$P_1 = P_0/(1+n)$；增发或配股：$P_1 = (P_0 + Ak)/(1+k)$；同时送转配：$P_1 = (P_0 + Ak)/(1+n+k)$；派现：$P_1 = P_0 - D$；同时送转增配派：$P_1 = (P_0 - D + Ak)/(1+n+k)$。2008年6月12日，北大荒2007分红10派2.72，转股价修正为14.05元/股（14.32 - 0.27）；2008年9月24日，北大荒前一个交易日和前20个交易日股价均价分别为9.1元/股和8.32元/股，发出董事会通知前16个交易日股价均价为10.08元/股，三者取高，转股价下修为10.08元/股；2009年6月11日，北大荒2008分红10派2.679，转股价修正为9.81元/股（10.08 - 0.27）。

（4）赎回条款。到期赎回未转股可转债，赎回价为105元。若股价连续20个交易日收盘价高于到期转股价130%，则发行人可提前赎回，赎回价为105元。2010年1月18日前20个交易日收盘价高于转股价（9.81元/股）130%，北大荒决定行使赎回权，全部赎回未转股大荒转债，赎回价为105元，个人投资者代扣税后赎回价为104.895元，合格境外机构投资者（QFII）代扣税后赎回价为104.948元，赎回登记日（3月5日）后大荒转债停止交易和转股，3月12日发放赎回款。在赎回登记日前，已有99.77%的大荒转债进行转股，未转股赎回面值仅为344.6万元，占0.23%，实际赎回额为361.5万元，仅占0.24%。

（5）回售条款。当股价连续20个交易日收盘价低于到期转股价70%或募资投向发生变化时，投资人可行使回售权，回售价为105元。2008年11月7日，募资投向改变触发附加回售条款，11月21日，回售100张（10 500元）。

问题

大荒转债在赎回登记日3月5日前可以转股价9.81元进行转股，次交易日3月8日则停止交易和转股。北大荒当期股票收盘价为14.36元，且半年来稳居11元之上，大荒转债当期价格为147.82元,那么是否建议大荒转债持有人当期实施债转股?定义实际转股价=名义转股价×(可转债价格/面值),可转债转股溢价率=(实际转股价-正股股价)/正股股价。当溢价率为负时,实际转股价小于正股股价,可转债有转股价值;当溢价率为正时,可转债没有转股价值。当期大荒转债的名义转股价为9.81元,那么实际转股价为多少?溢价率为多少?是否有转股价值?

❷ 1992年11月19日,深圳宝安发行全国首支5亿元可转换公司债券(宝安转债),期限为三年,发行方式采用全部向社会公众发行,息票率为3%,面值为1元/张,2500张/手,内嵌赎回权和转股价修正条款,但不含回售权和转股价下修条款,且转股价修正条款只适用于初始转股期之前。初始转股期为六个月后,初始转股价为25元,赎回价为2575元/手,即面值的103%。发行时股价为21元,相对转股价宝安转债溢价率为-19.05%。实际上,1993年上半年,深圳宝安10送3派0.9,按转股价修正公式,转股价调整为19.392元,1993年年底和1994年年底分红分别为10送7派1.22和10送2.5派1,但转股价并未相应调整。1995年年底宝安转债到期,正股股价为2.8元,转股价为19.39元,溢价率大幅为正,实际转股比例仅占2.7%,深圳宝安面临巨额还本付息压力。

4. 可分离交易可转换公司债券

可分离交易可转换公司债券的全称是"认股权和债券分离交易的可转换公司债券",是指上市公司发行债券时,按比例向投资者附送一定数量的认股权证,约定在未来某一时间,认股权证持有人有权按照事先约定的价格认购股票。债券发行后,公司债券与认股权证分别上市交易。2006年5月,《上市公司证券发行管理办法》对可分离交易可转换公司债券做出了五个特殊规定:①最近一年净资产不低于15亿元;②最近三年平均可分配利润不低于公司债券一年利息;③本次发行后累计公司债券余额不高于净资产的40%;④最近三年净现金流不低于公司债券一年利息,但最近三年加权平均净资产收益率不低于6%的除外;⑤预计所附认股权证全部行权后募集资金总量不超过拟发行公司债券金额。

举例

2008年6月20日,宝钢股份发行100亿元可分离交易可转债(08宝钢债),期限为六年,发行方式采用原股东优先配售(28.82%),配售比例为"股票数量×1.78/1000"并转换成手,余额采用网上(5.83%)与网下(65.35%)发行每张债券(100)附送16份认股权证。

认股权证。存续期为24个月,初始行权价为12.5元/股,且不低于前一个交易日和前20个交易日股票均价高者,行权比例为2:1。正股在存续期有送转配派引发除权除息时,行权价和行权比例要相应调整,其中:除权时,新行权价=原行权价×(正股除权日参考价/除权前一交易日正股收盘价),新行权比例=原行权比例×(除权前一交易日正股收盘价/正股除权日参考价);除息时,行权比例不变,新行权价=原行权价×(正股除息日参考价/除息前一交易日正股收盘价)。

问题

如果将08宝钢债附送认股权证的条款修改为仅仅是内嵌股票可转换权,即可分离交易可转债变为普通可转债,则二者的收益有什么区别?普通可转债的息票率是否会上调?在同等的发债规模下,可分离交易可转债与普通可转债实际融资规模是否不同?对于"预计所附认股权证全部行权后募集资金总量不超过拟发行公司债券金额"这一规定,08宝钢债是否满足?

5. 可交换公司债券

可交换公司债券(Exchangeable Bond,EB)是上市公司股份持有人通过抵押其所持股票给托管机构而发行的公司债券，与可转债相似，区别在于债券持有人将债券转换为非债券发行人的股票，通常是集团公司、子公司或其他控股公司的股票。一般内嵌可赎回条款、回售条款和转股价修正条款。

举例

❶ 2014年12月10日，宝钢集团发行40亿元可交换债券（14宝钢EB），发行方式采用网上发行（一般公众投资者30%）和网下发行（机构投资者70%）相结合方式且不向公司股东配售，期限为三年，息票率为1.5%，中诚信评级为AAA。可交换标的股票为新华保险A股股票1.65亿股，不超过宝钢对新华保险持股数量的50%，初始换股期为一年后，初始转股价为43.28元/股，不低于公告募集日前一日、前20日、前30日新华保险A股股票均价中的最高者。换股数量为可交换债面值/转股价，并以去尾法取一股的整数倍，即不足交换为一股的可交换债余额以现金兑付。内嵌可赎回条款、转股价修正条款。赎回条款：可交换债期满后五个交易日内，发行人将以债券面值的101.5%全部赎回未换股的可交换债；若可交换债未换股余额不足3000万元，则发行人有权按面值加当期应计利息（实际天数/365）的价格赎回全部未换股的可交换债。

❷ 2015年，上海国盛发行50亿元可交换公司债（15国盛EB），期限为六年，上海新世纪评级为AAA。可交换标的股票为上海建工A股股票8.41亿股，不超过上海国盛对上海建工持股数量的50%，初始换股期为一年后，初始转股价为10.52元/股，不低于公告募集日前一日、前20日、前30日新华保险A股股票均价中的最高者。内嵌可赎回条款（到期赎回条款和有条件赎回条款）、回售条款、转股价修正条款。到期赎回条款：债券期满五个交易日内，发行人将以债券面值的103%全部赎回未换股的可交换债。有条件赎回条款：换股期内，若上海建工股票连续30个交易日中至少有15个交易日的收盘价格不低于当期转股价格的130%（含130%），则发行人有权按面值加当期应计利息（实际天数/365）的价格赎回全部未换股的可交换债。回售条款：在最后两个计息年度内，若上海建工股票收盘价在任何连续30个交易日低于当期转股价格的70%，则投资债有权将其持有的可交换债全部或部分面值加上当期应计利息回售给发行人。转股价向下修正条款：在债券存续期内，若上海建工股票收盘价在任意连续30个交易日中有15个交易日的收盘价低于当期转股价格的90%，或由送股、转股、配股、低价增发、派现等引发股价除权除息，则发行人有权向下修正转股价格。2016年5月13日，上海建工10派1.5转2，按除权除息调整公式，转股价10.52元/股向下调整为8.44元/股；2017年3月30日，非公开发行股票，转股价按低于市价增发新股调整公式调整为8.33元/股；2017年5月22日，10派1.3转1.9，转股价调整为6.76元/股；2018年6月15日，10派1.35，转股价调整为6.48元/股；2019年7月22日，10派1.35，转股价调整为6.25元/股；2019年12月13日，前一日、前20日、前30日股票收盘价分别为3.52元/股、3.45元/股、3.44元/股，均低于6.25元/股的90%，触发转股价向下修正条款，转股价调整为5.8元/股；2020年1月23日，前一日、前20日、前30日股票收盘价分别为3.53元/股、3.56元/股、3.54元/股，均低于5.8元/股的90%，转股价调整为5.65元/股。

2.1.7 债务融资工具

债务融资工具又称银行间债券市场非金融企业债务融资工具，是指具有法人资格的非金融机构在银行间债券市场发行的，约定一定期限内还本付息的有价证券，在银行间债券市场交易,在上清所(银行间市场清算所)登记托管。它主要包括(超)短期融资券、中期票据、资产支持票据、项目收益票据、非公开定向债务融资工具(PPN)、中小企业集合票据等。

1. (超)短期融资券

(超)短期融资券包括期限一年内的一般短期融资券和期限270天内的超短期融资券。

举例

❶ 一般短期融资券。2020年3月25日,南京钟山资产经营管理集团发行7亿元第一期短期融资券(20中山资产CP001),期限为一年,息票率为2.7%,内嵌交叉违约条款、事先约束条款。事先约束:发行人出售或转移重大资产时,应按照《银行间债券市场非金融企业债务融资工具持有人会议规程》召开持有人会议并经持有人会议表决同意。2020年3月23日,中飞租融资租赁发行10亿元第一期短期融资券(疫情防控债)——20中飞租赁(疫情防控债)CP001,期限为一年,息票率为3.65%。内嵌事先约束条款:发行人资产负债率不超过90%且发行人及主承销商按季监测,否则召开持有人会议并经3/4表决权同意。

❷ 超短期融资券。2020年1月8日,株洲城建发展发行5亿元第一期超短期融资券(20株洲城建SCP001),期限为270天,息票率为3.3%,内嵌交叉违约条款和事先约束条款。2020年3月11日,重庆机场发行6亿元第一期超短期融资券(疫情防控债)——20重庆机场(疫情防控债)SCP001,期限为270天,息票率为2.58%,内嵌交叉违约条款:未偿到期应付其他债务融资或金融机构贷款超过1亿元或超过最近一年净资产的5%。

2. 中期票据

中期票据包括期限一年以上的中期票据和无固定期限的永续中期票据。

举例

❶ 中期票据。2020年2月19日,紫金矿业发行10亿元第一期中期票据(20紫金矿业MTN001),期限为五年,息票率为3.51%,内嵌事先约束条款和控制权变更条款。事先约束:发行人每年年末资产负债率不超过75%,且未偿债务融资工具余额占最近一期有息债务比例不超过35%。控制权变更:控股股东闽西兴杭国有资产投资经营有限公司发生变更,且控制权变更半年内信用评级下调。2020年2月24日,淄博城市资产运营公司发行20亿元第一期中期票据(20淄博城运MTN001),期限为五年,息票率为3.77%,内嵌交叉违约条款:未偿到期应付其他债务融资或金融机构贷款超过0.5亿元或超过最近一年净资产的3%。

❷ 永续中期票据。2020年1月9日,华侨城发行15亿元第一期中期可续期票据(20华侨城MTN001),期限为"3+N"年,首个计息周期息票率为"基准利率+初始利差",从第二个计息周期开始,息票率为"基准利率+初始利差+300bp",联合资信评级为AAA。内嵌利息递延权、持有人救济条款、利息调整条款、赎回权。

2020年3月19日,冀中能源发行6亿元第一期中期票据(20冀中能源MTN001),期限为"2+N"年,前两个计息周期息票率为"基准利率+初始利差",从第三个计息周期开始,息票率为"基准利率+初始利差+300bp",东方金城评级为AAA。内嵌事先约束条款、赎回权、持有人救济条款、利息递延权、交叉违约条款和利率调整条款。事先约束:发行人每年年末资产负债率不超过83%。交叉违约:未偿到期应付其他债务融资或金融机构贷款超过1亿元或超过最近一年净资产的3%。

3. 资产支持票据

资产支持票据(ABN)以企业基础资产的现金流作为票据本息还款支持。

举例

2020年3月18日，江苏徐矿综合利用发电公司发行第一期资产支持票据，中诚信国际评级为AAA。其中：优先01级（20徐矿发电ABN001优先01）发行1.82亿元，期限为一年，息票率为3.15%，分层占比为31.47%，按季付息，偿付顺序A1；优先02级（20徐矿发电ABN001优先02）发行1.86亿元，期限为两年，息票率为3.5%，分层占比为32.07%，按季付息，偿付顺序A2；优先03级（20徐矿发电ABN001优先03）发行1.92亿元，期限为三年，息票率为3.88%，分层占比为33.02%，按季付息，偿付顺序A3，内嵌赎回权；次级（20徐矿发电ABN001次）发行0.2亿元，期限为三年，分层占比为3.45%，到期一次还本付息，偿付顺序C1。

2020年1月9日，周大福金融中心发行第一期定向资产支持票据，上海新世纪和联合资信评级为AAA。其中：优先级（20周大福ABN001优先）发行99亿元，期限为18年，息票率为3.9%，分层占比为99%，半年付息，偿付顺序A1；次级（20周大福ABN001次）发行1亿元，期限为18年，分层占比为1%，到期一次还本付息，偿付顺序C1。

2020年3月24日，新苏环保产业集团发行第一期绿色资产支持票据，联合资信评级为AA+。其中：优先A1（20新苏环保绿色ABN001优先A1）发行1.8亿元，期限为1.84年，息票率为3.4%，半年付息，分层占比为32.43%，偿付顺序A1；优先A2（20新苏环保绿色ABN001优先A2）发行3.5亿元，期限为4.33年，息票率为4.6%，半年付息，分层占比为63.06%，偿付顺序A2；次级（20新苏环保绿色ABN001次）发行0.25亿元，期限为4.33年，到期一次还本付息，分层占比为4.5%，偿付顺序C1。

4. 项目收益票据

项目收益票据（PRN）募资投向具体建设项目，以项目资产的经营性现金流作为票据本息还款支持。

举例

2014年7月14日，郑州交投地坤实业公司发行4亿元第一期非公开定向债务融资工具A（项目收益票据）（14郑州地坤PRN001A），期限为"5+5+5"年，息票率为7.5%，内嵌回售权，担保人为中债信用增进投资公司。2017年4月27日，南京紫金（玄武）科技创业特别社区建设发展公司发行4亿元第一期项目收益票据（17紫金玄武PRN001），期限为"3+5"年，前三年息票率为5.5%，后五年息票率为4.8%，上海新世纪评级为AAA。内嵌偿债基金、利率调整条款和回售权，偿债基金：第六年和第七年各偿还20%，第八年偿还60%。

5. 非公开定向债务融资工具

非公开定向债务融资工具（PPN）采用非公开发行方式，面向银行间债券市场特定机构投资人发行，只在特定机构投资人范围内流通转让。

举例

2013年11月25日，天津渤海国有资产经营管理公司非公开发行1亿元第一期非公开定向债务融资工具（13津渤海PPN001），期限为十年，前五年息票率为6.5%，后五年息票率为"6.5%+上调基点"。2020年3月20日，长春润德投资非公开发行15亿元第一期定向债务融资工具（20长春润德PPN001），期限为"3+2"年，前三年息票率为6.8%，后两年息票率为"6.8%+调整基点"，内嵌回售权和利率调整条款。2020年2月28日，华润租赁非公开发行5亿元第一期定向债务融资工具（疫情防控债）——20华润租赁（疫情防控债）PPN001，期限为两年,息票率为3.85%。

6. 中小企业集合票据

中小企业集合票据是一种由承销商组织牵头,由二至十个具有法人资格的中小非金融企业,以统一产品设计、统一券种冠名、统一信用增进、统一发行注册方式向银行间债券市场机构投资者公开发行的"捆绑式"集合融资债券。

举例

2009年11月23日,鲁清防水、万龙实业等八家寿光中小企业在银行间债券市场联合发行5亿元"三农"中小企业集合票据,期限为两年,息票率为5.1%,主承销商为农业银行,担保人为寿光市金财公有资产经营有限公司,寿光政府为担保人提供财政补贴或风险补偿,上海新世纪债券评级为AA-,每家中小企业主体评级最高为A-。

2.1.8 同业存单

同业存单(CDs)即大额可转让定期存单,是存款类金融机构在银行间市场发行的记账式定期存款凭证,属于货币市场工具,采用电子化方式通过外汇交易中心公开或定向发行,投资和交易主体为同业拆借市场成员、基金管理公司及基金类产品,在上清所(银行间市场清算所)登记托管。同业存单包括固定利率同业存单,期限为一个月、三个月、六个月、九个月和一年;浮动利率同业存单,期限为一年、两年和三年。

举例

❶ 固定利率同业存单。2020年1月15日,遵义汇川农商行发行1亿元第一期同业存单(20遵义汇川农商行CD001)。期限为三个月,息票率为3.21%。2019年12月30日,大连银行发行3亿元第164期同业存单(19大连银行CD164)。期限为一年,息票率为3.4%。

❷ 浮动利率同业存单。2017年7月20日,北京银行发行5亿元第156期同业存单(17北京银行CD156),期限为三年,按季付息,息票率为浮动利率,即"基准利率+指标利差",基准利率为三个月Shibor均值,指标利差为50bp,息票率为4.76%。2017年8月31日,深圳前海微众银行发行0.2亿元第51期同业存单(17深圳前海微众银行CD051),期限为三年,按季付息,息票率为浮动利率,即"基准利率+指标利差",基准利率为三个月Shibor均值,指标利差为80bp,息票率为5.17%。

2.1.9 其他概念债券

1. 绿色债券

绿色债券募集资金专项支持绿色产业项目,包括绿色金融债、绿色企业债、绿色公司债、绿色城投债、绿色中期票据、绿色资产支持证券(绿色ABS)、绿色次级债等。

举例

❶ 绿色金融债。2019年11月6日,中国农业发展银行在香港联交所发行25亿元人民币绿色债券(点心债,绿色金融债)。期限为三年,息票率为3.18%。

❷ 绿色企业债。2018年5月18日,朗诗绿色集团在新加坡证券交易所发行0.5亿美元绿色优先票据(朗诗绿色,9.625%,N20200425[重开]),期限为两年,息票率为9.625%,半年付息。内嵌赎回条款:一是现金赎回,随时溢价赎回全部票据;二是股本赎回,出售普通股随时赎回不超过35%全部票据,赎回价为109.625美元。2019年12月5日,江西省水利投资

集团在香港联交所发行3亿美元有担保绿色债券（江西水投，3.4%，B2022），期限为三年，息票率为3.4%。

❸ 绿色公司债。2019年10月15日，福建永荣控股集团非公开发行3亿元第一期绿色公司债券（G19永荣），期限为"2+1"年，息票率为累进利率，即前两年息票率为7.3%，后一年息票率为"7.3%+上调基点"，东方金诚评级为AA+。内嵌回售权、利率调整条款。

❹ 绿色城投债。2019年11月21日，盐城交通控股非公开发行5亿元第一期绿色债券（G19盐交1），期限为"3+2"年，息票率为累进利率，即前三年息票率为4.95%，后一年息票率为"4.95%+上调基点"，联合资信评级为AA+，内嵌回售权、利率调整条款、交叉违约条款。交叉违约：若发行人未能清偿到期应付的其他债务融资工具、公司债、企业债或境外债券的本金或利息，或累计不低于1亿元或占最近一年净资产10%的金融机构贷款，则触发交叉违约保护条款，发行人立即启动保护机制。

2. 债贷组合债券

债贷组合债券是债贷组合融资模式下直接融资与间接融资相结合的一种债券创新，募资主要投向棚户区改造。

举例

2013年7月12日，岳阳城建投资发行18亿元债贷组合债券（13岳阳城投债），期限为七年，息票率为6.05%，大公国际评级为AA+。内含偿债基金：从第三年起，逐年按照债券发行总额的20%等额偿还债券本金。2014年4月15日，娄底城建投资发行18亿元债贷组合债券（14娄底债），期限为七年，息票率为7.95%，中证鹏元评级为AA，内嵌偿债基金（20%）。2018年4月19日，龙源电力发行30亿元债贷组合绿色债券（18龙源绿债01），期限为"5+2"年，息票率为累进利率，即前五年息票率为4.83%，后两年息票率为"4.83%+上调基点"，大公国际评级为AAA，内嵌回售权和偿债基金（20%）。

3. "一带一路"债

"一带一路"债的发行主体为"一带一路"沿线地方政府、企业及金融机构，募资主要投向"一带一路"建设。

举例

2020年1月21日，中国武夷非公开发行5.5亿元第一期"一带一路"公司债（20中武R1），期限为"2+1"年，息票率为累进利率（5.95%），中诚信评级为AA，内嵌回售权、赎回权和利率调整条款。2020年1月21日，陕西省发行22亿元"一带一路"经济带建设专项债券（20陕西债04），期限为15年，息票率为3.62%，中债资信评级为AAA。2019年11月18日，山东海洋非公开发行5亿元"一带一路"公司债（19鲁海洋），期限为三年，息票率为4.5%，上海新世纪评级为AA+。

4. 扶贫专项债

扶贫专项债的发行主体为注册地在贫困地区的企业，也包括发行人注册地不在贫困地区，但募集资金主要用于精准扶贫项目建设、运营、收购，或者偿还精准扶贫项目贷款的公司。

举例

2019年9月17日，山东高速发行10亿元第二期扶贫中期票据（19鲁高速MTN002），期限为五年，息票率为3.89%，中诚信国际评级为AAA。2019年10月15日，重庆市黔江区城建集团非公开发行10亿元第一期扶贫专项公司债（19黔扶债），期限为"2+1"年，息票率为7.5%，中诚信证券评估评级为AA，内嵌回售权。

5. 纾困专项债

纾困专项债的发行主体为具备良好的盈利能力及偿债能力的国有资产管理公司、金融控股公司、开展投资或资产管理业务的其他企业等，主体评级为 AA+ 以上。发行人应当是所属地方政府设立纾困计划的参与方，且以适当方式获得所属政府相关部门或机构的认可。

举例

2020 年 3 月 12 日，河南农业综合开发公司非公开发行 7 亿元纾困专项债券（20 豫纾 01），期限为五年，息票率为 3.98%，大公国际评级为 AA+，内嵌回售权。2019 年 3 月 25 日，中原资产管理公司非公开发行 10 亿元第一期纾困专项债券（19 中纾 01），期限为三年，息票率为 5.3%，中诚信国际评级为 AAA。2018 年 12 月 24 日，山东国惠投资非公开发行 10 亿元第一期纾困专项债券（18 鲁纾 01），期限为三年，息票率为 5.38%，中诚信证券评估评级为 AAA，内嵌回售权。

6. 疫情防控专项债

疫情防控专项债的发行主体以信用评级 AA+ 和 AAA 为主，募资主要投向疫情防控相关开支。

举例

2020 年 2 月 20 日，新兴铸管发行 6 亿元第一期超短期融资券（疫情防控债）——20 铸管股份（疫情防控债）SCP001，期限为 270 天，息票率为 2.89%，中债资信评级为 AA-。2020 年 2 月 21 日，义乌农商行发行 0.5 亿元第五期同业存单——20 义乌农商行（防疫专项）CD005，期限为 90 天，息票率为 2.6%，上海新世纪评级为 AA+。2020 年 2 月 10 日，兴业证券公开发行 30 亿元第一期公司债券（疫情防控债）（20 兴业 G1），期限为三年，息票率为 3.1%，联合资信评级为 AAA。

7. 双创孵化专项债券

"双创"孵化专项债券的发行主体为符合条件的创新创业公司和创业投资公司。

举例

2019 年 4 月 2 日，淄博高新城市投资运营集团发行 5.6 亿元第一期技术产业开发双创孵化专项债券（19 淄博高新双创债 01），期限为七年，息票率为 5.03%，上海新世纪评级为 AAA，内嵌偿债基金（20%/3~7）[①]。2016 年 7 月 22 日，湘潭九华经建投资发行 10 亿元双创孵化专项债券（PR 双创债），期限为十年，息票率为 5%，联合资信评级为 AA，内嵌偿债基金（10%/3~6、15%/7~10）。2019 年 1 月 22 日，杭州银行发行 50 亿元双创金融债（19 杭州银行双创金融债），期限为三年，息票率为 3.45%，中诚信国际评级为 AAA。

1981 年—2020 年我国债券及其创新品种演变见表 2-1。

表 2-1　1981 年—2020 年我国债券及其创新品种演变

年份	政府债	金融债	企业债
1981	国债		
1984			企业债
1985		特种贷款金融债（农业银行、工商银行）	

---

① 20%/3~7 表示第 3~7 年每年还本 20%。

(续)

年份	政府债	金融债	企业债
1992	国债期货（上交所，1992年12月至1995年5月）		类可转债（2006年《上市公司证券发行管理办法》实施之前）（中国宝安，1992年12月）
1993	质押式回购（上交所、深交所）		城投债（上海城建）
1996	贴现国债（零息且期限小于一年）		
1997	质押式回购（银行间债券市场）	政策性银行债 特种贷款金融债	
2001		非银行金融机构债（中国国际信托，2001年12月） 投资人选择权债券（国家开发银行，2001年12月，回售）	
2002	央行票据	本息分离债（国家开发银行，2002年10月） 具有次级属性的发行人选择权债券（国家开发银行，2002年6月，赎回）	
2003	政府支持机构债（铁道债，2003年8月）	境内美元债（国家开发银行，2003年9月） 远期利率债券（国家开发银行，2003年7月） 疫情防控金融债（国家开发银行，2003年6月）	利率互换债券（国家开发银行，2003年9月）
2004	凭证式国债（电子记账） 长期央票（2004年12月） 远期央票（2004年12月） 买断式回购	商业银行次级债（兴业银行，2004年12月） 证券公司债（国泰君安，2004年11月） 保险公司次级债（泰康人寿，2014年11月） 混合债（国家开发银行，2004年12月） R007浮动利率债（国家开发银行，2004年11月） 利率后置浮动利率债（国家开发银行，2004年5月） 欧元债券（2004年9月）	保底浮动利率债券（河南高速，2004年11月）
2005	离岸央票（伦敦，2005年10月）	证券公司短期融资券（国泰君安，2005年4月） 国际机构债［熊猫债，国际金融公司（IFC）/亚洲开发银行（ADB）］ 信贷资产支持证券（国家开发银行，2005年12月） 券商资产支持证券（建设银行，2005年12月）	短期融资券（华能国际电力，2005年5月）

(续)

年份	政府债	金融债	企业债
2006	储蓄国债	混合资本债（兴业银行，2006年9月） FR007浮动利率债券（国家开发银行，2006年3月） AMC_ABS（信达AMC，06信元） 利率互换（国家开发银行、光大银行，2016年2月）	可转债（2006年《上市公司证券发行管理办法》实施之后）（华发股份，2006年7月） 可分离交易可转债（马钢股份，2006年12月）
2007	特别国债	非银行金融机构混合债（中国电力财务，2007年11月） Shibor浮动利率债券（国家开发银行，2007年6月）	公司债（2007年《公司债券发行试点办法》实施之后）（长江电力，2007年9月） 中小企业集合债（深圳20家中小企业集合债券，07深中小债，2007年11月） 企业Shibor浮动利率债券（上海华谊，2007年9月）
2008		银行类金融机构ABS（建设银行，08建元）	企业中期票据（五矿集团，2008年4月）
2009	地方政府债（北京，2009年5月）		中小企业集合票据（寿光八家中小企业，2009年11月）
2010	政府支持机构债（中央汇金债，2010年8月）	金融互换债（国家开发银行，2010年11月） 信用风险缓释凭证（CRMW）（中债信用增进，中债Ⅰ号、Ⅱ号、Ⅲ号，2010年11月）	
2011		商业银行普通债券 小微企业贷款专项债（民生银行，2011年11月）	非公开定向债务融资工具PPN（国电集团、五矿集团、航空工业集团，2011年5月）
2012			资产支持票据ABN（南京公用、宁波城投、浦东建设，2012年8月） 中小企业私募债（苏州华东镀膜玻璃，2012年6月）
2013	五年期国债期货（中金所，2013年9月）	同业存单（工农中建四大行及国开行，2013年12月） 二级资本工具（天津滨海农商行，2013年7月）	可续期公司债券（武汉地铁，2013年10月） 可交换私募债（福星生物，2013年10月） 永续中期票据（国电电力，2013年12月） 债贷组合债券（岳阳城建，2013年7月）

(续)

年份	政府债	金融债	企业债
2014	人民币绿色债券（国际金融公司，2014年6月）	证券公司短期公司债券（广发证券，2014年11月） 保险公司次级债 三农专项金融债（大连农商行，2014年10月）	项目收益债（14穗热电债，2014年11月） 项目收益票据（郑州交投地坤实业有限公司，2014年7月） 可质押城投债ETF（海富通） 可交换公司债（宝钢，2014年12月） 小微企业增信集合债券（兖州惠民城建，2014年4月）
2015	定向承销地方政府债 十年期国债期货（中金所，2015年3月）	大额存单（工农中建）	
2016		绿色金融债（兴业银行，2016年1月） 木兰债（SDR，世界银行，2016年8月） 扶贫专项金融债（农业发展银行，2016年4月） 信用违约互换（CDS）（工农中建交五大行、民生银行、兴业银行、浙商银行、上海银行、中债信用增进，2016年10月）	绿色公司债（国家电网，2016年10月） 绿色资产支持证券（农银穗盈·金风科技风电收费收益权绿色资产支持专项计划，2016年8月） "双创"公司债（湘潭九华经建，2016年7月）
2017	债券通	城商行不良资产ABS（江苏银行，17苏誉，2017年11月） 创新创业金融债（齐鲁银行，2017年12月） 小微企业绿色金融债（泰隆商业银行，2017年12月）	PPP项目专项债（珠江实业，2017年7月） PPP资产支持票据（华夏幸福，2017年8月） 创新创业公司债（苏州旭杰，2017年10月）
2018	两年期国债期货（中金所，2018年8月）	区块链应收款ABN（浙商银行，2018年8月） 互联网消费金融ABN（京东世纪贸易，2018年8月）	"一带一路"公司债（恒逸石化，2018年3月）
2019	央行票据互换工具（CBS）（2019年9月）	LPR浮动利率债券（国家开发银行，2019年11月） 城商行可续期债券（台州银行，2019年11月） 以循环资产为基础资产的消费贷ABS（招商银行和智2019年第一期，2019年4月） 信用保护凭证（海通证券、中信建投、中信证券、华泰证券，2019年12月） 绿色公司债券信用保护合约（东吴证券、中证金融，2019年9月）	联合办公领域ABS（渤海汇金-纳什空间资产支持专项计划，2019年3月） 供水/供电/供热资产组合收费收益权ABN（泰山投资，2019年8月） 债券购回（未名生物，2019年8月）

(续)

年份	政府债	金融债	企业债
2020		疫情防控永续中期票据（中信银行，2020年3月） 人民币利率互换期权（中国银行，2020年3月）	绿色创新创业疫情防控公司债（江苏凯伦，2020年3月） 疫情防控资产支持票据（陕西建工，2020年2月） 扶贫资产支持票据（华润租赁，2020年3月） 票据置换（桑德环境，2020年3月） 债券置换（华昌达，2020年3月）

2.2 债券的基本衍生

2.2.1 资产支持证券

资产支持证券（Asset-Backed Securities，ABS）是由受托机构发行的、代表特定目的信托的信托受益权份额，受托机构以信托财产为限向投资机构承担支付资产支持证券收益的义务。ABS 收益来源于支持证券的资产池（基础资产）产生的现金流，如抵押贷款、汽车贷款、消费信贷、信用卡应收账款等，其本金偿还的时间依赖于基础资产本金回收的时间，偿还本金的不确定性是资产支持证券区别于其他债券的一个主要特征，是债券的基本衍生之一。

资产支持证券的发行首先由基础资产的发起人，包括资产管理公司（AMC）、商业银行、储蓄贷款公司、抵押贷款公司、信用卡服务商、汽车金融公司、消费金融公司等，将贷款或应收款等资产出售给其附属的或第三方特殊目的载体（Special Purpose Vehicle，SPV），实现有关资产信用与发起人信用的破产隔离（Bankruptcy Remoteness）；然后由 SPV 将资产打包，通过评估分层（Tranches）、信用增级、信用评级等步骤后向投资者公募或私募发行，产品类型包括简单的过手证券（Pass-Through Security）或复杂的结构化证券（Structured Security），如抵押支持债券（Mortgage-Backed Security，MBS）、抵押担保债券（Collateralized Mortgage Obligation，CMO）等。

1. 资产管理公司 ABS

资产管理公司 ABS 是指资产管理公司将其从商业银行等金融机构收购的缺乏流动性但未来具有稳定现金流的不良资产（主要是信贷资产）出售给 SPV，由 SPV 对所受让资产进行结构安排与信用增级，并发行以该不良资产现金流支持的可流通证券。

举例

2006 年 11 月，信达 AMC 发行"凤凰 2006-1 资产证券化信托优先级资产支持证券"，东方 AMC 发行"东元 2006-1 重整信贷资产支持证券"。2014 年，华融 AMC 发行两期 ABS，东方 AMC、长城 AMC 各发行一期 ABS。2015 年，长城 AMC、华融 AMC 又各自发行一期 ABS。截至 2017 年，四大 AMC 总计发行了九期 ABS。

2015 年 9 月，长城 AMC 发行 13.4 亿元"金桥通诚 2015 年第一期信贷资产支持证券"，信托人为中信信托，主承销商为中信证券。其中：优先 A 档 ABS 为 7.18 亿元，中诚信评级为

AAA，预期加权平均期限为 0.25 年；优先 B 档 ABS 为 2.94 亿元，中诚信评级为 AA - ，预期加权平均期限为 0.91 年；次级档 ABS 为 3.28 亿元，无评级，预期加权平均期限为 1.49 年。优先档公开发行，固定票面利率，发行价为面值 100 元，在全国银行间债券市场流通；次级档定向发行，无固定票面利率，发行价为 135 元，以中国人民银行规定方式流通。三档 ABS 本息支付均采用过手型（Pass - Through）支付方式，并按资产支持证券的优先级顺序支付按季还本付息。信托目的：长城 AMC 作为委托人，基于对受托人中信信托的信任，将其资产池信托给受托人设立信托作为 SPV，为 ABS 投资者的利益管理、运用和处分信托财产。通过信托设立，实现资产池与委托人的其他自有资产、自身破产风险的风险隔离，实现投资者以信托财产为限进行追索。入池资产为分属于六户不同借款人的六笔信贷资产，主要为长城 AMC 从商业银行和信托公司等金融机构收购的不良贷款。其中：一笔为浮动利率贷款，资产池未偿本金余额（OPB）占 7.46%；五笔为固定利率贷款，OPB 占 92.54%；抵押资产一笔，占 12.69%；"抵押 + 资产"两笔，占 41.04%；"质押 + 保证资产"一笔，占 11.19%；"抵押 + 质押资产"一笔，占 27.61%；"抵押 + 质押 + 保证资产"一笔，占 7.46%。六笔入池资产分布于四个行业，分别是土木工程建筑、公共设施管理、交通运输仓储邮政、电力热力，前两个行业 OPB 占 81.34%。图 2-1 给出了某信贷资产支持证券交易结构图。

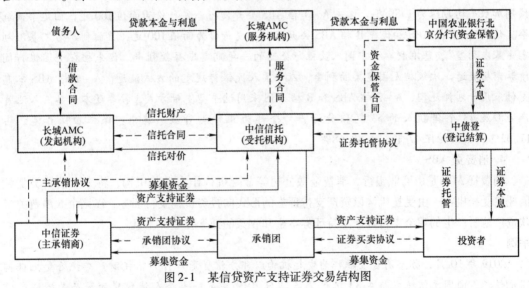

图 2-1 某信贷资产支持证券交易结构图

2. 银行类金融机构 ABS

银行类金融机构 ABS 的发行主体为商业银行。

举例

2019 年 9 月 19 日，兴业银行作为发起机构和委托人、兴业国际信托作为受托机构和发行人发行 55.18 亿元"兴银 2019 年第四期信贷资产支持证券"，主承销商为中信建投，联席主承销商为交通银行、兴业证券、华泰证券。其中：优先 A 档 ABS 为 44.7 亿元，中诚信评级为AAA，预期加权平均期限为 0.54 年；优先 B 档 ABS 为 3.9 亿元，中诚信评级为 AA + ，预期加权平均期限为 1.55 年；次级档 ABS 为 6.58 亿元，无评级，预期加权平均期限为 1.56 年。优先档公开发行，票面利率为中国人民银行授权同业拆借中心基于贷款市场报价利率报价行按公开市场操作利率（主要是指中期借贷便利利率）加点形成的方式自主报出的贷款利率计算并发布的一年期贷款市场报价利率（LPR）；次级档公开发行，无固定票面利率。三档ABS本息支付均采用过手摊还，并按资产支持证券的优先级顺序支付按月还本付息。按照信贷资产证券化发起机构风险自留行为的要求（〔2013〕第21号），兴业银行作为发起机构持有不低于该单证券化产品全部发行规模5%的资产支持证券，且持有期限不低于各档资产支持证券的存续期限。入池资产为37笔信贷资产，其中：34笔为浮动利率贷款，OPB占92.21%；三笔为固定利率贷款，OPB占7.79%；信用担保15笔，占23.11%；保证担保22笔，占76.89%。

3. 城商行ABS

城商行ABS的发行主体为城商行。

举例

2014年5月20日，北京银行作为发起机构、北京国际信托作为受托机构和发行人发行57.79亿元"京元2014年第一期信贷资产证券化信托资产支持证券"，主承销商为中信证券，副主承销商为中信建投。其中：优先A档ABS分为A-1档ABS和A-2档ABS。优先A-1档ABS为18亿元，联合资信评级为AAA，预期加权平均期限为0.44年；优先A-2档ABS为31.12亿元，联合资信评级为AAA，预期加权平均期限为0.65年；优先B档ABS为3.18亿元，联合资信评级为AA+，预期加权平均期限为1.44年；次级档ABS为5.50亿元，无评级，预期加权平均期限为1.80年。优先A-1档ABS公开发行，发行价为面值100元，固定票面利率。优先A-2档ABS和优先B档ABS公开发行，发行价为面值100元，票面利率为"基准利率+基本利差"，基准利率为中国人民银行公布的一年期定期存款利率。优先档在全国银行间债券市场流通。次级档无固定票面利率，以中国人民银行规定的方式流通。A-1档ABS本息支付采用计划摊还型，A-2档ABS和B档ABS采用过手型支付方式，按季还本付息。入池资产为涉及43个借款人的53笔信贷资产，全部为正常类贷款。其中：保证担保6笔，占11.32%；信用担保47笔，占88.68%。

4. 消费贷ABS

消费贷ABS是由商业银行、消费金融公司等金融机构作为发起机构，将个人消费类贷款信托给受托机构，由受托机构以资产支持证券的形式向投资机构发行证券，以该个人消费类贷款资产池所产生的现金支付资产支持证券本金和收益的证券化融资工具。

举例

2019年10月，苏宁消费金融作为发起机构以部分信贷资产作为信托财产委托给受托机构国元信托，由国元信托发行4.83亿元"苏享盈2019年第一期个人消费贷款资产支持证券信托"，主承销商为东方花旗证券。其中：优先A档ABS为3.94亿元，中债资信评级为AAAsf，预期加权平均期限为0.112年；优先B档ABS为0.27亿元，中债资信评级为AA+sf，预期加权平均期限为0.113年；次级档ABS为0.62亿元，无评级，预期加权平均期限为0.275年。优先档公开发行，固定票面利率，发行价为面值100元，在全国银行间债券市场上交易；次级档定向发行，无固定票面利率，按照中国人民银行规定的方式进行流通转让。优先档ABS还本方式采用过手型支付方式，并按照ABS优先级顺序支付，按月还本付息。苏宁消费金融持有不低于5%的基础ABS，具体风险自留方式为：持有一部分本期次级档资产支持证券，持有比例为次级档发行规模的12.77%，且持有期不低于次级档存续期限。入池资产为245 956笔贷款，消费信贷资产付息方式为按月付息，计息方式为固定利率，且均为正常类贷款，信用担保占比100%。入池资产分布于四个行业，分别是家具、家用电器、手机数码、个人日常消费，前两个行业占比62%，个人日常消费占比最小。

5. 绿色资产 ABS

绿色资产 ABS 主要分为三种，即"资产绿""投向绿""原始权益人绿"。"资产绿"是指基础资产现金流来源于绿色项目或为绿色项目融资所形成的债权，且绿色基础资产占全部入池基础资产的比例应不低于70%。"投向绿"是指融资主要用于建设、运营、收购绿色项目，偿还绿色项目贷款或为绿色项目提供融资等，且用于绿色项目的金额不低于融资总额的70%。"原始权益人绿"是指绿色产业营收超过50%，且绿色产业营收和利润占比均占30%以上。

举例

2019年9月26日，中国建设银行作为发起机构、建信信托作为受托机构和发行人发行44.12亿元"飞驰建荣2019年第一期绿色信贷资产支持证券"，主承销商为招商证券，联席主承销商为上海浦东发展银行、中信建投、华泰证券和国信证券。其中：优先A档ABS为34.40亿元，中债资信评级为AAAsf，预期加权平均期限为0.49年；优先B档ABS为2.21亿元，中债资信评级为AA+sf，预期加权平均期限为1.41年；次级档ABS为7.51亿元，无评级。优先档公开发行，票面利率为"基准利率+基本利差"，其中，"基准利率"为中国人民银行公布的1~5年（含5年）期贷款利率。发行价为面值100元，在全国银行间债券市场上交易；次级档公开发行，无固定票面利率。优先档和次级档ABS还本方式均采用过手型支付方式，并按照ABS优先级顺序支付，按月还本付息。建设银行作为发起机构，将严格按照《关于进一步扩大信贷资产证券化试点有关事项的通知》（银发〔2012〕127号）和中国人民银行、银监会关于进一步规范信贷资产证券化发起机构风险自留行为的公告（〔2013〕第21号）的要求，建设银行将持有一部分本期次级档资产支持证券，持有比例为次级档发行规模的40.02%，持有期不低于次级档存续期。入池资产为30笔绿色信贷项目，来自16个客户，总金额为44.12亿元。基础资产池项目主要符合《绿色债券支持项目目录（2015年版）》中的污染防治、资源节约与循环利用、清洁交通、清洁能源、自然生态保护和适应气候变化五大分类的要求。21笔浮动利率贷款，资产池OPB占68.04%；九笔固定利率贷款，OPB占31.96%。信用担保20笔，OPB占68.87%；保证担保八笔，OPB占28.11%；"保证+抵押+质押"一笔，OPB占2.38%；"保证+质押"一笔，OPB占0.65%。

6. 联合办公领域 ABS

联合办公领域 ABS 是由联合办公运营商发行的资产支持证券。

举例

纳什新源出资2亿元，委托中建投信托设立"中建投信托—纳什空间单一资金信托"。2019年6月27日，渤海汇金设立"渤海汇金—纳什空间资产支持专项计划"，发行资产支持证券，发行规模为2亿元人民币。其中：优先档分为优先01档、优先02档、优先03档。优先01档ABS为0.5亿元，中诚信资信评级为AAA；优先02档ABS为0.6亿元，中诚信资信评级为AAA；优先03档ABS为0.7亿元，中诚信资信评级为AAA；次级档ABS为0.2亿元，无评级。优先档固定利率，次级档无固定利率。优先档按季度付息，次级档剩余收益付息。优先档还本方式为预期到期日前一年度，按季固定摊还本金，次级档到期一次还本。入池资产为纳什空间运营且符合底层基础资产筛选标准的共享办公物业在未来三年的净租金收入。

2.2.2 资产支持票据

资产支持票据（ABN）是指非金融企业（以下称发起机构）为达到融资目的，采用结构化方式，通过发行载体发行的，由基础资产所产生的现金流作为收益支持的，按约定以还本付息等方式支付收益的证券化融资工具。目前市场主流 ABN 产品的对标资产主要集中于具有可持续收益的政府和社会资本合作（PPP）、互联网消费、区块链应收款和供水/供电/供热"三供"资产。

1. PPP 资产 ABN

PPP 资产 ABN 是以 PPP 资产现金流作为收益支持的资产支持票据。

举例

2019 年 2 月，徐州粤海水务有限责任公司作为发起机构、对外经贸信托作为受托机构和发行人发行 17.32 亿元 PPP 资产 ABN，主承销商为招商银行，联席主承销商为招商证券。该 ABN 是全国首单 PPP 项目公募 ABN、全国首单水务 PPP 项目 ABN，也是全国首单供水 ABN。其中：优先档 ABN 为 16.8 亿元，联合资信评级为 AAA；次级档 ABN 为 0.52 亿元，无评级。优先档公开发行，固定票面利率，在银行间债券市场交易；次级档定向发行，无固定票面利率。优先档 ABN 按季付息，按季固定摊还本金。基础资产为粤海水务依据资产合同（《徐州市骆马湖水源地及原水管线 PPP 项目 PPP 项目协议》《徐州市骆马湖水源地及原水管线 PPP 项目之原水供应服务协议》）对徐州市水务局享有的在特定收款期间的特定金额的原水供应服务费之收费收益权。

2. 互联网消费金融 ABN

互联网消费金融 ABN 是以互联网消费金融产品现金流作为收益支持的资产支持票据。

举例

2018 年 8 月 10 日，北京京东世纪贸易作为发起机构、平安信托作为受托机构和发行人发行 10 亿元互联网消费金融 ABN（债券通），主承销商为中国银行，基础资产为应收账款债权。该 ABN 为国内首批债券通 ABN 试点项目、国内首单互联网消费金融 ABN 债券通项目，是海外资金首次投资国内金融科技类资产。其中：优先 A 档 ABN 为 7.5 亿元，中诚信评级为 AAA，预期加权平均期限为 1.5 年；优先 B 档 ABN 为 1.5 亿元，中诚信评级为 AA，预期加权平均期限为 1.5 年；中间档 ABN 为 0.5 亿元，中诚信评级为 BBB−，预期加权平均期限为 1.5 年；次级档 ABN 为 0.5 亿元，无评级，预期加权平均期限为 1.5 年。优先档 ABN 和中间档 ABN 均为固定利率，在银行间债券市场上交易；次级档 ABN 定向发行，无固定利率。优先档 ABN 和中间档 ABN 采用过手摊还方式：优先档 ABN 为循环期按季付息，摊还期按月还本付息；中间档 ABN 为循环期不付息，摊还期按月还本付息；次级档 ABN 到期一次性支付。入池资产为来自多笔信贷资产。单笔借款最大未偿本金余额为 15 593 元，最小未偿本金余额为 0.91 元，平均为 402.13 元。资产池入池应收账款中，直接扣款 OPB 占 40.15%，主动扣款 OPB 占 59.85%。

3. 区块链应收款 ABN

区块链应收款 ABN 是以区块链产品现金流作为收益支持的资产支持票据。

举例

2018 年 8 月，浙商银行作为发起机构的代理人、中铁信托作为受托机构和发行人发行 4.57 亿元"浙商链融企业应收账款 ABN"，主承销商为浙商银行，为银行间市场首单应用区块链技术、直接以企业应收账款为基础资产的证券化产品。区块链技术增强了底层资产的透明度、公开性，简化了操作手续，减少了中间环节，大幅降低了发行成本，获得市场和监管部门的认可。本交易共设置一档票据，全部为 A1 档 ABN，固定利率发行，联合资信评级为 AAA，期限为 354 天，到期一次性还本付息。资产池为五笔浙商银行保兑的应收账款，入池应收账款本金余额为 48 049.64 万元，资产池应收账款债务人分布在四个行业，文体娱乐业 OPB 占比最高，为 72.84%。

4. 供水/供电/供热资产组合收费收益权 ABN

供水/供电/供热资产组合收费收益权 ABN 是以供水/供电/供热资产组合收费收益现金流作为收益支持的资产支持票据。

举例

2019 年 7 月 9 日，泰山投资作为发起机构、上海爱建信托作为受托机构发行 20 亿元 ABN，主承销商为民生银行，基础资产为收费收益权。该 ABN 项目以水、气、热三类不同资产收费收益权打包作为底层资产，是全国首单多类资产打包基础设施收费收益权 ABN。优先档 ABN 分为五档，发行额分别为 1 亿元、3 亿元、4.1 亿元、5.3 亿元、5.3 亿元，预期期限分别为 1~5 年，新世纪资信评级为 AAAsf；次级档 ABN 为 1 亿，无评级，预期期限为五年。优先档和次级档均为到期还本、半年付息。优先档 ABN 公开发行，在银行间债券市场流通，前三年由集中簿记建档结果确定，若信托委托人在第三年年末开放期内进行利率调整，后两年按调整后利率执行；次级档定向发行，无固定利率。

2.2.3 信用风险缓释工具

2016 年 9 月 23 日，交易商协会发布修订后的《银行间市场信用风险缓释工具试点业务规则》，同时推出《信用风险缓释合约业务指引》《信用风险缓释凭证业务指引》《信用违约互换业务指引》《信用联结票据业务指引》四份产品指引。信用风险缓释合约（CRMA）和信用违约互换（CDS）场外交易属于合约类产品，信用风险缓释凭证（CRMW）和信用联结票据（CLN）场内交易属于凭证类产品。凭证类信用风险缓释工具（CRM）与合约类 CRM 的主要区别在于，凭证类 CRM 为标准化的可转让的场内产品，而合约类 CRM 则为一对一签订的合约性非标产品，不可转让。国外常用的 CRM 包括 CDS、总收益互换（Total Return Swap，TRS）、信用价差期权或信用违约互换期权（Credit Spread Option，CSO）以及其他信用衍生产品。

1. CRMA 与 CRMW

CRMA 是交易双方达成约定，在未来一定期限内，信用保护买方按约定标准和方式向信用保护卖方支付信用保护费用，由信用保护卖方就约定标的债务向信用保护买方提供信用风险保护的非标金融合约。CRMW 是由参考实体以外的第三方创设的标准化凭证，为凭证持有人就参考债务提供信用保护，是可在银行间市场交易流通的有价凭证，参考债务为债券或其他类似债务。

举例

2010 年 7 月—11 月，中债增信相继推出全国首批 CRM "中债Ⅰ号""中债Ⅱ号""中债Ⅲ号"和"中债Ⅳ号"。"中债Ⅰ号"为可选择信用增进票据（票据 CRMA），由中债增信和重庆化医共同开发，是银行间市场发行的首单投资人付费的 CRMA，参考债务为"10 渝化医

MTN1",投资人既可选择纯信用的普通票据,也可选择由合约与普通票据捆绑形成的信用增进票据。"中债Ⅱ号"为贷款信用风险缓释合约(贷款 CRMA),以债务保险的形式收取保护费用并提供信用保护,参考债务为银行对参考实体发放的贷款,合约投资者限定为银行。"中债Ⅲ号"为债券信用风险缓释合约(债券 CRMA),卖方收取信用保护费用为买方提供债券违约信用保护,参考债务为参考实体在银行间市场公开发行的债券,合约投资者限定为银行间市场投资者。中债Ⅳ号为信用风险缓释凭证(CRMW),凭证投资者限定为银行间市场投资者。

2010 年 11 月 5 日,中国首批 CRMA 在银行间市场正式上线,国家开发银行、工商银行、建设银行、交通银行、光大银行、兴业银行、民生银行、德意志银行及中债增信九家不同类型的交易商,达成了首批 20 笔共计 18.4 亿元信用风险缓释合约。每笔合约针对单笔特定的标的债务,标的债务类型包括 CP、MTN 和贷款,其中三笔 CP,九笔 MTN,八笔贷款,涵盖十个不同参考实体。合约期限为 36 天至 2.21 年,以一年期为主,结算方式为"信用事件后结算方式"。2010 年 11 月 23 日—24 日,中债增信、交通银行和民生银行三家机构创设的首批四支 4.8 亿元 CRMW 在银行间市场正式上线。

2011 年—2016 年,我国债券整体刚性兑付,CRMW 仅发行了两支,分别于 2011 年和 2016 年发行,参考债务分别为 CP 和 ABS。2018 年,我国银行间市场重启 CRMW,商业银行、城商行、证券公司、中债增信共创设 CRMW 50 支,发行额为 64.25 亿元,参考债务规模合计 233.2 亿元,参考债务包括 SCP、CP 和 MTN,期限为 0.75~2 年,参考实体信用等级为 AA~AAA。例如:2018 年 9 月 20 日,中债增信在银行间市场重启发行 CRMW,发行"18 中债增 CRMW001",参考实体为太钢集团,参考债务为 18 太钢 MTN001,期限为 365 天,发行价为 0.4 元;2018 年 10 月 15 日,中债增信发行"18 中债增 CRMW002",参考实体为荣盛集团,参考债务为 18 荣盛 SCP005,期限为 270 天,发行价为 1 元;2018 年 10 月 16 日,杭州银行发行 18 杭州银行 CRMW001,参考实体为红狮,参考债务为 18 红狮 SCP006,期限为 270 天,发行价为 0.41 元;2018 年 12 月 19 日,国泰君安发行 18 国泰君安 CRMW001,参考实体为蛟龙集团,参考债务为 18 圆通蛟龙 SCP001,期限为 270 天,发行价为 0.52 元。

2. CDS 与 CLN

CDS 是交易双方达成的,约定在未来一定期限内,信用保护买方按照约定的标准和方式向信用保护卖方支付信用保护费用,由信用保护卖方就约定的一个或多个参考实体向信用保护买方提供信用风险保护的金融合约。CDS 属于合约类 CRM,其最基本功能是分离和转移参考实体的信用风险。CDS 起源于 20 世纪 90 年代。1994 年,摩根银行为降低向埃克森公司提供的一笔巨额贷款的信用风险,同欧洲复兴开发银行完成了第一笔 CDS 交易。CDS 市场参与者主要包括商业银行、投资银行、对冲基金、保险公司、企业、政府机构等,商业银行是 CDS 最大的买方,对冲基金、保险公司是主要卖方。CDS 合约以 CDS 利差形式报价。在风险中性概率条件下,CDS 利差应满足使得信用保护买方未来支付的所有保费贴现现金流之和的条件期望等于信用保护卖方未来支付的赔偿金贴现现金流的条件期望,其中条件期望值的计算需要估计违约概率和违约回收率。CDS 利差采用标准化标价,目前北美采用 500bps 和 100bps 两种,欧洲采用 1000bps、500bps、100bps 和 25bps 四种。

2016 年 9 月,交易商协会发布《银行间市场信用风险缓释工具试点业务规则》,在 2010 年的基础上新增 CDS 和 CLN 两项产品,同时将债务保护范围由单一参照实体的单一参照债务扩展至多个参照实体的多项参照债务,即单名 CDS(Single - Name CDS)和一篮子 CDS

(Multi-Name CDS)。交易商也划分为核心交易商和一般交易商,核心交易商可以与所有参与者进行信用风险缓释工具交易,一般交易商只能与核心交易商进行交易。CLN本质上可以看作"CDS+债券",其联结的是参考实体的信用风险。

举例

2016年10月31日,我国首批CDS发行15笔并在银行间市场交易,交易者主要为商业银行和信用增进机构,名义本金为3亿元,交易期限为一至二年。2017年5月,中债增信和农业银行非公开发行首批CLN产品,名义本金为5000万元,参照实体涉及能源和城建行业,期限均小于一年,交易者包括中债增信、民生银行和上海银行等机构。2018年6月27日,中债增信非公开发行0.3亿元18中债增CLN001,期限为365天,参考实体为焦煤集团,参考债务为16晋焦煤MTN001(AAA),债务期限为5年,债务规模为36亿元。2018年7月20日,宁波银行非公开发行0.3亿元18宁波银行CLN001,期限为87天,参考实体为路桥集团,参考债务为18晋路桥SCP001(AA),债务期限为270天,债务规模为15亿元。

3. 信用保护合约

信用保护合约是由交易双方一对一协商达成的创新性金融衍生品。在约定期内,合约卖方替合约买方承担合约中参考实体、特定债务种类及其他具备债务特征的债务的相关信用风险,同时定期按照约定向合约买方收取保护费用;当发生信用事件或违约事件时,合约卖方按合同条款对合约买方进行赔偿。2018年12月27日,中国证券业协会、中国期货业协会、中国证券投资基金业协会、上交所、深交所共同发布《中国证券期货市场衍生品交易主协议(信用保护合约专用版)》。

举例

2018年11月2日,上交所和深交所首次推出四单民营企业信用保护合约,对应民营企业分别为红狮控股、金诚信矿业、苏宁电器和浙江恒逸。国泰君安和中信证券成为首批信用保护卖方。国泰君安卖出的信用保护合约参考债务为S18红狮2(AAA)、18苏电02,债券期限为"2+1"年和"3+2"年,参考实体为红狮控股、苏宁电器。中信证券卖出的信用保护合约参考债务为18金诚01(AA)、18恒集03(AA+),债券期限为"1+1+1"年和"2+1"年,参考实体为金诚信矿业、苏浙江恒逸。2018年12月14日,证金公司、华泰证券对江苏亨通光电发行的公司债("18亨通01")创设信用保护工具,名义本金为0.3亿元,证金公司、华泰证券各提供0.15亿元名义本金信用保护,信用保护合约买方为广发证券和中信证券。2018年12月21日,中信建投创设了交易所信用保护合约,协助南山集团成功发行公司债"18南山05"。

4. TRS

TRS是指信用保险买方在互换协议期间将参考资产的总收益转移给信用保险卖方,总收益可以包括本金、利息、预付费用以及因资产价格的有利变化带来的资本利得,作为交换,卖方则承诺向买方支付互换协议参考资产增值的特定比例,通常是市场利率加固定利差,以及因资产价格不利变化带来的资本亏损。在总收益互换中,信用保险买方将从参考信贷资产的收益全部转移给信用保险卖方,信用保险卖方则支付事先约定的浮动或固定利率回报给信用保护买方。与CDS不同的是,TRS不仅转移信用风险,而且也会转移利率风险、汇率风险等可能影响参考信贷资产价值的其他风险。

举例

假定 A 商业银行向 B 企业提供贷款 20 亿元，年利率为 12%，期限为五年。为降低贷款期限内因企业信用风险加大导致贷款资产市场价值下降的风险，A 银行购买 TRS 合约，按合约规定（按年支付），A 银行向信用保护卖方支付贷款资产的全部收益，即固定贷款利率加上贷款资产市场价值的变化，同时，信用保护卖方向 A 银行支付 LIBOR 的现金流。试问：如果在支付期内贷款资产市场价值下降 5%，LIBOR 为 13%，则 A 银行参与总收益互换可以减少多少损失？

2.2.4 利率互换

利率互换（Interest Rate Swap，IRS）是指交易双方同意在未来一定期限内根据同种（或不同）货币、相同的名义本金交换现金流，其中一方的现金流根据浮动利率计算，而另一方的现金流根据固定利率计算。从经济学的角度看，进行利率互换的主要原因是双方在固定利率和浮动利率市场上具有比较优势。2006 年 1 月 24 日，央行发布《中国人民银行关于开展人民币利率互换交易试点有关事宜的通知》（银发〔2006〕27 号）就国内开展人民币利率互换交易进行了规范。2008 年 1 月 25 日，央行发布《中国人民银行关于开展人民币利率互换业务有关事宜的通知》（银发〔2008〕18 号），进一步规定非金融机构只能与具有做市商（Market Marker）或结算代理业务资格的金融机构进行以套期保值为目的的利率互换交易。利率互换有三种类型：息票互换（Coupon Swap）、基差互换（Basis Swap）和交叉货币利率互换（Cross Currency Interest Rate Swap）。

1. 息票互换

息票互换是利率互换中最基本的交易方式，是指同种货币的固定利率和浮动利率之间的互换，即交易的一方向另一方支付一系列固定利率的利息款项，换取对方支付的一系列浮动利率的利息款项。

问题

（1）A 公司需要浮动利率美元资金，可以在信贷市场上以六个月 LIBOR + 20bps 或在债券市场上以 11.05% 的年利率筹措长期资金。B 公司需要固定利率美元资金，可以在信贷市场上以六个月 LIBOR + 30bps 或在债券市场上以 11.75% 的年利率筹措长期资金。问：若 C 是互换交易商，则 C 将如何安排互换并获得 10bps 的收益，并使剩余的成本节约由 A 和 B 平分？

（2）A、B 两公司都需一笔贷款。A 公司需要一笔浮动利率贷款，B 公司需要一笔固定利率贷款，A、B 利率互换见表 2-2。

表 2-2 A、B 利率互换

	固定利率贷款	浮动利率贷款
A 公司	6.0%	六个月 LIBOR
B 公司	7.0%	六个月 LIBOR + 0.40%

如果由互换交易商 C 安排互换，使总成本节约在三家之间平均分配，请设计一个可能的互换方案。

2. 基差互换

基差互换是同种货币基于不同参考利率的浮动利率对浮动利率的利息互换，即以一种参考利率的浮动利率交换另一种参考利率的浮动利率。例如,当一方交易人的支付以六个月国债利率为基准时,另一方交易人的支付可以基于三个月同业拆借利率。

3. 交叉货币利率互换

交叉货币利率互换是不同货币不同利率的互换,即一种货币固定利率与另一种货币浮动利率的交换。

问题

假定 1 美元等于 1.5000 马克。A 公司欲借入七年期的 1000 万美元浮动利率贷款,B 公司欲借入七年期的 1500 万马克固定利率贷款,A、B 利率互换见表 2-3。

表 2-3 A、B 利率互换

	浮动利率贷款	固定利率贷款
A 公司	LIBOR	9.0%
B 公司	LIBOR	10.1%

如果由互换交易商 C 安排互换,使总成本节约在三家之间平均分配,请设计一个可能的互换方案。

4. 银行间质押式回购利率为浮动端参考利率的 IRS

银行间质押式回购利率以七天回购定盘利率(FR007)和七天银行间回购定盘利率(FDR007)为基准。FR007 利率互换期限包括七天、14 天、一个月、三个月、六个月、九个月、一至七年、十年。FDR007 利率互换期限则包括三个月、一年、五年。我国利率互换基准利率仍以 FR007 为主。以 FR007 为参考利率的利率互换,主要以一年为主,其他占比相对较多的期限分别为三个月、六个月和五年。

5. Shibor 为浮动端参考利率的 IRS

上海银行间同业拆放利率以隔夜 Shibor、一周 Shibor、三个月 Shibor 为基准。其中:O/N Shibor 利率互换期限包括七天、14 天、一至九个月、一至三年;一周 Shibor 利率互换期限包括一至九个月、一年、两年;三个月 Shibor 利率互换期限包括三个月、六个月、九个月、一至五年。基于 Shibor(O/N、一周、三个月)的互换协议中,以 O/N 和三个月为参考利率的合约占比相对较多。

6. 定期利率为浮动端参考利率的 IRS

央行参考利率基准包括一年定存基准利率、一年贷款基准利率等。一年定存利率互换期限包括六个月、九个月、一至七年,一年贷款利率互换期限包括三个月、六个月、九个月、一至五年。

2.2.5 回购

回购(Repo)是以债券为质押品的短期资金融通方式,包括正回购和逆回购、回购期限、回购利率、标准券兑换、欠库与资金透支等构成要素。

1. 正回购和逆回购

正回购是指对融资方(买方)而言,以国债作为抵押品获得一段时间的资金使用权,于到期日回购债券,并支付本金和相应的利息。逆回购是指对融券方(卖方)而言,放弃资金的使用权,获取短期的国债抵押权,于到期日收回本金及相应利息。回购涉及两个交易主体

[即融资方（买方）和融券方（卖方）]、两次交易（即正回购和逆回购）以及两次清算，因而正回购和逆回购是同一笔回购。回购是央行经常使用的公开市场操作手段之一，中央银行借助回购策略调控货币供给，通常采用正回购以回笼资金，逆回购以投放资金。回购操作可以增强国债流动性，有利于利率市场化，为公开市场操作提供了工具，提供了低成本的融资融券渠道（通常低于银行贷款利率），建立了国债买空卖空机制，使投资者对其他债券对冲保值，以规避利率风险。

2. 回购期限

按照回购期限的不同，回购可以分为：①隔夜回购（Overnight Repo），即回购期为一天；②定期回购（Term Repo），即回购期大于一天（通常为 1～90 天）。

3. 回购利率

回购利率通常低于贷款利率，回购利率的大小取决于债券回购期限、抵押品（债券）品质、融资额、债券的可融资性等。

4. 兑换标准券

标准券是指在国债回购交易中，按交易所制定并公布的折算率计算的，用于回购抵押的标准化国债。标准券是一种虚拟的回购综合债券，由各种国债根据一定的折算率折合相加而成。折算标准券既反映了不同国债的价值，又克服了原先按不同现券品种设置回购品种的缺陷。

5. 欠库与资金透支

欠库是指投资者质押券不足的情况，通常由债券价格下跌、标准券折算率下调引发。资金透支是指融资方账户在回购到期日可用资金不能全额支付购回资金的情况。当出现欠库时，融资方需立即补充质押券；当出现资金透支时，融资方则会出现回购违约，或使用自有资金垫付客户透支款，回购违约会损害投资方的信用状况，垫付资金则会对融资方的收入和利润产生负面影响。

6. 质押式回购

我国债券回购业务根据债券交易场所的不同可分为交易所债券回购与银行间债券回购。银行间债券回购业务主要包括质押式回购和买断式回购，债券质押式回购是指交易双方以债券为权利质押进行短期资金融通的协议，资金融入方（正回购方）在将债券出质给资金融出方（逆回购方），同时双方约定在未来某一指定日期由正回购方按约定的回购利率计算的资金额向逆回购方返还资金，逆回购方向正回购方解押出质债券。回购期内正回购方出质的债券，回购双方均不得动用，质押冻结期间债券利息归出质方所有。质押式回购以政府债券、政策金融债、政府支持机构债券等为主要交易品种。交易所债券回购业务主要为质押式回购，交易品种以信用债为主，更适合零散、短期、小额融资需求。质押式回购不会变更债券所有权，将来某一日期，由正回购方按约定回购利率计算的资金额向逆回购方返还资金，逆回购方向正回购方返还原出质债券。上交所债券质押式回购（投资者可参与逆回购）分为一天、两天、三天、四天、七天、14 天、28 天、91 天、182 天；债券协议回购分为一天、七天、14 天、21 天、30 天、90 天、180 天、270 天、365 天。深交所按债券质押式回购分为一天、两天、三天、七天。其中，经常交易的为沪深证券交易所一天和七天四个品种。

7. 买断式回购

2004 年 5 月 20 日，中国人民银行公布的《全国银行间债券市场债券买断式回购业务管理规定》开始施行，买断式回购在我国银行间债券市场正式推出。买断式回购是指正回购方将债券卖给逆回购方的同时，交易双方约定在未来某一日期，正回购方再以约定价格从逆回购方买回同等数量同种债券的协议。与质押式回购不同，买断式回购期间逆回购方不仅可获得回购期间融出资金的利息收入，亦可获得回购期间债券的所有权和使用权，只要到期有足够的同种债券返还给正回购方即可。买断式回购变更了债券所有权，有利于满足做市商和结算代理人对质押式回购中质押券的需求，提高了市场流动性。

2.2.6 国债期货

国债期货（Treasury Future）是指通过有组织的交易场所预先确定买卖价格并于未来特定时间内进行钱券交割的国债派生交易方式。国债期货属于金融期货的一种，是一种高级的金融衍生工具。它是在20世纪70年代美国金融市场不稳定的背景下，为满足投资者规避利率风险的需求而产生的。美国国债期货是全球成交最活跃的金融期货品种之一。1976年1月，美国的第一张国债期货合约是美国芝加哥商业交易所（CME）推出的90天期的短期国库券期货合约，这是世界上第一份国债期货合约。2013年9月6日，国债期货正式在中国金融期货交易所上市交易，这标志着我国金融期货市场的进一步完善。我国国债期货分为两年期国债期货、五年期国债期货、十年期国债期货。

1. 两年期和五年期国债期货

合约标的为面值100万元人民币、票面利率3%的名义中期国债；可交割国债为合约到期月份首日剩余期限为4~5.25年的记账式附息国债；报价方式为百元净价报价；合约月份为最近的三个季月（3月、6月、9月、12月中的最近三个月循环）；涨跌停为上一交易日结算价的±1.2%；最低交易保证金为合约价值的1%。

2. 十年期国债期货

合约标的为面值100万元人民币、票面利率3%的名义中期国债；可交割国债为合约到期月份首日剩余期限为6.5~10.25年的记账式附息国债；报价方式为百元净价报价；合约月份为最近的三个季月（3月、6月、9月、12月中的最近三个月循环）；涨跌停为上一交易日结算价的±2%；最低交易保证金为合约价值的2%。

3. 转换因子

转换因子（Conversion Factor，CF）是在国债期货合约上市交易前确定的，即将可交割实际国债转换为名义标准券的比例。转换因子的计算是面值1元的可交割国债在其剩余期限内的所有现金流量按国债期货合约票面利率折现的现值，这是国债期货合约中最重要的参数之一。转换因子制度适用于一揽子债券交割方式，可以避免以单支国债为交割标的时发生的逼仓行为。由于一揽子可交割国债具有不同的息票率、付息频率、到期期限，因而价值各不相同，需要一个转换因子来进行折算，以实现不同国债现券之间的替代。我国为保证交割时国债的个体同质化，采用国外较流行的转换因子系统来确定不同可交割国债的交割价格，可交割债券及其转换因子通常由中金所事先公布，并在合约交割时将交割结算价根据转换因子进行调整，以保证交割时的公平性。

4. 最便宜可交割债券

在一揽子可交割债券制度下，剩余年限在一定范围内的国债都可以参与交割。由于收益率和剩余期限不同，可交割国债的价格也有差异。即使使用了转换因子进行折算，各种可交割国债之间仍然存在细微差别。一般情况下，由于卖方拥有交割券选择权，合约的卖方都会选择对他最有利，通常也是交割成本最低的债券进行交割，对应的债券就是最便宜可交割债券（Cheapest to Deliver, CTD）。由于涉及转换因子，因此最便宜可交割国债并非一定是现券价格最低的债券。CTD 选择方法通常有五种：交割券国债净价/转换因子、基差、净基差、隐含回购利率、经验法。在转换因子模式及无套利条件下，CTD 为可交割债券中转换价格最小的债券，即交割券国债净价/转换因子值最小的可交割国债为 CTD。基差就是国债现货价格与其发票价格的差，发票价格为国债期货价格和转换因子的乘积，基差越小，国债现货价格与理论价格越接近，市场参与者损失越小，对应可交割债为 CTD。净基差为扣除持有期收益的基差，而持有期收益为息票收入减去融资成本，与基差一致，净基差最低的可交割债为 CTD。隐含回购利率（IRR）在理论上是使国债远期价格等于期货合约发票价格时的利率。IRR 越大的国债，其收益率越高，期货价格越高，远期价格与期货价格的相对价格就越低，因此 IRR 最高的可交割债为 CTD。经验法则可以依据久期和收益率选择 CTD：对于收益率小于 3% 的国债而言，久期最小的国债是最便宜可交割国债；对于收益率大于 3% 的国债而言，久期最大的国债是最便宜可交割国债；对具有同样久期的国债而言，收益率高的国债，其转换价格更低，更可能成为交割相对便宜的国债，因此收益率最高的国债是最便宜可交割的国债。

本章关键词

国债　地方政府债券　无息短期国债　附息中长期国债　通胀保值债券　一般债券　专项债券　混合债券　城投债　中央银行票据　离岸央票　政府机构支持债券　铁道债券　中央汇金债券　金融债券　政策性金融债券　绿色金融债券　疫情防控金融债券　扶贫专项金融债券　商业银行债券　一般金融债券　小微企业贷款专项债　"三农"专项金融债　次级债券　混合债券　二级资本工具　特种金融债券　证券公司次级债　保险公司债券　保险公司次级债　企业债券　中小企业集合债券　一般企业债券　项目收益债券　公司债券　可转换公司债券　私募公司债券　一般公司债券　可分离交易可转换公司债券　可交换公司债券　债务融资工具　融资券　一般短期融资券　超短期融资券　中期票据　永续中期票据　资产支持票据　项目收益票据　非公开定向债务融资工具　中小企业集合票据　同业存单　绿色债券　绿色金融债　绿色企业债　绿色公司债　绿色城投债　债贷组合债券　"一带一路"债　扶贫专项债　纾困专项债　疫情防控专项债　"双创"孵化专项债　资产支持证券　资产管理公司 ABS　银行类金融机构 ABS　城商行 ABS　消费贷 ABS　绿色资产 ABS　联合办公领域 ABS　资产支持票据　PPP 资产 ABN　互联网消费金融 ABN　区块链应收款 ABN　供水/供电/供热资产组合收费收益权 ABN　信用风险缓释合约　信用风险缓释凭证　信用违约互换　信用联结票据　信用保护合约　总收益互换　利率互换　息票互换　基差互换　交叉货币利率互换　银行间质押式回购利率为浮动端参考利率的 IRS　Shibor 为浮动端参考利率的 IRS　定期利率为浮动端参考利率的 IRS　回购　正回购　逆回购　质押式回购　买断式回购　国债期货　转换因子　最便宜可交割债券

第 3 章 债券市场结构

3.1 中国债券市场结构

债券市场是发行和买卖债券的场所,是金融市场的重要组成部分。我国债券市场分为一级市场与二级市场。其中,一级市场是发行主体初次出售债券的市场,主要通过银行间拍卖进行交易;二级市场是债券流通市场,是已发行债券买卖转让的市场,分为场外市场与场内市场。场外市场包括银行间债券市场与柜台市场,其中银行间债券市场以询价或谈判方式进行交易,投资者多为机构投资者;柜台市场采用商业银行做市商制度,投资者包括个人和机构投资者。场内市场是在证券交易所内买卖债券的市场,采用竞价撮合方式,投资者包括非银行金融机构和个人投资者。除此之外,我国还有由二级市场衍生的交易市场,如期货市场、互换市场、回购市场等。因此,我国债券市场结构可以概括为"两个类型、两个中心、一个主体"。"两个类型"是指场内市场和场外市场,场内市场包括上交所、深交所,场外市场包括银行间债券市场和柜台市场(批发市场/零售市场)。"两个中心"是指上交所和银行间债券市场,其中上交所是场内市场的中心,银行间债券市场是场外市场的中心。"一个主体"是指银行间债券市场,它是整个债券市场的主体。2020 年 7 月 19 日,中国人民银行和证监会联合发文(〔2020〕第 7 号),允许银行间债券市场和交易所债券市场电子交易平台可联合为投资者提供债券交易等服务,银行间债券市场和交易所债券市场债券登记托管结算机构等基础设施可联合为发行人、投资者提供债券发行、登记托管、清算结算、付息兑付等服务。

3.1.1 一级市场

债券发行市场又称一级市场,是发行主体初次出售新债券的市场,由债券的发行人、投资者和承销商构成。

① 发行人是经监管部门审批或备案的具备债券发行资格的筹资人,包括中央及地方政府、中央银行、政府支持机构、金融机构、企业法人、国际开发机构等。

② 投资者是经债券监管部门批准可以参与债券投标和申购,但不能进行分销的机构。

③ 承销商是指导与帮助发行人完成债券发行,参与债券发行认购,在发行期内将承销债券向其他结算成员(和分销认购人)进行分销,并在债券存续期内牵头其他市场中介一起监督债券发行人履行相关义务的金融机构,主要包括大型商业银行、股份制商业银行、大型券商及部分城商行。

3.1.2 二级市场

债券流通市场又称二级市场或次级市场,是指债券发行后在不同投资者之间买卖流通所形成的市场。一级市场价格为发行价,由发行人确定,二级市场价格则可能高于或低于发行价,由市场供需确定。二级市场的参与者由做市商、货币经纪公司、结算代理人、境内投资人、境外投资人构成。

① 做市商是指经中国人民银行批准在银行间债券市场开展做市业务的金融机构。做市商连续报出做市债券的现券买卖双边价格，并按其报价与其他市场参与者达成交易。

② 货币经纪公司是专门从事促进金融机构间资金融通和债券交易等经纪服务，并从中收取佣金的非银行金融机构。

③ 结算代理人与委托人签订代理协议，为委托人在中央结算公司以委托人名义开立债券账户，代理委托人进行债券结算。

④ 境内投资人包括商业银行、信用社、非银行金融机构、证券公司、保险公司、基金公司、非金融机构、非法人机构投资者、个人投资者。

⑤ 境外投资人包括境外央行或货币当局、主权财富基金、国际金融组织、人民币业务清算行、跨境贸易人民币结算境外参加行、境外保险机构、合格境外机构投资者、人民币合格境外机构投资者（RQFII）；在境外依法注册成立的商业银行、保险公司、证券公司、基金管理公司及其他资产管理机构等各类金融机构，境外机构投资者可在银行间债券市场开展现券交易，并可基于套期保值需求开展债券借贷、债券远期、远期利率协议及利率互换等交易；境外央行或货币当局、国际金融组织、主权财富基金、境外人民币业务清算行和参加行还可在银行间债券市场开展债券回购交易。

3.1.3 银行间债券市场

银行间债券市场是指依托于中国外汇交易中心暨全国银行间同业拆借中心（简称同业中心）、中央国债登记结算有限责任公司（简称中央结算公司）、银行间市场清算所股份有限公司（简称上海清算所），包括商业银行、农村信用联社、保险公司、证券公司等金融机构进行债券买卖和回购的市场。银行间债券市场是中国债券市场的主体，属于大宗交易市场（批发市场），参与者是各类机构投资者，实行询价和双边谈判成交，主要实行"实时、全额、逐笔"的结算方式。中央结算公司为投资者开立债券账户，实行一级托管，并提供交易结算服务。投资者包括中国人民银行和财政部等特殊结算成员、商业银行、非银行金融机构、证券公司、保险机构、基金公司、非金融机构、非法人机构投资者、境外机构投资者等。银行间债券市场交易的利率债有国债、地方政府债券、央行票据、政策性金融债和同业存单等品种，信用债有企业债、中期票据、短期融资券、金融债（除政策性银行债）、资产支持证券、政府支持机构债和国际债券等品种。

3.1.4 商业银行柜台市场

商业银行柜台市场是指银行通过营业网点（含电子银行系统）与投资人进行债券买卖，并办理相关托管与结算等业务的行为。投资者按照商业银行柜台挂出的买入价和卖出价进行债券买卖，商业银行总行为投资者办理债券的登记、托管和结算。商业银行柜台市场的投资者包括个人投资者、企业投资者、单位投资者等。商业银行柜台市场是银行间市场的延伸，参与者限定为个人投资者，属于场外零售市场。商业银行柜台市场只进行现券交易。柜台市场实行"两级托管体制"：中央结算公司为一级托管人，负责为承办银行开立债券自营账户和代理总账户；承办银行为二级托管人。中央结算公司与柜台投资者之间没有直接的权责关系。与交易所市场不同的是，承办银行每个交易日结束后需将余额变动传给中央结算公司，同时中央结算公司为柜台投资人提供余额查询服务,是保护债券投资者权益的重要途径。

3.1.5 交易所债券市场

交易所债券市场包括上海证券交易所和深圳证券交易所两个债券市场,交易制度主要采取竞价交易机制和做市商制度,机构和个人投资者通过券商进行债券交易和结算。投资者分为合格投资者和公众投资者。以上交所为例,合格投资者包括证券公司、基金管理公司及其子公司、期货公司、保险公司和信托公司等金融机构,证券公司资产管理产品等非法人机构投资者,QFII 和 RQFII 等境外机构,净资产不低于人民币 1000 万元的企事业单位法人、合伙企业,名下金融资产不低于人民币 300 万元的个人投资者等。合格投资者可以认购及交易在交易所上市交易或者挂牌转让的债券,但非公开发行的企业信用债券仅限合格投资者中的机构投资者认购及交易;合格投资者可以参与交易所国债预发行交易、现券交易、债券质押式回购交易。公众投资者可以参与现券交易、债券质押式逆回购交易。交易所实行"两级托管体制":中央结算公司为一级托管人,负责为交易所开立代理总账户;中证登为二级托管人,记录交易所投资者账户。中央结算公司与交易所投资者之间没有直接的权责关系。交易所交易结算由中证登负责,上交所后台的登记托管结算由中证登上海分公司负责,深交所由中证登深圳分公司负责。

3.1.6 自贸区债券市场

自贸区债券市场是银行间债券市场的延伸,定位于"在岸的离岸市场",有助于吸引境外投资者参与境内债券市场。自贸区债券市场采取"境内关外"的模式,遵循"一线放开、二线管住"的资金出入境管理原则,即境外资产可以自由进出自贸区,但资产在区内和境内区外之间的流通需遵循相关监管要求。中央结算公司为上海自贸区债券提供发行、登记、托管、结算、付息兑付、估值、信息披露等一体化服务,投资者可通过自贸区电子平台或自贸区柜台市场承办机构进行投资。投资者包括已设立自贸区分账核算单元并经过验收的境内机构、已开立自由贸易账户(FT 账户)的境内外机构、已开立境外机构人民币银行结算账户(NRA 账户)的境外机构,以及其他符合条件的境外合资格机构等可申请在中央结算公司开立债券账户并开通自贸区专用分组合,直接参与自贸区债券业务,境外机构也可通过结算代理人或合格境外证券托管机构参与自贸区债券业务。中央结算公司承担自贸区债券柜台业务的中央登记、一级托管和结算职能,承办机构承担自贸区债券柜台业务的二级托管和结算职能。

3.1.7 "债券通"市场

债券通是指境内外投资者通过香港与内地债券市场基础设施连接,买卖两个市场交易流通债券的机制。2017 年 7 月 3 日,我国正式开通境外投资者经由香港投资于内地银行间债券市场的"北向通"。通过"债券通"平台,投资者除了在二级市场交易已发行的债券之外,还可以在一级市场参与债券发行;发行人将可以在"债券通"平台直接发行债券。境外投资者入市后,可以购买计价的政府类债券、金融债券、公司信用类债券等各类债券。境外投资者依靠基础设施互联和多级托管来便捷地"一点接入"全球债券市场。"债券通"的内地基础设施机构包括中国外汇交易中心暨全国银行间同业拆借中心、中债登、银行间市场清算所股份有限公司;香港基础设施机构包括香港交易及结算有限公司、香港债务工具中央结算系统。截至

2020年6月底,通过"债券通"入市的境外机构超过550家,账户数量达2012个,覆盖全球33个国家和地区;三年累计成交量超过6万亿元人民币,单日最高成交量369亿元人民币。同时,"债券通"先后助力中国债券纳入彭博巴克莱全球综合指数和摩根大通旗舰全球新兴市场政府债券指数系列,对中国债券市场的对外开放起到了良好的推动作用。

3.1.8 债券衍生品市场

债券衍生品市场包括场内衍生品市场和场外衍生品市场。场内债券衍生品市场的交易前台为中国金融期货交易所。投资人为符合标准的自然人、一般单位客户和特殊单位客户,其中特殊单位客户包括证券公司、基金管理公司、信托公司等,商业银行暂不能参与国债期货交易。投资人开户需通过中金所会员在中金所备案。国债期货在中金所结算,在中央结算公司交割。场外债券衍生品的交易前台是外汇交易中心。投资人开展交易需签订《中国银行间市场金融衍生产品交易主协议(凭证特别版)》。场外债券衍生品根据债券品种分别在中央结算公司或上清所结算交割。

3.2 美国债券市场结构

美国债券市场与我国债券市场有所不同。美国债券市场除了传统的一级市场和二级市场外,还包括预售市场、回购市场、本息分离市场、衍生品市场。

3.2.1 一级市场

一级市场上美国信用债分为公募和私募两种发行方式,实行注册制。监管部门包括美国国会、证券交易委员会(SEC)、自律机构和公司内部监督部门,其中证券交易委员会是美国证券业最高的独立监管机构,制定了S-X规则(财务信息披露规则)、S-K规则(非财务信息披露规则)等信息披露规则。私募发行不受证券交易委员会的限制,且由于这种发行不需要注册表登记和发行募债说明书,私募发行比公募发行的成本要低。私募发行又分为两类:144A规则发行和非144A规则发行。144A规则发行是由投资银行承销,非144A规则发行更多地为传统私募。

在国债一级市场上,所有美国国债都是以拍卖方式发行,主要包括拍卖周期及竞价方式,具体的国债发行时间、过程、拍卖办法等均由美国财政部决定。通常,拍卖周期包括每周进行的三个月和六个月短期国债拍卖,每三周一次的"年债券"拍卖,每月一次的二至五年期中期国债拍卖,以及以季为周期的十年和30年国债拍卖,这种长期国债拍卖又被称为再融资拍卖,即已经上市或拍卖过的品种会做增量拍卖,追加新的发行额。

3.2.2 二级市场

美国国债的二级市场是一个场外交易市场,由一级自营商和政府经纪人两部分组成。国债一级自营商与投资公众和其他自营商公司进行交易,他们相互之间的交易通过政府经纪人进行。政府经纪人是自营商与投资公众和其他自营商公司交易的中介。自营商将报价报给政府经纪人,政府经纪人通过与每一个交易者相连的计算机网络常将这些报价进行撮合,报价成交的自营商要向政府经纪人交纳一定的佣金,这些交易的规模和价格能立即被所有自营商看到。政府经纪人自身不能参加交易，并且对参加交易的自营商的名字保守秘密。市场上主要的政府经纪人有六家：肯特·费茨格里德证券公司（Cantor Fitzgerald Securities Corp.）、加本有限公司（Garban Ltd.）、自由经纪公司（Liberty Broker - age Inc.）、RMJ证券公司、希里尔德法博联合公司（Hilliard Farber and Co. Inc.，仅限于短期国债业务）、图勒特及东京证券公司（Tullet and Tokyo Securities Inc.）。

美国公司债券的二级市场既包括交易所市场（纽约和美洲股票交易所），也包括场外交易市场，大部分交易在场外交易市场进行。交易所市场买卖通过拍卖实现，债券交易价格由最高买价和最低卖价决定。场外交易市场由遍布全国的经纪人和交易商组成，并通过电话委托系统进行交易，许多经纪人都是债券的做市商。公司债券的最大投资者为人寿保险公司，其次为养老基金，包括社会养老基金和私人养老基金。从历史情况看，这些机构投资者持有一半以上的未清偿公司债券，剩余部分由居民家庭、外国投资者、存款机构、非寿险保险公司、共同基金及证券经纪人和自营商持有。

3.2.3 预售市场

债券预发行交易是指某支债券在发行公告后、正式招标发行前，市场对该债券进行买卖，并在未来某一天进行资金与债券交割的行为。预售市场（When - Issued Market）为进行预发行交易的市场。债券预发行交易的操作分为以下五个部分：

1. 时间规定

当财政部向市场公告招标债券消息后，如有意愿者即可参加竞标。招标公告时间通常在投标日前一至二周，宣布内容为公债券的年限、规模、发行时间。交易商在预发行市场为暂免进行交割，交割日是发行日当天或次一日。由于交割标的为尚未发行之公债，卖方必须于交割时握有足够的公债履行交付义务，即投标时必须要竞标到足够的公债，或者以借券方式取得券源。

2. 信息连续揭示

预售市场是一个经典的场外市场，交易主要是在银行之间通过电话进行，有在线交易平台，市场有相应的双边报价商。市场相当透明，债券预发行交易报价信息通过信息商、互联网和各种报刊等进行传播。

3. 参与主体规定

对预发行交易的参与双方一般并无严格的规定，任何单位或个人（发行者除外）均可参与其中买卖，但也有做出明确规定的。美国联邦政府债券的招标操作是通过联邦储备银行进行的，对投标对象并无特殊限制，故任何人均可参与投标。在交割日前，交易双方并无资金的交付行为，仅规定在发行日当日进行交割，通常在招标后的一个星期。到了交割日当天，债券预发行交易卖方在进行交割时，必须交割给买方该次招标的债券，而不能用其他债券替代。若一旦无法取得交割债券，则卖方会透过回购交易的方式借入所需要债券以交付给买方。

4. 交易结算

在美国债券预售市场上，通常以现金方式来结算。

5. 风险控制

由于预发行交易基本上在交易存续期间并无债券交付，因此一般在管理上并不要求常用的逐日盯市，而进行交易的双方也不必在正式推行交割前面临由每日二级市场上债券利率波动而产生的评价困扰。由于预发行交易存在时间很短，通常交易者均无须缴纳保证金而只凭交易双方对彼此的信用做承诺。若一定要收取保证金，则要求也会比一般需要缴交保证金的衍生性金融产品低。在美国，主管机关在预发行交易市场中并不扮演任何角色，在态度上主要采取自由放任政策，对市场交易者的管理以自律为主。从法律上讲，对预发行交易市场做市商均给予较宽松发展空间，允许卖空买空的存在。

3.2.4 回购市场

美国回购市场（Repo）可以分为双边回购和三方回购。双边回购市场由投资者和抵押品提供者直接交换资金和证券，中间没有清算银行介入。双边回购交易既可以允许接受一般抵押品，也可以对合格证券抵押品加以限制。三方回购市场有清算银行参与，清算银行作为中介人，负责处理回购交易全流程交易双方之间的管理细节，投资者愿意接受类别广泛的证券作为抵押品。除此之外，还有一般抵押品融资（General Collateral Finance，GCF）回购市场，由固定收益清算中央结算对手公司（Fixed Income Clearing Corporation，FICC）提供相关的回购服务。美国回购市场的参与者主要包括证券交易商（回购市场的核心）、金融机构（一级交易商）、银行、保险公司、共同基金、养老基金、对冲基金、商业公司等。常用债务工具包括美国国债、联邦机构证券、高质量抵押贷款支持证券、公司债券和货币市场工具。除上述商业机构参与回购市场交易外，作为央行的美联储经常通过利用回购和逆回购进行公开市场操作以执行实施其货币政策，其目的是要根据联邦公开市场委员会（FOMC）设定的目标联邦基金利率，影响金融体系的储备水平或流动性，通常美联储只接受高信用评级的证券作为回购的"合格"抵押品，但在非常时期，美联储会根据其货币政策的需要调整"合格"抵押品的标准。

3.2.5 本息分离市场

本息分离债券（Separate Trading Registered Interest and Principal Securities，STRIPS）是根据利率期限结构理论，把原附息债券的每一利息支付的所有权及其到期本金的所有权分别剥离开来，实质就是依据原附息债券的每期票息收入和到期本金发行相应期限的零息债券。每支零息债券发行价格分别为对应的未来现金流根据一定的收益率（一般为该期限零息债券的到期收益率）折算出来的现值，到期日为原附息债券的付息日或偿还本金日。每支拆分出来的零息债券都具有单独的代码，可以作为独立的债券进行交易和持有。

第一个具有本息分离债券性质的产品为美林公司于1982年推出的"国债投资成长收据"。国债投资成长收据尽管本身不是国债，但是完全由国债作抵押担保，其信用接近于国债。由于这种新产品的出现使得中长期附息债券通过本息分离具备了零息债券的性质，从而给投资者带来了风险管理和税收方面的好处，对投资者产生了很大的吸引力。1985年，美国财政部推出了本息分离国债项目，它使一些特别指定的中长期国债的本息得以分离。美国财政部推出的本息分离债券项目中，由财政部对可本息分离的中长期附息国债加以特别指定，但财政部本身并不进行债券本息的分离，债券的分离是由国债交易商或其他机构实施的，分离出来的零息债券属于财政部的直接债务。对新发行的中长期附息债券，发行人可以在其发行招标书中规定该债券是否具有本息分离的性质。对于可本息分离的债券，在招标发行时债券承销商仍然将其作为附息债券对待。发行后分离出来的所有零息债券均可独立进行交易或持有，投资者从承销商处既可购买所发行的原附息债券，也可购买分离出来的零息债券中的一种或者几种。

3.2.6 衍生品市场

衍生品市场主要包括远期交易市场、国债期货与期权市场等。

债券的远期交易，实际上是指债券远期合约（Forward Contract），即交易双方就将来某一时刻按照约定价格买卖特定数量和品种的债券所达成的交易合同。远期债券交易中用于交易的基础债券（Underlying Security）是合约到期日所买（卖）的债券，合约的买方同意在到期日从合约的卖方买进基础债券。远期债券交易的报价采用"净价"的方式发布。因此，购买债券所实际支付的款项中，除了所规定的远期价格以外，还应包括截至合约到期日的应计利息。

1976年，继第一个利率期货合约——美国政府国民抵押协会抵押凭证期货合约之后，美国芝加哥期货交易所（CBOT）又推出了以90天期国债为标的的期货合约交易，这是世界上第一张国债期货合约。1977年8月，芝加哥期货交易所设计并推出了美国长期国债期货合约。1979年，芝加哥期货交易所开始经营美国中期国债期货合约。目前，美国国债期货市场上的国债期货有短期国债期货、长期国债期货、中期国债期货。短期国债期货是以面值为100万美元、期限为13个星期（三个月）的国债为基础的。它在芝加哥期货交易所国际货币市场（IMM）交易。长期国债期货的标的物与短期国债期货的标的物不同，它不是确指哪一种债券，而是一种虚构的20年期、息票率为8%、面值为10万美元的债券。由于长期国债期货合约的标的物不是一种真正存在的债券，因此当期货合约进行交割时，就需要用其他债券来代替。在最初交易日之前，芝加哥期货交所会公布卖方可以交割的特定种类的债券，并规定结算日，这些债券如果是可提前赎回的国债，则该国债必须在距交割月份的第一天至少15年内不能提前偿还，如果是不可提前赎回国债，则该国债必须距到期日至少十年。同时在长期国债期货的交割中，卖方具有质量期权（Quality Option）、时间期权（Timing Option）和纸牌期权（Wild Card Option）等交割期权。中期国债期货合约的对应证券也是一种虚构的十年期、息票率为8%、面值为10万美元的中期国债，在实际交割时可以选择多种由芝加哥期货交易所规定的债券，这些可交付的债券必须是到期日距离交割日的第一天不少于6.5年但不多于十年的国债。

3.3 债券发行

3.3.1 发行方式

债券发行分为公募发行和私募发行方式。公募发行又分为招标发行和簿记建档发行两种方式，私募发行通常采用协议定向发行方式。

1. 招标发行

由发行人确定招标方式、中标方式等发行条件，在市场上公开竞标，承销团成员按中标额度承销债券。债券发行有数量、价格、利率和利差等招标方式，以及等比数量、统一价位、多重价位及混合式等中标方式，且招标方式与中标方式有多种组合。

2. 簿记建档发行

发行人和主承销商协商确定利率或价格区间后，由簿记管理人（一般由主承销商担任）

记录投资者认购数量和债券利率或价格水平意向，投资者自行决定在不同利率档次下的申购订单，最终由簿记管理人将订单汇集后按约定的定价和配售方式确定最终发行利率或价格，进行配售发行。

3. 协议定向发行

发行人根据市场的需求，与债券认购人协商决定债券票面利率、价格、期限、付息方式、认购数量和缴款日期等发行条件、认购费用和认购人义务并签署债券认购协议。协议定向发行是债券市场化发行的重要补充。

4. 商业银行柜台发行

商业银行柜台债券市场债券发行通常与银行间债券市场同步进行，一般根据银行间债券市场招标定价结果确定发行价格。其中，关键期限记账式国债在银行间债券市场与商业银行柜台债券市场同时分销，由承销商使用在银行间债券市场自营中标的额度进行商业银行柜台分销；政策性金融债由发行人确定商业银行柜台上市债券，并进行商业银行柜台额度追加招标，由承销商进行商业银行柜台分销；储蓄国债，仅在商业银行柜台发行，由发行人单独确定发行价格。

5. 指标性债券

指标性债券（On-the-Run Issue）是指最新发行的一批债券。与同期限的发行时间较长的债券相比，指标性债券收益率较低、价格昂贵，但交投活跃、流通性好。一般情况下，最新一期发行的政府债券，一旦上市交易就会取代同年期原有指标债，成为新的指标债券。指标性债券被人们用来衡量整个债券市场的行市和做长期利率或长期债券收益率的参考指标。在美元债券市场中，美国政府发行的最新一期30年长期债券通常被作为美元债券中的指标性债券。

6. 非指标性债券

非指标性债券（Off-the-Run Issue）是指发行时间已经较长的一批债券。与同期新发行的指标性债券相比，非指标性债券收益率较高、价格便宜，但通常流动性较低，多用于描述政府债券。

3.3.2 招标方式

债券招标方式分为荷兰式招标、美国式招标和混合式招标。

1. 荷兰式招标

荷兰式招标又称单一价格招标，是指按照投标人所报买价自高向低（或者利率、利差由低到高）的顺序中标，直至满足预定发行额为止，中标的承销机构以相同的价格（所有中标价格中的最低价格）来认购中标的国债数额。荷兰式招标全体中标者的中标价格是单一的。标的为利率时，最高中标利率为当期国债的票面利率；标的为利差时，最高中标利差为当期国债的基本利差；标的为价格时，最低中标价格为当期国债的承销价格。我国常见的荷兰式招标类型有：①以价格为标的的荷兰式招标，即以募满发行额为止所有投标商的最低中标价格作为最后中标价格，全体投标商的中标价格是单一的。②以缴款期为标的的荷兰式招标，即以募满发行额为止的中标商的最迟缴款日期作为全体中标商的最终缴款日期，所有中标商的缴款日期是相同的。③以收益率为标的的荷兰式招标，即以募满发行额为止的中标商最高收益率作为全体中标商的最终收益率，所有中标商的认购成本是相同的。

2. 美国式招标

美国式招标又称多种价格招标，是指中标价格为投标方各自报出的价格。标的为利率时，全场加权平均中标利率为当期国债的票面利率，各中标机构依各自及全场加权平均中标利率折算承销价格；标的为价格时，各中标机构按各自加权平均中标价格承销当期国债。

3. 混合式招标

混合式招标是指结合荷兰式和美国式的招标方式。标的为利率时，全场加权平均中标利率为当期票面利率，低于或等于票面利率的标位，按面值承销；高于票面利率一定数量以内的标位，按各中标标位的利率与票面利率折算的价格承销；高于票面利率一定数量以上的标位，全部落标。标的为价格时，全场加权平均中标价格为当期发行价格，高于或等于发行价格的标位，按发行价格承销；低于发行价格一定数量以内的标位，按各中标标位的价格承销，低于发行价格一定数量以上的标位，全部落标。背离全场加权平均投标利率或价格一定数量的标位为无效投标，全部落标，不参与全场加权平均中标利率或价格的计算。

3.4 债券交易与价格形成机制

3.4.1 参与者

1. 发行人

在中国债券市场上，发行人是经监管部门审批或备案具备发行资格的筹资人，可在银行间债券市场、交易所债券市场、商业银行柜台市场发行债券的，包括中央及地方政府、中央银行、政府支持机构、金融机构、企业法人、国际开发机构等。在美国债券市场上，发行人包括美国联邦政府、地方政府、商业企业、非营利机构（包括大学），以及其他国家的大中型企业，还包括世界银行等超主权发行体。

2. 承销商

承销商是指指导与帮助发行人完成债券发行，参与债券发行认购，在发行期内将承销债券向其他结算成员（和分销认购人）进行分销，并在债券存续期内牵头其他市场中介一起监督债券发行人履行相关义务的金融机构。目前，我国具备债券主承销商资格的主要是大型商业银行、股份制银行、大型券商及部分城商行。在美国，承销商主要包括投资银行、商业银行、评级机构等。

3. 直接投资人

直接投资人是指经债券监管部门批准可以参与债券投标和申购，但不能进行分销的机构。目前，地方政府债券及企业债券的簿记建档发行引入了直接投资人。

4. 做市商

在我国债券市场上，做市商是经中国人民银行批准在银行间债券市场开展做市业务，享有规定权利并承担相应义务的金融机构。做市商按照有关要求连续报出做市券种的现券买卖双边价格，并按其报价与其他市场参与者达成交易。美国的做市商分为一级交易商和一般做市商。一级交易商是义务做市商，为政府融资平台提供支持，为中央银行的公开市场操作提供吞吐支持，同时承担对债券市场的做市义务。一般做市商为自愿做市商，自愿选择国债券种并进行做市。美联储体系中的一级交易商是由美联储在一般做市商中选择的债券业务量较大、市场表现较活跃、可直接和美联储发生交易的金融机构。一级交易商必须对所有交易国债进行双边报价并积极参与国债的竞标等。对于一般做市商，美联储规定满足资本充足率等特定要求的金融机构均可申请。

5. 货币经纪公司

在我国，货币经纪公司是指经银监会批准在中国境内设立的，通过电子技术或其他手段，专门从事促进金融机构间资金融通和外汇交易等经纪服务，并从中收取佣金的非银行金融机构。货币经纪公司进入银行间债券市场从事经纪业务须向中国人民银行备案。

6. 境内投资机构（人）

在我国债券市场上，境内投资机构（人）包括商业银行、信用社、非银行金融机构（包括信托公司、财务公司、租赁公司和汽车金融公司等）、证券公司、保险公司、基金公司、非金融机构、非法人机构投资者、个人投资者。美国债券市场上的投资机构（人）主要包括政府主权基金、保险公司、基金公司、商业银行、资产管理公司以及一般个人投资者。

7. 境外投资机构（人）

我国债券市场上的境外投资机构（人）包括境外央行或货币当局、主权财富基金、国际金融组织、境外人民币业务清算行、跨境贸易人民币结算境外银行、境外保险机构、合格境外机构投资者、人民币合格境外机构投资者；在境外依法注册成立的商业银行、保险公司、证券公司、基金管理公司及其他资产管理机构等各类金融机构，上述机构依法合规面向客户发行的投资产品，以及养老基金、慈善基金、捐赠基金等中国人民银行认可的其他中长期机构投资者。上述境外投资机构（人）可在银行间债券市场开展现券交易，并可基于套期保值需求开展债券借贷、债券远期、远期利率协议及利率互换等交易，其中，境外央行或货币当局、主权财富基金、国际金融组织、境外人民币业务清算行和参加行还可在银行间债券市场开展债券回购交易。

3.4.2 托管机构

1. 中央结算公司

中央结算公司（中央国债登记结算有限责任公司）于1996年经国务院批准设立，是具有系统重要性的国家级金融市场基础设施。中央结算公司现为有限责任公司，由国务院出资，是国有独资企业。中央结算公司是财政部唯一授权的国债总托管人，主持建立、运营全国国债托管系统；是中国人民银行指定的银行间市场债券登记托管结算机构，商业银行柜台记账式国债交易一级托管人。中央结算公司托管的债券主要有国债、地方政府债券、政策性金融债、商业金融债、企业债、资产支持证券和国际机构债券等。

2. 中证登

中证登（中国证券登记结算有限责任公司）成立于2001年，设立上海、深圳分公司，承接了沪深交易所登记结算业务。中证登托管的品种包括股票、基金、债券、证券衍生品等，并以股票为主。其中，中证登托管的债券品种包括公司债券、可转债、分离式可转债、中小企业私募债券等，并承担国债、地方政府债券和企业债券的分托管职责。

3. 上清所

上清所（银行间市场清算所股份有限公司）成立于2008年，是经中国人民银行批准设立的场外市场中央对手清算机构，隶属中国人民银行管理。上清所的业务类型包括中央对手清算和登记托管两类。其中,中央对手清算服务于利率衍生品、外汇及汇率衍生品、航运及大宗商品金融衍生品、债券。它托管的债券品种包括非金融企业债务融资工具、大额存单等。

美国债券市场采用中央集中托管模式,中央托管系统主要由两大机构组成:①联邦储备银行;②证券存托与清算公司(DTCC)。依据不同的债券类型,债券托管在不同的托管机构:①政府债券、抵押担保证券集中托管在美联储证券簿记系统 Fedwire;②其他证券,包括股票、公司债券、市政债券、单位信托凭证等,都在美国证券存托与清算公司进行清算、结算和托管。

3.4.3 做市商机制

做市商机制又称报价驱动机制(Quote-Driven Mechanism),是指在证券市场上,由具备一定实力和信誉的证券经营法人作为特许交易商,同时报出债券买入价(Bill Price)和卖出价(Ask Price),承诺在此价位上以自有资金和债券与投资者进行债券买卖。做市商自身则是通过买卖报价的适当差额来补偿所提供服务的成本费用,并实现一定的利润。绝大多数债券市场、外汇市场、货币市场都是做市商机制。做市商机制的优点在于:①提高流动性,特别适用于处理大额买卖指令;②有效稳定债券市场价格;③抑制债市操纵。但由于缺乏透明度和运行成本高,做市商机制不适用于零散交易。我国银行间债券市场和柜台市场普遍采用做市商机制。

3.4.4 竞价交易机制

竞价交易制度是买卖双方向市场提交委托指令或订单,交易系统依据一定规则匹配撮合确立成交价,又称订单驱动机制(Order-Driven Mechanism)。债券开市价格由集合竞价形成,随后交易系统对不断进入的投资者交易指令,按价格与时间优先原则排序,将买卖指令配对竞价成交。我国交易所债券市场普遍采用竞价交易机制。

3.5 债券期货报价方式

我国国债期货采用百元净价报价的方式,这也是国际上采用实物交割的国债期货的通用报价方式。所谓百元报价,是指假定债券面额 100 元为单位进行报价。例如,如果国债期货报价为 100.3,则表示每 100 元面额的价格为 100.3 元,如果合约面值为 100 万元,则该合约价值为 1 003 000 元(100.3×1 000 000/100)。报价的精度则与合约最小变动价位有关。目前,我国国债期货最小变动单位为 0.002 元。中期国债的合约面值为 100 万元,所以,国债期货价格 0.002 元的最小单位变化将引起 20 元期货合约金额的变化,即期货合约价格每单位变动额为 20 元。

美国短期国债期货以指数基础报价,指数价格 = 100 -(银行贴现收益率×100)。指数价格是一种与该证券有相同的收益率但在一年内到期的证券的价格。使用指数价格可以使期限不同但具有相同收益率的证券有相同的价格,这样期限不同的证券之间的收益率就可以进行比较。长期国债期货的标的物与短期国债期货的标的物不同,它不是确指哪一种债券,而是一种虚构的 20 年期、票面利率为 8%、面值为 100 000 美元的债券。这种国债期货的报价和长期债的报价一样,都是用 1% 的三十二分之几来报价。例如报价为 97-16 就表示 97 再加上 16/32,

或者 97.50。那么实际买卖双方的交割价格为面值的 97.50%，即 97 500 美元。长期国债期货合约的最小价格变动为 1%，即 100 000 美元的 1%。因此，该合约的最小价格变动为 31.25 美元。

3.6 债券指数

3.6.1 全球债券指数

1. 巴克莱全球综合债券指数

巴克莱全球综合债券指数（Barclays Global Aggregate Index，BGAI）创建于 1999 年，是涵盖 24 个国家和地区本币的投资级债券的基准指数，包括成熟市场和新兴市场的国债、政府相关债券、公司债券、结构化固定利率债券。BGAI 的样本主要来自四大区域：美国、泛欧洲、亚太地区和加拿大。纳入 BGAI 的债券类型包括固定利率期末一次性偿还债券、可卖出和可赎回债券、期末非一次性偿还债券、首次发行的零息债券、加息债券、中期票据、美国存单、固定利率转浮动利率债券，不包括权益性债券（权证、可转债）、私募债、浮动利率债券、本息分离债券、以瑞士法郎计价的债券、通胀挂钩债券以及美国机构可调整利率抵押贷款和联邦住房机构个人住房抵押贷款支持证券（RMBS）。2019 年 4 月 1 日，以人民币计价的中国国债和政策性银行债券开始被纳入彭博巴克莱全球综合指数。完全纳入后，人民币计价的中国债券将成为仅次于美元、欧元和日元的第四大计价货币债券。

2. 花旗全球政府债券指数

花旗全球政府债券指数（World Government Bond Index，WGBI）是衡量本币计价的固定利率投资级主权债的重要指标。作为在全球范围内被广泛应用的基准指数，WGBI 有超过 25 年的发展历史，涵盖了超过 20 个国家和地区、不同币种的主权债券。亚太地区包含四个国家：澳大利亚、日本、马来西亚、新加坡。WGBI 具有很强的延展性。例如，从国家来看，其可由不同币种、期限和评级的国家政府债券随意组合成分指数；同时，也很容易根据客户的具体投资需求以及风险偏好等定制分指数。被纳入 WGBI 需要同时满足三个条件：①最低市场规模，超过 500 亿美元、400 亿欧元或 5 万亿日元；②信用状况，国内长期信用评级需要至少为标普 A-以及穆迪 A3；③没有进入障碍，此类障碍包括但不限于外资控股限制和资本管制。如果一国持续三个月满足以上三个条件，则该国将会被纳入 WGBI。

3. 摩根大通新兴市场政府债券指数

摩根大通新兴市场政府债券指数（GBI-EM）。GBI-EM 体系是新兴市场国家政府发行的以当地货币计价的债券基准体系。该指数于 2005 年 6 月创立，其后逐步衍生出三个分指数：广义新兴市场政府债券指数（GBI-EM Broad）、全球新兴市场政府债券指数（GBI-EM Global）和狭义新兴市场政府债券指数。GBI-EM Broad 涵盖了亚洲、欧洲、拉丁美洲、中东及非洲四个区域的 18 个国家，GBI-EM Global 和狭义新兴市场政府债券指数则分别涵盖了其中的 16 个国家和 14 个国家。2019 年，中国被纳入 GBI-EM Broad。GBI-EM 产品区别于其他指数产品的关键之处在于其筛选债务融资工具时使用的流动性标准，尽管每个市场对于流动性的判定有不同的标准，GBI-EM 只涵盖投资者可在较短期限内交易的债券以及具有稳定价格的债券。

3.6.2 我国债券指数

1. 中国债券指数（中债指数）

中债指数是旨在客观反映中国债券市场价格走势特征的一系列债券指数。中债指数产品体系可分为总指数、成分指数、策略指数、投资者分类指数、持仓指数和定制指数六大类别。中债总指数族的编制目的是反映全市场债券或某一类债券的整体价格走势情况。以债券的待偿期、发行人类型、流通场所类型、债券付息方式及信用评级等单一或多个要素作为筛选条件确定成分券的范围，且成分券的数量事先不做限定。中债总指数族的指数值及相关指标以债券余额的市值权重进行加权。目前，中债总指数族可分为综合类指数、分类指数、绿色系列指数三个类别。

① 综合类指数为宽基类指数，可表征全市场债券价格走势（如中债–综合指数、中债–新综合指数），或者表征利率类债券价格整体走势（如中债–总指数），或者表征信用类债券价格整体走势（如中债–信用债总指数、中债–公司信用类债券指数）。

② 分类指数又可按计息方式、按发行人类型、按流通场所、按信用等级、按待偿期限、按发行期限和其他分为七大类。

③ 绿色系列指数反映我国绿色债券市场的发展，向投资者提供绿色债券指数参考基准和标的，现包含中债–中国绿色债券指数、中债–中国绿色债券精选指数、中债–中国气候相关债券指数。市场上应用较广的总指数包括中债–综合指数、中债–新综合指数、中债–总指数、中债–国债总指数和中债–企业债总指数等。

2. 中信标普债券指数

中信标普全债指数属于中信标普固定收益系列指数，是一个全面反映整个债券市场的综合性权威债券指数。该系列指数包含五个独立的固定收益指数，包括中信标普国债指数、中信标普企业债指数、中信标普可转债指数、中信标普银行间债券指数和中信标普全债指数。

① 中信标普国债指数样本涵盖了上海证券交易所所有的国债品种，中信标普国债指数能真实地标示出利率市场整体的收益风险度。中信标普国债指数采用实时计算，基期是1999年12月30日，基期点位为1000。

② 中信标普企业债指数涵盖了在上海证券交易所和深圳证券交易所上市的企业债。所有交易的债券中，剩余期限在一年以上、票面余额超过1亿元人民币、信用评级在投资级以上的固定利率付息和一次还本付息债券均包含在该指数中。中信标普企业债指数采用实时计算，基期是1999年12月30日，基期点位为1000。

③ 中信标普可转债指数涵盖了在上海证券交易所和深圳证券交易所上市的可转换债券。所有交易的债券中，可转换期尚未结束、票面余额超过3000万元人民币、信用评级在投资级以上的可转换债券均包含在该指数中。中信标普可转债指数采用实时计算，基期是2003年4月1日，基期点位为1000。

④ 中信标普银行间债券指数涵盖了在银行间债券市场上市的债券，所有交易的债券中，剩余期限在一年以上、票面余额超过1亿元人民币、信用评级在投资级以上的固定利率付息和一次还本付息债券均包含在该指数中。该指数于每个交易日收市时予以公布。中信标普银行间债券指数每日计算一次，基期是2002年5月31日，基期点位为1000。

⑤ 中信标普全债指数涵盖了在上海证券交易所、深圳证券交易所和银行间市场上市的债券。对于交易所交易债券，剩余期限在一年以上、票面余额超过1亿元人民币、信用评级在投资级以上的债券均包含在该指数中。对于银行间债券，我们根据债券类型和期限运用分层取样的方法进行了选择。该指数于每个交易日收市时予以公布。中信标普全债指数每日计算收盘价，基期是2002年11月29日，基期点位为1000。

3. 上证债券指数

上证债券指数是上海证券交易所使用的一系列债券指数，包括上证国债指数、上证企债指数、上证公司债指数、上证分离债指数和上证企债30指数。

① 上证国债指数是上证指数系列的第一支债券指数，以上海证券交易所上市的所有固定利率国债为样本，按照国债发行量加权而成，用来反映上海证券交易所上市国债的整体表现。该指数于2003年1月2日对外发布，基期是2002年12月31日，基期点位为100。该指数简称国债指数。

② 上证企债指数由在沪深交易所上市的企业债中满足一定条件、具有代表性的企业债券组成。该指数于2003年6月9日正式发布，以反映沪深企债市场的整体表现。该指数基期是2002年12月31日，基期点位为100。该指数简称企债指数。

③ 上证公司债指数是首支综合反映上海证券交易所市场公司债券整体价格变动趋势的指数。该指数的样本由在沪市交易的公司债券组成，上海证券交易所（简称上证所）和中证指数公司每日实时计算并向市场发布，为债券投资者提供新的业绩评价基准和分析工具。该指数基期是2007年12月31日，基期点位为100。该指数简称沪公司债。

④ 上证分离债指数是首支综合反映上海证券交易所市场分离交易可转换债券整体价格变动趋势的指数。该指数的样本由在沪市交易的分离交易可转换债券组成，上证所和中证指数公司每日实时计算并向市场发布，为债券投资者提供新的业绩评价基准和分析工具。该指数基期是2007年12月31日，基期点位为100。该指数简称沪分离债。

⑤ 上证企债30指数是国内首支实时成分债券指数，该指数从上海证券交易所市场挑选30支质地好、规模大、流动性强的企业债券组成样本，为债券投资者提供新的投资标的。该指数基期是2008年12月31日，基期点位为100。该指数简称沪企债30。

4. 深证债券指数

深交所和深圳证券信息公司于2013年4月15日发布深证债券指数，包括深证信用债综合指数（简称深信用债）和深证公司债综合指数（简称深公司债）。深证信用债综合指数涵盖在深交所上市的企业债、公司债；深证公司债综合指数涵盖在深交所上市的公司债。债券的信用级别为投资级以上，剩余期限为一年以上，付息方式包括固定利率付息债券和一次还本付息债券。为保证指数样本的动态调整，每月的最后一个交易日对样本债券进行重新检查，剔除不符合条件的债券，选入符合条件的新债券。

本章关键词

一级市场　二级市场　银行间债券市场　商业银行柜台市场　交易所债券市场　自贸区债券市场　"债券通"市场　债券衍生品市场　公募发行　私募发行　国债拍卖　预售市场

本息分离市场　回购市场　衍生品市场　远期交易市场　国债期货　招标发行　簿记建档发行　协议定向发行　商业银行柜台发行　指标性债券　非指标性债券　招标方式　荷兰式招标　美国式招标　混合式招标　中央结算公司　中证登　上清所　中央托管系统　做市商机制　竞价交易机制　债券指数　巴克莱全球综合债券指数　花旗全球政府债券指数　摩根大通新兴市场政府债券指数　中国债券指数　中信标普债券指数　上证债券指数　深证债券指数

收益与价格篇

第4章 货币时间价值、债券收益率与债券价格

4.1 货币时间价值

4.1.1 连续情形的货币时间价值

假设初始期为 0，末期为 n，初始本金价格为 P_0，年利率为 r，年计息次数为 m 次，当 m 趋于 ∞ 时，则末期本利和 P_n 为

$$\lim_{m \to \infty} P_0 \left(1 + \frac{r}{m}\right)^{mn} = P_0 \lim_{m \to \infty} \left[\left(1 + \frac{r}{m}\right)^{\frac{m}{r}}\right]^{rn} = P_0 e^{rn} = P_n$$

式中，e^{rn} 为 n 期内的连续货币时间价值。将末期本利和 P_n 标准化为 1，则初始本金价格 P_0 为 e^{-rn}。

假设初始期为 t，末期为 T，初始本金价格为 P_t，年利率为 r，年计息次数为 m 次，当 m 趋于 ∞ 时，则末期本利和 P_T 为

$$\lim_{m \to \infty} P_t \left(1 + \frac{r}{m}\right)^{m(T-t)} = P_t \lim_{m \to \infty} \left[\left(1 + \frac{r}{m}\right)^{\frac{m}{r}}\right]^{r(T-t)} = P_t e^{r(T-t)} = P_T$$

式中，$e^{r(T-t)}$ 为 $T-t$ 期内的连续货币时间价值。将末期本利和 P_T 标准化为 1，则初始本金价格 P_t 为 $e^{-r(T-t)}$。

4.1.2 离散情形的货币时间价值

假设初始期为 0，末期为 n，初始本金价格为 P_0，年利率为 r，年计息次数为 m 次，则末期本利和 P_n 为

$$P_0 \left(1 + \frac{r}{m}\right)^{mn} = P_n$$

式中，$\left(1 + \frac{r}{m}\right)^{mn}$ 为 n 期内的离散货币时间价值。

假设初始期为 t，末期为 T，初始本金价格为 P_t，年利率为 r，年计息次数为 m 次，则末期本利和 P_T 为

$$P_t \left(1 + \frac{r}{m}\right)^{m(T-t)} = P_T$$

式中，$\left(1 + \frac{r}{m}\right)^{m(T-t)}$ 即为 $T-t$ 期内的离散货币时间价值。

定义复利终值系数为 $(S/P, r, n) = (1+r)^n$，则按年付息的终值为 $P_n = P_0 (S/P, r, n)$，半年付息的终值为 $P_n = P_0 (S/P, r/2, 2n)$，季度付息的终值为 $P_n = P_0 (S/P, r/4, 4n)$。

定义复利现值系数为$(P/S,r,n)=(1+r)^{-n}$,则按年付息的现值为$P_0=P_n(P/S,r,n)$,半年付息的现值为$P_0=P_n(P/S,r/2,2n)$,季度付息的现值为$P_0=P_n(P/S,r/4,4n)$。

定义实际收益率为R,则按年付息的实际收益率为$R=[(S/P,r,n)]^{1/n}-1$,半年付息的实际收益率为$R=[(S/P,r/2,2n)]^{1/n}-1$,季度付息的实际收益率为$R=[(S/P,r/4,4n)]^{1/n}-1$。

4.1.3 年金时间价值

年金是指等额定期的一系列收支,比如分期付款、养老金、每年相同的利息收入等,按收付次数和时间分为普通年金、预付年金、递延年金、永续年金。

1. 普通年金

普通年金为每期期末支付的后付年金。假设初始期为0,末期为n,初始本金价格为P_0,年利率为r,年金为A,按年付息,则末期本利和P_n为

$$P_n = A + A(1+r) + \cdots + A(1+r)^{n-1} = A\frac{(1+r)^n - 1}{r}$$

初始本金价格P_0为

$$P_0 = A(1+r)^{-1} + A(1+r)^{-2} + \cdots + A(1+r)^{-n} = A\frac{(1+r)^n - 1}{r(1+r)^n}$$

定义年金终值系数为$(S/A,r,n) = \frac{(1+r)^n - 1}{r}$,则按年付息的年金终值为$P_n = A(S/A,r,n)$,半年付息的年金终值为$P_n = A(S/A,r/2,2n)$,季度付息的年金终值为$P_n = A(S/A,r/4,4n)$。

定义年金现值系数为$(P/A,r,n) = \frac{(1+r)^n - 1}{r(1+r)^n}$,则按年付息的年金现值为$P_0 = A(P/A,r,n)$,半年付息的年金现值为$P_0 = A(P/A,r/2,2n)$,季度付息的年金现值为$P_0 = A(P/A,r/4,4n)$。

定义偿债基金系数为$(A/S,r,n) = \frac{r}{(1+r)^n - 1} = \frac{1}{(S/A,r,n)}$,则按年付息的偿债基金(年金)为$A = P_n(A/S,r,n)$,半年付息的偿债年金为$A = P_n(A/S,r/2,2n)$,季度付息的偿债年金为$A = P_n(A/S,r/4,4n)$。

定义投资回收系数为$(A/P,r,n) = \frac{r(1+r)^n}{(1+r)^n - 1} = \frac{1}{(P/A,r,n)}$,则按年付息的投资基金(年金)为$A = P_0(A/P,r,n)$,半年付息的偿债年金为$A = P_0(A/P,r/2,2n)$,季度付息的偿债年金为$A = P_0(A/P,r/4,4n)$。

2. 预付年金

预付年金为每期期初支付的先付年金。假设初始期为0,末期为n,初始本金价格为P_0,年利率为r,预付年金为A,按年付息,则末期本利和P_n为

$$P_n = A(1+r) + A(1+r)^2 + \cdots + A(1+r)^n = A(1+r)\frac{(1+r)^n - 1}{r} = A(1+r)(S/A,r,n)$$

初始本金价格P_0为

$$P_0 = A + A(1+r)^{-1} + \cdots + A(1+r)^{-(n-1)} = A(1+r)\frac{(1+r)^n - 1}{r(1+r)^n} = A(1+r)(P/A,r,n)$$

因此，预付年金系数 = $(1+r)$ × 普通年金系数。

3. 递延年金

递延年金为延期支付的年金，适用于延期付息情形。假设初始期为 0，末期为 n，初始本金价格为 P_0，年利率为 r，年金为 A 且递延至 n_t 开始支付，按年付息，则末期本利和 P_n 为

$$P_n = A + A(1+r)^1 + \cdots + A(1+r)^{n-n_t-1} = A\frac{(1+r)^{n-n_t}-1}{r} = A(S/A, r, n-n_t)$$

初始本金价格 P_0 为

$$P_0 = [A(1+r)^{-1} + A(1+r)^{-2} + \cdots + A(1+r)^{-(n-n_t)}](1+r)^{-n_t} = A\frac{(1+r)^{n-n_t}-1}{r(1+r)^{n-n_t}}(1+r)^{-n_t}$$
$$= A(P/A, r, n-n_t)(P/S, r, n_t)$$

4. 永续年金

永续年金是无限期的等额收付的特种年金，是普通年金的特殊形式，适用于优先股、可续期债券等。由于年金无限期，因此永续年金没有年金终值，只有现值。假设初始期为 0，初始本金价格为 P_0，年利率为 r，年金为 A 且无限期支付，按年付息，则初始本金价格 P_0 为

$$P_0 = A(1+r)^{-1} + A(1+r)^{-2} + \cdots + A(1+r)^{-n} = \lim_{n\to\infty} A\frac{(1+r)^n-1}{r(1+r)^n} = \frac{A}{r}$$

4.2 中长期债券收益率与价格

4.2.1 总收益率与收益分解

假设债券面值为 M，期限为 n，发行价格为 P_0，息票率为 i，按年付息，无内嵌期权，总收益率为 R_T，再投资利率为 R_I，则息票债券的现金流如图 4-1 所示。

```
        Mi      Mi    ...    Mi     Mi+M
   ┼────┼──────┼─────...─────┼──────┼
   0    1      2           n-1      n
   P_0
```

图 4-1 现金流（按年付息）

每期息票利息 Mi 作为年金，并向末期复利加总，则本利和为

$$P_0(1+R_T)^n = M + Mi + Mi(1+R_I) + \cdots + Mi(1+R_I)^{n-1} = Mi(S/A, R_I, n) + M \tag{4-1}$$

可得总收益率 R_T 为

$$R_T = \left[\frac{Mi(S/A, R_I, n) + M}{P_0}\right]^{1/n} - 1 \tag{4-2}$$

将本利和减去债券价格（本金），则 P_0 可得总收益为

$$P_0(1+R_T)^n - P_0 = Mi(S/A, R_I, n) + M - P_0 = Min + Mi(S/A, R_I, n) - Min + M - P_0$$

由此，债券总收益可以分解为三部分，即息票利息 Min，利滚利 $Mi(S/A, R_I, n) - Min$，资本利得 $M - P_0$（$M > P_0$）或资本损失（$M < P_0$）。

若付息频率为半年付息，则现金流如图 4-2 所示。

```
         Mi/2    Mi/2    ...    Mi/2    Mi/2+M
    ├──────┼──────┼──────┼──────┼──────┤
    0      1      2      ...   2n-1    2n
    P₀
```

图 4-2 现金流（半年付息）

每期息票利息 $Mi/2$ 作为年金，并向末期复利加总，则本利和为

$$P_0(1+R_T)^n = M + \frac{Mi}{2} + \frac{Mi}{2}\left(1+\frac{R_I}{2}\right) + \cdots + \frac{Mi}{2}\left(1+\frac{R_I}{2}\right)^{2n-1} = \frac{Mi}{2}\left(S/A, \frac{R_I}{2}, 2n\right) + M$$

可得总收益率 R_T 为

$$R_T = \left[\frac{\frac{Mi}{2}\left(S/A, \frac{R_I}{2}, 2n\right) + M}{P_0}\right]^{1/n} - 1 \tag{4-3}$$

将本利和减去债券价格（本金），则可得总收益为

$$P_0(1+R_T)^n - P_0 = \frac{Mi}{2}\left(S/A, \frac{R_I}{2}, 2n\right) + M - P_0 = Min + \frac{Mi}{2}\left(S/A, \frac{R_I}{2}, 2n\right) - Min + M - P_0$$

由此，债券总收益可以分解为三部分，即息票利息 Min，利滚利 $\frac{Mi}{2}\left(S/A, \frac{R_I}{2}, 2n\right) - Min$，资本利得 $M - P_0$（$M > P_0$）或资本损失（$M < P_0$）。

4.2.2 到期收益率

到期收益率（Yield to Maturity，YTM）是债券投资的贴现率。在无套利条件下，到期收益率是市场上类似债券的必需收益率（Required Yield）。到期收益率的计算与内部收益率一致，即使所有期限现金流入的贴现值之和等于现金流出的贴现值之和的收益率，或使投资净现值等于零的收益率。

假设投资初始期为发行期并持有到期，到期收益率为 R，按年付息，其他条件不变，每期息票利息 Mi 作为年金，并向第 0 期贴现加总，则有

$$P_0 = \frac{Mi}{(1+R)} + \frac{Mi}{(1+R)^2} + \cdots + \frac{Mi+M}{(1+R)^n} = Mi(P/A, R, n) + M(P/S, R, n) \tag{4-4}$$

将式（4-1）进行变换可得

$$P_0 = \frac{Mi(S/A, R_I, n) + M}{(1+R_T)^n} \tag{4-5}$$

对比式（4-4）和式（4-5），显然当 $R = R_I$ 时，$R = R_T$。因此，到期收益率包含两个基本假定：①投资者持有债券到期；②息票利息能够以到期收益率进行再投资。

若付息频率为半年付息，其他条件不变，每期息票利息 $Mi/2$ 作为年金，并向第 0 期贴现加总，则有

$$P_0 = \frac{Mi/2}{(1+R/2)} + \frac{Mi/2}{(1+R/2)^2} + \cdots + \frac{Mi/2+M}{(1+R/2)^{2n}} = \frac{Mi}{2}\left(P/A, \frac{R}{2}, 2n\right) + M\left(P/S, \frac{R}{2}, 2n\right)$$

假设投资初始期为发行期之后的 t 期并持有到期，到期收益率为 R，按年付息，其他条件不变，每期息票利息 Mi 作为年金，并向第 t 期贴现加总，则有

$$P_t = \frac{Mi}{(1+R)} + \frac{Mi}{(1+R)^2} + \cdots + \frac{Mi+M}{(1+R)^{n-t}} = Mi(P/A, R, n-t) + M(P/S, R, n-t)$$

第4章 货币时间价值、债券收益率与债券价格

假设投资初始期为发行期之后的 t 期并持有到期，到期收益率为 R，半年付息，其他条件不变，每期息票利息 $Mi/2$ 作为年金，并向第 t 期贴现加总，则有

$$P_t = \frac{Mi}{2}\left[P/A, \frac{R}{2}, 2(n-t)\right] + M\left[P/S, \frac{R}{2}, 2(n-t)\right]$$

4.2.3 债券价格的表达形式

1. 不考虑利率期限结构（利率期限结构水平）

假设债券面值为 M，期限为 n，发行价格为 P_0，息票率为 i，按年付息，无内嵌期权，总收益率为 R_T，再投资利率为 R_I，到期收益率为 R，则债券价格 P_0 的表达方式为：①以到期收益率 R 表示的式（4-4）；②以总收益率 R_T 和再投资利率 R_I 表示的式（4-5）。

若债券为零息债券，其他条件不变，则总收益率 R_T 与到期收益率 R 一致，债券价格 P_0 为

$$P_0 = \frac{M}{(1+R)^n} = M(P/S, R, n) \tag{4-6}$$

显然零息债券为折价债券，则零息债券的总收益为

$$P_0(1+R)^n - P_0 = M - P_0 \tag{4-7}$$

因此，零息债券总收益只包含资本利得 $M - P_0$（$M > P_0$）。

若债券为永续债券，其他条件不变，则总收益率 R_T 不确定，以到期收益率 R 表示的债券价格 P_0 为

$$P_0 = \frac{Mi}{R} \tag{4-8}$$

显然，当 $i > R$ 时，永续债券为溢价债券（$M < P_0$）；当 $i < R$ 时，永续债券为折价债券（$M > P_0$）。

2. 考虑利率期限结构

假设债券面值为 M，期限为 n，发行价格为 P_0，息票率为 i，按年付息，无内嵌期权。一年期即期利率为 R_1，两年期即期利率为 R_2，以此类推，n 年期即期利率为 R_n，则债券价格 P_0 为

$$P_0 = \frac{Mi}{(1+R_1)} + \frac{Mi}{(1+R_2)^2} + \cdots + \frac{Mi}{(1+R_n)^n} + \frac{M}{(1+R_n)^n} \tag{4-9}$$

3. 息票债券价格与零息债券价格

假设息票债券面值为 M，期限为 n，发行价格为 P_0，息票率为 i，按年付息，无内嵌期权。同时存在 $n+1$ 个零息债券：第一个零息债券面值为 Mi，期限为 1，发行价格为 P_1^0；第二个零息债券面值为 Mi，期限为 2，发行价格为 P_2^0；以此类推，第 n 个零息债券面值为 Mi，期限为 n，发行价格为 P_n^0；第 $n+1$ 个零息债券面值为 M，期限为 n，发行价格为 P_{n+1}^0。则第一个、第二个……第 n 个、第 $n+1$ 个零息债券价格分别为

$$P_1^0 = \frac{Mi}{(1+R_1)}, P_2^0 = \frac{Mi}{(1+R_2)^2}, \cdots, P_n^0 = \frac{Mi}{(1+R_n)^n}, P_{n+1}^0 = \frac{M}{(1+R_n)^n}$$

因此，息票债券价格 P_0 还可以表示为 $n+1$ 个零息债券价格之和，即

$$P_0 = P_1^0 + P_2^0 + \cdots + P_n^0 + P_{n+1}^0 \tag{4-10}$$

4.2.4 息票率与到期收益率

若债券按年付息,将式(4-4)展开可得

$$P_0 = Mi(P/A, R, n) + M(P/S, R, n) = M\frac{i}{R}\left[1 - \frac{1}{(1+R)^n}\right] + \frac{1}{(1+R)^n} \quad (4-11)$$

由式(4-11)可知:当息票率 i = 到期收益率 R 时,债券价格 P_0 = 面值 M,即平价发行;当息票率 i < 到期收益率 R 时,债券价格 P_0 < 面值 M,即折价发行;当息票率 i > 到期收益率 R 时,债券价格 P_0 > 面值 M,即溢价发行。显然,零息债券属于折价债券。

若债券半年付息,则债券价格展开可得

$$P_0 = \frac{Mi}{2}\left(P/A, \frac{R}{2}, 2n\right) + M\left(P/S, \frac{R}{2}, 2n\right) = M\frac{i}{R}\left[1 - \frac{1}{\left(1+\frac{R}{2}\right)^{2n}}\right] + \frac{1}{\left(1+\frac{R}{2}\right)^{2n}}$$

据此可知:当 $i = R$ 时,$P_0 = M$;当 $i < R$ 时,$P_0 < M$;当 $i > R$ 时,$P_0 > M$。

4.2.5 息票率与债券价格

将债券价格 P_0 对息票率 i 求一阶偏导和二阶偏导可得

$$\frac{\partial P_0}{\partial i} = \frac{M}{R}\frac{(1+R)^n - 1}{(1+R)^n} > 0, \quad \frac{\partial^2 P_0}{\partial i^2} = 0$$

在到期收益率和期限不变的条件下,债券价格与息票率的曲线斜率为大于零的常数。当息票率为零时,债券价格为 $P_0 = \frac{M}{(1+R)^n} < M$,即债券价格与息票率的曲线为向上倾斜且过点 $\left(0, \frac{M}{(1+R)^n}\right)$ 的直线,如图4-3所示。

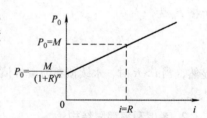

图4-3 息票率与债券价格

4.2.6 债券价格收益曲线

息票债券价格 P_0 可以表示为 $n+1$ 个零息债券价格之和。假定利率期限结构是水平的,则第一个、第二个…第 n 个、第 $n+1$ 个零息债券价格分别为

$$P_1^0 = \frac{Mi}{(1+R)}, P_2^0 = \frac{Mi}{(1+R)^2}, \cdots, P_n^0 = \frac{Mi}{(1+R)^n}, P_{n+1}^0 = \frac{M}{(1+R)^n}$$

将第一个、第二个…第 n 个、第 $n+1$ 个零息债券价格分别对到期收益率 R 求一阶偏导可得

$$\frac{\partial P_1^0}{\partial R} = -\frac{Mi}{(1+R)^2} = -\frac{1}{(1+R)}\left[\frac{Mi}{(1+R)}\right] = -\frac{1}{(1+R)}P_1^0 < 0$$

$$\frac{\partial P_2^0}{\partial R} = -\frac{2Mi}{(1+R)^3} = -\frac{1}{(1+R)}\left[\frac{2Mi}{(1+R)^2}\right] = -\frac{1}{(1+R)}2P_2^0 < 0$$

$$\vdots$$

$$\frac{\partial P_n^0}{\partial R} = -\frac{nMi}{(1+R)^{n+1}} = -\frac{1}{(1+R)}\left[\frac{n(Mi+M)}{(1+R)^n}\right] = -\frac{1}{(1+R)}nP_n^0 < 0$$

$$\frac{\partial P_{n+1}^0}{\partial R} = -\frac{nM}{(1+R)^{n+1}} = -\frac{1}{(1+R)}\left[\frac{nM}{(1+R)^n}\right] = -\frac{1}{(1+R)}nP_{n+1}^0 < 0$$

将第一个、第二个…第 n 个、第 $n+1$ 个零息债券价格分别对到期收益率 R 求二阶偏导可得

$$\frac{\partial^2 P_1^0}{\partial R^2} = \frac{2Mi}{(1+R)^3} = \frac{1}{(1+R)^2}\left[\frac{2Mi}{(1+R)}\right] = \frac{1}{(1+R)^2}2P_1^0 > 0$$

$$\frac{\partial^2 P_2^0}{\partial R^2} = \frac{2 \cdot 3Mi}{(1+R)^4} = \frac{1}{(1+R)^2}\left[\frac{2 \cdot 3Mi}{(1+R)^2}\right] = \frac{1}{(1+R)^2}2 \cdot 3P_2^0 > 0$$

$$\vdots$$

$$\frac{\partial^2 P_n^0}{\partial R^2} = \frac{n(n+1)Mi}{(1+R)^{n+2}} = \frac{1}{(1+R)^2}\left[\frac{n(n+1)Mi}{(1+R)^n}\right] = \frac{1}{(1+R)^2}n(n+1)P_n^0 > 0$$

$$\frac{\partial^2 P_{n+1}^0}{\partial R^2} = \frac{n(n+1)M}{(1+R)^{n+2}} = \frac{1}{(1+R)^2}\left[\frac{n(n+1)M}{(1+R)^n}\right] = \frac{1}{(1+R)^2}n(n+1)P_{n+1}^0 > 0$$

将债券价格 P_0 对到期收益率 R 求一阶偏导和二阶偏导可得

$$\frac{\partial P_0}{\partial R} = \frac{\partial P_1^0}{\partial R} + \frac{\partial P_2^0}{\partial R} + \cdots + \frac{\partial P_n^0}{\partial R} + \frac{\partial P_{n+1}^0}{\partial R}$$

$$= -\frac{1}{(1+R)}P_1^0 - \frac{1}{(1+R)}2P_2^0 - \cdots - \frac{1}{(1+R)}nP_n^0 - \frac{1}{(1+R)}nP_{n+1}^0$$

$$= -\frac{1}{(1+R)}(P_1^0 + 2P_2^0 + \cdots + nP_n^0 + nP_{n+1}^0)$$

$$= -\frac{1}{(1+R)}\left(\sum_{t=1}^n tP_t^0 + nP_{n+1}^0\right) < 0 \tag{4-12}$$

$$\frac{\partial^2 P_0}{\partial R^2} = \frac{\partial^2 P_1^0}{\partial R^2} + \frac{\partial^2 P_2^0}{\partial R^2} + \cdots + \frac{\partial^2 P_n^0}{\partial R^2} + \frac{\partial^2 P_{n+1}^0}{\partial R^2}$$

$$= \frac{1}{(1+R)^2}2P_1^0 + \frac{1}{(1+R)^2}2 \cdot 3P_2^0 + \cdots + \frac{1}{(1+R)^2}n(n+1)P_n^0 + \frac{1}{(1+R)^2}n(n+1)P_{n+1}^0$$

$$= \frac{1}{(1+R)^2}[2P_1^0 + 2 \cdot 3P_2^0 + \cdots + n(n+1)P_n^0 + n(n+1)P_{n+1}^0]$$

$$= \frac{1}{(1+R)^2}\left[\sum_{t=1}^n t(t+1)P_t^0 + n(n+1)P_{n+1}^0\right] > 0 \tag{4-13}$$

因此，在息票率和期限不变的条件下，债券价格与到期收益率的关系（即债券价格收益曲线）为向下倾斜且负斜率越来越大的曲线，如图 4-4 所示。

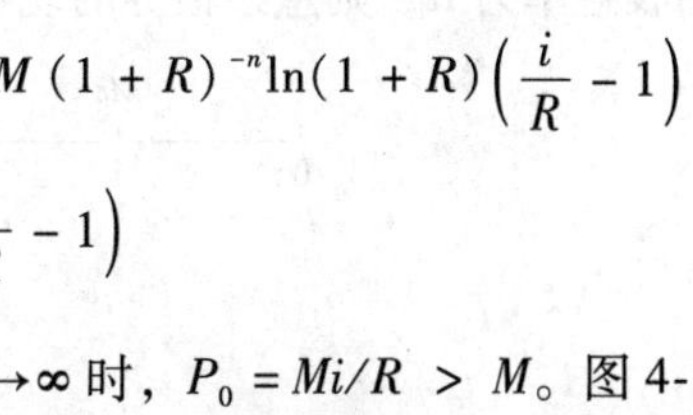

图 4-4 债券价格收益曲线

4.2.7 债券价格时间路径

将债券价格 P_0 对期限 n 求一阶偏导和二阶偏导可得

$$\frac{\partial P}{\partial n} = M\frac{i}{R}(1+R)^{-n}\ln(1+R) - M(1+R)^{-n}\ln(1+R) = M(1+R)^{-n}\ln(1+R)\left(\frac{i}{R}-1\right)$$

$$\frac{\partial^2 P}{\partial n^2} = -M(1+R)^{-n}\ln^2(1+R)\left(\frac{i}{R}-1\right)$$

当 $i > R$ 时，$\frac{\partial P}{\partial n} > 0$ 且 $\frac{\partial^2 P}{\partial n^2} < 0$；当 $n = 0$ 时，$P_0 = M$；当 $n \to \infty$ 时，$P_0 = Mi/R > M$。图 4-5 给出了溢价债券价格时间路径。图 4-5a 给出了溢价债券价格 P_0 与到期期限 n 的关系，图 4-5b 给出了溢价债券价格 P_0 与剩余期限的关系。溢价债券价格时间路径表明：到期期限越长，溢

价债券价格越高；剩余期限越短，溢价债券价格越低；在到期日，溢价债券价格最低，为面值。

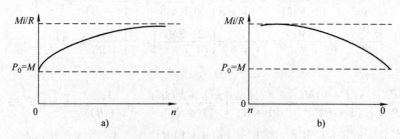

图 4-5　溢价债券价格时间路径
a）到期期限　b）剩余期限

当 $i < R$ 时，$\frac{\partial P}{\partial n} < 0$ 且 $\frac{\partial^2 P}{\partial n^2} > 0$；当 $n = 0$ 时，$P_0 = M$；当 $n \to \infty$ 时，$P_0 = Mi/R < M$。图 4-6 给出了折价债券价格时间路径。图 4-6a 给出了折价债券价格 P_0 与到期期限 n 的关系，图 4-6b 给出了折价债券价格 P_0 与剩余期限的关系。折价债券价格时间路径表明：到期期限越长，折价债券价格越低；剩余期限越短，折价债券价格越高；在到期日，折价债券价格最高，为面值。

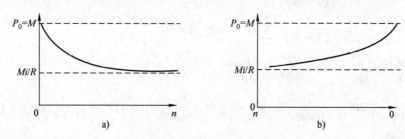

图 4-6　折价债券价格时间路径
a）到期期限　b）剩余期限

4.3　应计利息与债券价格

4.3.1　两个息票日之间的债券价格

假设债券面值为 M，期限为 n，发行价格为 P_0，息票率为 i，按年付息，无内嵌期权，到期收益率为 R，则息票债券的现金流如图 4-7 所示。

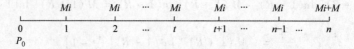

图 4-7　现金流（按年付息）

设息票日 t 期债券价格为 P_t，息票日 $t+1$ 期债券价格为 P_{t+1}，则 P_t 为

$$P_t = Mi(P/A, R, n-t) + M(P/S, R, n-t)$$

P_{t+1} 为

$$P_{t+1} = Mi(P/A, R, n-t-1) + M(P/S, R, n-t-1)$$

则 P_t 与 P_{t+1} 之间的关系为

$$P_t = \frac{P_{t+1} + Mi}{1 + R} \tag{4-14}$$

这意味着 P_t 没有包含 t 期的息票利息，P_{t+1} 也没有包含 $t+1$ 期的息票利息，即息票日对应的债券价格为不含息票利息的净价（Clean Price）。

更通常的情形是连续两个息票日之间的债券价格。设连续两个息票日 t 和 $t+1$ 之间的时间点为 t_ω，则现金流如图 4-8 所示。

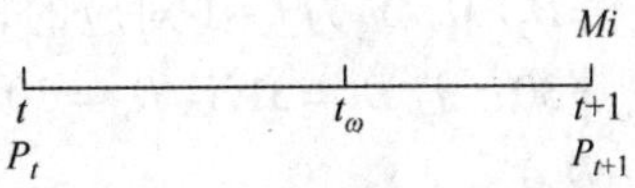

设 t_ω 期债券价格为 $P_{t\omega}$，t_ω 与 $t+1$ 之间的时间距离为 ω，t 与 t_ω 之间的时间距离为 $1-\omega$，显然 $0 \le \omega \le 1$，则 $P_{t\omega}$ 为

图 4-8 连续两个息票日之间的现金流

$$P_{t\omega} = \frac{P_{t+1} + Mi}{(1+R)^\omega} \approx \frac{P_{t+1} + Mi}{1 + \omega R} \tag{4-15}$$

显然 $P_t \le P_{t\omega} \le P_{t+1} + Mi$，当 $\omega = 0$ 时，$P_{t\omega} = P_{t+1} + Mi$，即连续两个息票日之间的债券价格为含息票利息的全价（Dirty Price）。

4.3.2 计日方法

连续两个息票日之间的债券价格取决于 ω 的大小。设 t_ω 与 $t+1$ 之间的时间距离 ω 为

$$\omega = \frac{D(t_\omega, t+1)}{D(t, t+1)}$$

式中，$D(t_\omega, t+1)$ 为 t_ω 与 $t+1$ 之间的天数；$D(t, t+1)$ 为 t 与 $t+1$ 之间的天数。

那么，如何确定 $D(t_\omega, t+1)$ 和 $D(t, t+1)$ 的具体天数呢？通常采用计日方法进行约定。依据债券种类，有以下五种计日方法：

1. 实际天数/实际天数

$D(t_\omega, t+1)$ 和 $D(t, t+1)$ 均为实际天数。

假定债券半年付息，t 对应付息日为 3 月 1 日，$t+1$ 对应付息日为 9 月 1 日，t_ω 对应交易日（清算日）为 7 月 17 日。则 $D(t_\omega, t+1)$ 实际天数为 $(9-7) \times 30 + (1-17) + 2 = 46$，$D(t, t+1)$ 实际天数为 $(9-3) \times 30 + (1-1) + 4 = 184$，$\omega = \frac{D(t_\omega, t+1)}{D(t, t+1)} = 46/184 = 0.25$。

2. 实际天数/365

$D(t_\omega, t+1)$ 为实际天数，$D(t, t+1)$ 为 365（按年付息）、365/2（半年付息）或 365/4（季度付息）。

假定债券半年付息，t 对应付息日为 3 月 1 日，$t+1$ 对应付息日为 9 月 1 日，t_ω 对应交易日（清算日）为 7 月 17 日。则 $D(t_\omega, t+1)$ 实际天数为 $(9-7) \times 30 + (1-17) + 2 = 46$，$D(t, t+1)$ 实际天数为 365/2，$\omega = \frac{D(t_\omega, t+1)}{D(t, t+1)} = 46/(365/2) = 0.252$。

3. 实际天数/360

$D(t_\omega, t+1)$ 为实际天数，$D(t, t+1)$ 为 360（按年付息）、360/2（半年付息）或 360/4（季

度付息）。

假定债券半年付息，t 对应付息日为 3 月 1 日，$t+1$ 对应付息日为 9 月 1 日，t_ω 对应交易日（清算日）为 7 月 17 日。则 $D(t_\omega, t+1)$ 实际天数为 $(9-7) \times 30 + (1-17) + 2 = 46$，$D(t,t+1)$ 实际天数为 $360/2$，$\omega = \dfrac{D(t_\omega,t+1)}{D(t,t+1)} = 46/(360/2) = 0.256$。

4. 30/360

$D(t,t+1)$ 为 360（按年付息）、360/2（半年付息）或 360/4（季度付息）。对 $D(t_\omega, t+1)$：设 $D_2/M_2/Y_2$ 为 $t+1$ 对应的日、月、年，$D_\omega/M_\omega/Y_\omega$ 为 t_ω 对应的日、月、年。若 $D_\omega = 31$，则 $D_\omega = 30$；若 $D_2 = 31$ 且 $D_\omega = 30/31$，则 $D_2 = 30$。$D(t_\omega,t+1) = 360(Y_2 - Y_\omega) + 30(M_2 - M_\omega) + (D_2 - D_\omega)$。

假定债券半年付息，t 对应付息日为 3 月 1 日，$t+1$ 对应付息日为 9 月 1 日，t_ω 对应交易日（清算日）为 7 月 17 日。由于 t_ω 的 D_ω 不涉及 30/31，因而与实际天数/360 一致。则 $D(t_\omega, t+1)$ 实际天数为 $(9-7) \times 30 + (1-17) = 44$，$D(t,t+1)$ 实际天数为 $360/2$，$\omega = \dfrac{D(t_\omega,t+1)}{D(t,t+1)} = 44/(360/2) = 0.244$。若 t_ω 对应交易日（清算日）为 7 月 31 日，则 $D(t_\omega, t+1)$ 实际天数为 $(9-7) \times 30 + (1-30) = 31$，$\omega = \dfrac{D(t_\omega,t+1)}{D(t,t+1)} = 31/(360/2) = 0.172$。

假定 t 对应付息日为 4 月 30 日，$t+1$ 对应付息日为 10 月 31 日，t_ω 对应交易日（清算日）为 7 月 17 日。则 $D(t_\omega, t+1)$ 实际天数为 $(10-7) \times 30 + (31-17) = 104$，$\omega = \dfrac{D(t_\omega,t+1)}{D(t,t+1)} = 104/(360/2) = 0.578$。若 t_ω 对应交易日（清算日）为 7 月 31 日，则 $D(t_\omega, t+1)$ 实际天数为 $(10-7) \times 30 + (30-30) = 90$，$\omega = \dfrac{D(t_\omega,t+1)}{D(t,t+1)} = 90/(360/2) = 0.5$。

5. 30E/360

$D(t,t+1)$ 为 360（按年付息）、360/2（半年付息）或 360/4（季度付息）。对 $D(t_\omega, t+1)$：若 $D_\omega = 31$，则 $D_\omega = 30$；若 $D_2 = 31$，则 $D_2 = 30$。$D(t_\omega,t+1) = 360(Y_2 - Y_\omega) + 30(M_2 - M_\omega) + (D_2 - D_\omega)$。

假定 t 对应付息日为 4 月 30 日，$t+1$ 对应付息日为 10 月 31 日，t_ω 对应交易日（清算日）为 7 月 17 日。则 $D(t_\omega, t+1)$ 实际天数为 $(10-7) \times 30 + (30-17) = 103$，$\omega = \dfrac{D(t_\omega,t+1)}{D(t,t+1)} = 103/(360/2) = 0.572$。若 t_ω 对应交易日（清算日）为 7 月 31 日，则 $D(t_\omega, t+1)$ 实际天数为 $(10-7) \times 30 + (30-30) = 90$，$\omega = \dfrac{D(t_\omega,t+1)}{D(t,t+1)} = 90/(360/2) = 0.5$。

计日方法惯例：2007 年 12 月 1 日之前，我国银行间债券市场计日方法为"实际天数/365"，12 月 1 日之后为"实际天数/实际天数"（算头不算尾）；我国柜台市场的计日方法为"实际天数/365"；美国国债、加拿大国债、澳大利亚国债的计日方法为"实际天数/实际天数"；美国公司债券、市政债券和联邦机构债券计日方法为"30/360"；欧洲国债计日方法为"30E/360"；英国国债计日方法为"实际天数/365"。

举例

2020 年 3 月 1 日，A 公司发行六年期公司债券，2026 年 3 月 1 日到期，面值为 1000 元，息票率为10%，半年付息，计日方法为30/360，到期收益率为6.5%。假定投资者欲购买该公司债券，交易日（清算日）为2020年7月17日，求该债券的交易价格（清算价格）。

解：该债券的现金流如图4-9所示，t对应付息日为2020年3月1日，$t+1$对应付息日为2020年9月1日，t_ω对应交易日（清算日）为2020年7月17日。则$D(t_\omega, t+1)$实际天数为$(9-7) \times 30 + (1-17) = 44$，$D(t, t+1)$实际天数为360/2，$\omega = \dfrac{D(t_\omega, t+1)}{D(t, t+1)} = 44/(360/2) = 0.2444$。从2021年3月1日至2026年3月1日付息次数为11次，则P_{t+1}为

$$P_{t+1} = \frac{1000 \text{元} \times 10\%}{2} \left(P/A, \frac{6.5\%}{2}, 11\right) + 1000 \text{元} \times \left(P/S, \frac{6.5\%}{2}, 11\right) = 1545.36 \text{元}$$

债券的交易价格（清算价格）$P_{t\omega}$为

$$P_{t\omega} = \frac{P_{t+1} + Mi/2}{(1+R/2)^\omega} = \frac{1545.36 \text{元} + 1000 \text{元} \times 10\%/2}{(1+6.5\%/2)^{0.2444}}$$

$$\approx \frac{1545.36 \text{元} + 1000 \text{元} \times 10\%/2}{1 + 0.2444 \times 6.5\%/2} = 1572.79 \text{元}$$

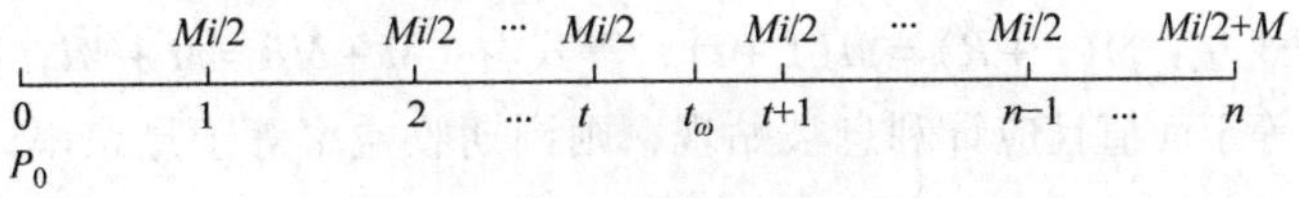

图4-9 该债券的现金流

4.3.3 应计利息

应计利息（Accrued Interest，AI）是指付息日t至交易日（清算日）t_ω期间的息票利息，是卖方应当获得一部分$t+1$期支付的息票利息。t_ω时点投资的买方至$t+1$期持有债券的期限只有ω期，卖方持有债券的期限则为$1-\omega$期，但$t+1$期发行人却将计息期内的息票利息全部支付给买方，因此买方应当将多获得的$1-\omega$期的息票利息补偿给卖方。显然，应计利息为

$$AI = Mi \times \frac{D(t, t_\omega)}{D(t, t+1)} = Mi \times \frac{D(t, t+1) - D(t_\omega, t_2)}{D(t, t+1)} = Mi(1-\omega) \qquad (4-16)$$

举例

4.3.2中的举例，交易日（清算日）t_ω的应计利息为

$$AI = \frac{Mi}{2}(1-\omega) = \frac{1000 \text{元} \times 10\%}{2}(1 - 0.2444) = 37.78 \text{元}$$

4.3.4 债券全价与净价

债券全价是指包含应计利息的债券价格，债券净价是指不包含应计利息的债券价格。以债券全价进行的投资为含息交易（Cum-coupon），以债券净价进行的投资为除息交易（Ex-coupon）。债券全价等于债券净价与应计利息之和，由于债券报价为债券净价，因此若选择含息交易，则投资者在支付债券报价之外，还需要额外支付应计利息，若选择除息交易，则投资者只需支付债券报价。

连续两个息票日t和$t+1$之间的现金流如图4-10所示。

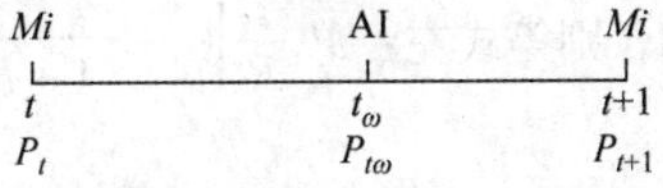

t和$t+1$期的息票日点上的债券价格不包含当期的

图4-10 连续两个息票日之间的现金流

息票利息,因而息票日点上的债券价格为净价,t_ω 期的连续两个息票日之间的债券价格包含了应计利息,因而连续两个息票日之间的债券价格 $P_{t\omega}$ 为全价,实际报价为全价 $P_{t\omega}$ 减去应计利息。

定理:若息票日点上的债券报价等于面值,则债券到期收益率等于息票率;若连续两个息票日之间的债券报价等于面值,且应计利息被贴现,则债券到期收益率等于息票率;若连续两个息票日之间的债券报价等于面值,且应计利息不被贴现,则债券到期收益率小于息票率。

(1)若连续两个息票日之间的债券报价等于面值,且应计利息被贴现,则

$$P_{t\omega} - \frac{AI}{1+R\omega} = M \Rightarrow \frac{P_{t+1} + Mi}{1+R\omega} - \frac{AI}{1+R\omega} = M$$

$$\Rightarrow \frac{\frac{Mi}{R}\left[1 - \frac{1}{(1+R)^{n-t-1}}\right] + \frac{M}{(1+R)^{n-t-1}} + Mi}{1+R\omega} - \frac{Mi(1-\omega)}{1+R\omega} = M$$

$$\Rightarrow M\frac{i}{R}\left[1 - \frac{1}{(1+R)^{n-t-1}}\right] + \frac{M}{(1+R)^{n-t-1}} + Mi = M(1+R\omega) + Mi(1-\omega)$$

若 $i=R$,则等式左:$M(1+R) = M(1+i)$,等式右:$M+MR = M+Mi$,显然,无论 ω 为多少,只要债券报价等于面值且应计利息被贴现,则到期收益率等于息票率;若 $i>R$,则等式左:$M\frac{i}{R}\left[1 - \frac{1}{(1+R)^{n-t-1}}\right] + \frac{M}{(1+R)^{n-t-1}} + Mi > M(1+i)$,因而等式右满足:$M(1+R\omega) + Mi(1-\omega) > M(1+i)$,可得 $i<R$,显然矛盾;若 $i<R$,则等式左:$M\frac{i}{R}\left[1 - \frac{1}{(1+R)^{n-t-1}}\right] + \frac{M}{(1+R)^{n-t-1}} + Mi < M(1+i)$,因而等式右满足:$M(1+R\omega) + Mi(1-\omega) < M(1+i)$,可得 $i>R$,显然矛盾。

(2)若连续两个息票日之间的债券报价等于面值,且应计利息不贴现,则

$$P_{t\omega} - AI = M \Rightarrow \frac{P_{t+1} + Mi}{1+R\omega} - AI = M$$

$$\Rightarrow \frac{\frac{Mi}{R}\left[1 - \frac{1}{(1+R)^{n-t-1}}\right] + \frac{M}{(1+R)^{n-t-1}} + Mi}{1+R\omega} - Mi(1-\omega) = M$$

$$\Rightarrow M\frac{i}{R}\left[1 - \frac{1}{(1+R)^{n-t-1}}\right] + \frac{M}{(1+R)^{n-t-1}} + Mi = M(1+R\omega) + Mi(1-\omega)(1+R\omega)$$

若 $i=R$,则等式左:$M(1+i)$,等式右:$M(1+i\omega)[1+i-i\omega]$,可得 $Mi^2\omega(1-\omega) = 0$,显然,只有当 $\omega=0$ 或 1 时,即在息票日点上的债券报价等于面值时,到期收益率等于息票率;若 $i<R$,则等式左:$M\frac{i}{R}\left[1 - \frac{1}{(1+R)^{n-t-1}}\right] + \frac{M}{(1+R)^{n-t-1}} + Mi < M(1+i)$,因而等式右满足:$M(1+R\omega) + MR(1-\omega) < M(1+i) < M(1+R)$,可得 $R < \frac{i}{1+i-i\omega} < i$,显然与 $i<R$ 矛盾;若 $i>R$,则等式左:$M\frac{i}{R}\left[1 - \frac{1}{(1+R)^{n-t-1}}\right] + \frac{M}{(1+R)^{n-t-1}} + Mi > M(1+i)$,因而等式右满足:$M(1+R\omega) + MR(1-\omega) > M(1+i)$,可得 $\frac{i}{1+i-i\omega} < R < i$,显然成立。因此,若连续两个息票

日之间的债券报价等于面值,且应计利息不被贴现,则债券到期收益率小于息票率。

由于 $P_t \leq P_{t\omega} \leq P_{t+1} + Mi$,且当 $\omega = 0$ 时,$P_{t\omega} = P_t + Mi$,因此图4-6所给出的债券价格时间路径为债券净价的时间路径,而债券全价的时间路径在任意连续两个息票日之间则是先上升后下降的过程,如图4-11所示。

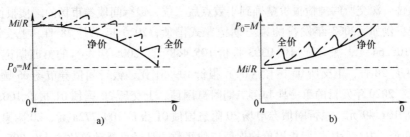

图 4-11　债券全价与净价
a)溢价债券　b)折价债券

4.3.5　债券价格报价方式

不同债券面值不同,为便于比较,债券报价通常采用面值的百分比来表示,因而债券的实际价格为债券报价×(债券面值/100)。美债报价通常以1/8和1/32表示,最小变动单位为1/8和1/32的1/2、1/4或1/8。面值越大的债券,价格变动单位越小。例如面值为1000的债券,采用1/32报价,债券报价为99:20或99-20,则债券以面值百分比报价为99+20/32=99.625,债券实际价格为(99+20/32)×(1000/100)=996.25;面值为5000的债券,采用1/32报价,债券报价为110:27或110-27,则债券以面值百分比报价为110+27/32=110.84375,债券实际价格为(110+27/32)×(5000/100)=5542.1875;面值1000的债券,采用1/8报价,债券报价为97:04或97-04,则债券以面值百分比报价为97+4/8=97.5,债券实际价格为(97+4/8)×(1000/100)=975。

对于美债期货:CBOT 两年期国债期货最小变动单位为1/32的1/8(0.0039063);CBOT 五年期国债期货最小变动单位为1/32的1/4(0.0078125);CBOT 十年期国债期货最小变动单位为1/32的1/2(0.015625);CBOT 30年期国债期货最小变动单位为1/32(0.03125)。由于小数点后的最后两位均为25,因此就涉及25的整数倍问题。例如,十年国债期货2006的报价为138.703125,0.703125/0.015625×1/2=22.5,则报价方式可以写成138-225,其中138为报价整数部分,22为小数点后面的前两位,表示22个1/32,5为小数点后面的第三位,表示1/32的1/2。通常,小数点后面的第三位为0、2、5、7,分别表示1/32的0、1/4、1/2、3/4。因此,报价138-225的十年国债期货的实际价格为(138+22×1/32+1×1/32×1/2)×(100000/100)。

问题

(1) 两年期国债期货2006的报价为110.1640630,则报价方式可以写成什么?(答案:110-052)

(2) 五年期国债期货2006的报价方式为125-075,则具体报价为多少?(答案:125.234375)

(3) 十年期国债期货2006的报价为180.59375,则报价方式可以写成什么?(答案:

180 – 190)

(4) 若投资者买入 CBOT30 年期国债期货，成交价为 98 – 175，然后以 97 – 020 的价格卖出平仓，则亏损多少？（答案：1484.38）

国内债券报价相对简单，即实际债券价格。上交所（固定收益平台）的国债报价精确到小数点后两位，深交所的国债报价精确到小数点后三位，银行间债券市场的国债报价精确到小数点后四位。例如：2003 年发行的第三期记账式国债，2020 年 4 月 28 日，上交所 03 国债（03）报价 105.64 元，深交所国债 0303 报价 105.448 元；2005 年发行的第四期记账式国债，在 2020 年 4 月 28 日，上交所 05 国债（04）报价 109.51 元，银行间债券市场 05 国债 04 报价 110.7208 元；2020 年发行的第一期和第二期附息国债，上交所 20 国债 01 报价 100.95 元，20 国债 02 报价 101.49 元，银行间债券市场 20 附息国债 01 报价 100.7724 元，20 附息国债 02 报价 101.5107 元。中金所国债期货报价均保留三位小数，且最小浮动单位均为 0.005。

4.3.6 转换因子

可交割国债的转换因子计算公式如下：

$$CF = \frac{1}{\left(1+\frac{r}{f}\right)^{\frac{xf}{12}}} \times \left[\frac{c}{f} + \frac{c}{r} + \left(1 - \frac{c}{r}\right) \times \frac{1}{\left(1+\frac{r}{f}\right)^{n-1}}\right] - \frac{c}{f} \times \left(1 - \frac{xf}{12}\right)$$

式中，CF 为转换因子；r 为国债期货合约票面利率（中金所公布利率为 3%）；x 为交割月到下一付息月的月份数；n 为剩余付息次数；c 为可交割国债的票面利率；f 为可交割国债每年的付息次数。

应计利息的日计数基准为"实际天数/实际天数"，每 100 元可交割国债的应计利息计算公式如下：

$$应计利息 = \frac{可交割国债票面利率 \times 100}{每年付息次数} \times \frac{第二交割日 - 上一付息日}{当前付息周期实际天数}$$

在国债期货转换因子制度下，每支可交割债券都有其相应的转换因子。若给定国债期货转换因子，则可计算该可交割债券的交割价格，即可交割国债的交割价格 = 期货价格 × 国债期货转换因子 + 应计利息。

问题

（1）五年期国债期货 TF2009 的一揽子可交割债券中，银行间债券市场上市交易的 19 附息国债 13 是可交割国债（190013.IB），该债券交割月为 9 月 16 日，每年的 10 月 17 日和 4 月 17 日付息，到期日为 2025 年 9 月 15 日，票面利率为 2.94%。已知五年期国债期货合约票面利率为 3%。问：190013.IB 的转换因子为多少？（答案：0.9977）

（2）五年期国债期货 TF2103 的一揽子可交割债券中，上交所上市交易的 2020 年记账式附息（五期）国债是可交割国债（019631.SH），该债券交割月到下一付息月的月份数为 1，票面利率为 1.99%，按年付息，剩余付息次数为 4。已知五年期国债期货合约票面利率为 3%。问：019631.SH 的转换因子为多少？（答案：0.9617）

（3）表 4-1 给出了五年期国债期货 TF2103 部分可交割债券及其转换因子。找出最新交易的五年期国债期货的至少五个可交割上市国债（银行间、上交所或深交所），依据国债期货合约票面利率（中金所公布）、交割月到下一付息月的月份数、剩余付息次数、可交割国债的票面利率、可交割国债年付息次数，试计算每种可交割国债的转换因子，并绘制表格（见表4-1）。

表4-1 TF2103部分可交割债券及其转换因子

债券全称	代码			CF	票面利率	到期日
	银行间	上交所	深交所			
2020年记账式附息（五期）国债	200005.IB	019631.SH	102005.SZ	0.9617	1.9900%	2025-04-09
2018年记账式附息（十三期）国债	180013.IB	019595.SH	101813.SZ	1.0239	3.6100%	2025-06-07
2018年记账式附息（二十期）国债	180020.IB	019602.SH	101820.SZ	1.0248	3.6000%	2025-09-06
2018年记账式附息（二十八期）国债	180028.IB	019610.SH	101828.SZ	1.0095	3.2200%	2025-12-06
2020年抗疫特别国债（一期）	200001.IB	019635.SH	102061.SZ	0.9767	2.4100%	2025-06-19

4.4 短期债券收益率与价格

4.4.1 持有期收益率

假设短期债券面值为 M，期限为 $n \leq 1$，发行价格为 P_0，息票率为0。

持有期收益率（Holding Period Yield，HPY）是以单利方式计算的债券持有期内的资本利得与息票利息之和与债券发行价格的比值。则有

$$\text{HPY} = \frac{M - P_0}{P_0} \tag{4-17}$$

持有期收益率仅衡量短期债券的名义收益率，没有考虑债券期限和时间价值，因而并非实际收益率。

4.4.2 等价年收益率

等价年收益率（Equivalent Annual Yield，EAY）是将持有期收益率按复利方式转换成以年（365天）为单位的实际利率或有效年收益率（Effective Annual Yield）。则有

$$\text{EAY} = (1 + \text{HPY})^{365/n} - 1 \tag{4-18}$$

有效年收益率既考虑了债券期限，又考虑了货币时间价值，因而可以衡量短期债券的实际收益。

4.4.3 银行贴现收益率

银行贴现收益率（Bank Discount Yield，BDY）是以面值为基础的短期债券尤其是短期票据和贴现债券的报价方式。由贴现率公式可得

$$M - M \times \text{BDY} \frac{n}{360} = P_0$$

$$\Rightarrow \text{BDY} = \frac{M - P_0}{M} \frac{360}{n} \tag{4-19}$$

银行贴现收益率考虑了债券期限，但没有考虑时间价值且以面值为基础，因而等同于短期债券的名义息票率。

4.4.4 货币市场收益率

货币市场收益率（Money Market Yield，MMY）是以债券价格为基础的短期债券贴现率。则有

$$\text{MMY} = \frac{M - P_0}{P_0} \frac{360}{n} \quad (4\text{-}20)$$

银行贴现收益率考虑了债券期限且以债券价格为基础，但没有考虑时间价值。

综合短期债券的四种收益率，BDY 与 MMY 的关系为 $\text{MMY} = \frac{360 \times \text{BDY}}{360 - \text{BDY} \times n}$；MMY 与 HPY 的关系为 $\text{HPY} = \frac{n}{360}\text{MMY}$。因此不需要给出债券面值和价格，由报价给出的 BDY 就能得出 EAY，顺序为 BDY⇒MMY⇒HPY⇒EAY。

问题

（1）期限为 150 天的短期债券的等价年收益率为 5.04%，则该短期债券的持有期收益率和货币市场收益率分别为多少？（答案：HPY 为 2.04%，MMY 为 4.90%）

（2）期限为 110 天的短期债券的持有期收益率为 1.9%，则该短期债券的等价年收益率和货币市场收益率为多少？（答案：EAY 为 6.44%，MMY 为 6.22%）

（3）剩余期限为 45 天的短期债券面值为 1 000 000 元，售价为 987 000 元，则该短期债券的银行贴现收益率为多少？（答案：BDY 为 10.4%）

4.5 投资组合收益率

4.5.1 投资组合加权平均收益率

债券投资组合收益率的衡量有两种方法：①加权平均方法，即依据投资组合中单个债券收益率和相应权重计算的加权平均收益率，权重为单个债券市值/投资组合市值；②净现值方法，即使得投资组合未来各期现金流贴现值与投资组合初始值相等的内部收益率。

举例

假设投资组合包含三种债券：债券 A，面值为 10 000 元，息票率为 7%，期限为五年，发行价为 9209 元；债券 B，面值为 20 000 元，息票率为 10.5%，期限为七年，发行价 20 000 元；债券 C，面值为 30 000 元，息票率为 6%，期限为三年，发行价为 28 050 元。求该投资组合的加权平均收益率。

解：首先分别求三种债券的到期收益率 R_A、R_B、R_C。

债券 A 到期收益率 R_A 满足：

$$9209 \text{ 元} = \frac{10\,000 \text{ 元} \times 7\%}{2}\left(P/A, \frac{R_A}{2}, 10\right) + 10\,000 \text{ 元} \times \left(P/S, \frac{R_A}{2}, 10\right) \Rightarrow R_A = 9\%$$

债券 B 到期收益率 R_B 满足：

$$20\,000 \text{ 元} = \frac{20\,000 \text{ 元} \times 10.5\%}{2}\left(P/A, \frac{R_B}{2}, 14\right) + 20\,000 \text{ 元} \times \left(P/S, \frac{R_B}{2}, 14\right) \Rightarrow R_B = 10.5\%$$

第4章 货币时间价值、债券收益率与债券价格

债券C到期收益率 R_C 满足：

$$28\,050 \text{元} = \frac{30\,000 \text{元} \times 6\%}{2}\left(P/A, \frac{R_C}{2}, 6\right) + 30\,000 \text{元} \times \left(P/S, \frac{R_C}{2}, 6\right) \Rightarrow R_C = 8.5\%$$

其次分别求三种债券的到期收益率的权重 W_A、W_B、W_C。

债券A到期收益率的权重 W_A 为：

$$W_A = \frac{9209 \text{元}}{9209 \text{元} + 20\,000 \text{元} + 28\,050 \text{元}} = 0.161$$

债券B到期收益率 W_B 满足：

$$W_B = \frac{20\,000 \text{元}}{9209 \text{元} + 20\,000 \text{元} + 28\,050 \text{元}} = 0.349$$

债券C到期收益率 W_C 满足：

$$W_C = \frac{28\,050 \text{元}}{9209 \text{元} + 20\,000 \text{元} + 28\,050 \text{元}} = 0.49$$

最后求该投资组合的加权平均收益率 R_I。

$$R_I = 0.161 \times 9\% + 0.349 \times 10.5\% + 0.49 \times 8.5\% = 9.28\%$$

4.5.2 投资组合内部收益率

投资组合加权平均收益率虽然考虑了单个债券现金流的时间价值，但并没有考虑投资组合整体现金流的时间价值，可以采用净现值的方法来计算投资组合内部收益率。

举例

题干信息与4.5.1中的"举例"一致。求该投资组合的内部收益率。

解：首先画出该投资组合的现金流图（见图4-12）。

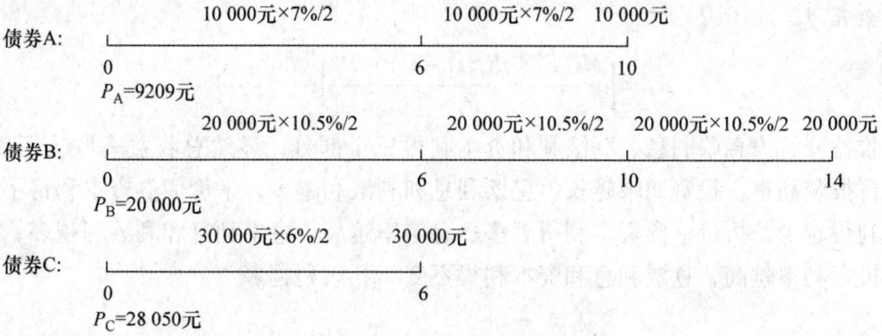

图4-12 该投资组合的现金流

其次按照净现值方法，内部收益率 R 应该满足使得投资组合未来各期现金流贴现值与投资组合初始值相等，即有

$$9209 \text{元} + 20\,000 \text{元} + 28\,050 \text{元} = (350 \text{元} + 1050 \text{元} + 900 \text{元})\left(P/A, \frac{R}{2}, 6\right) + (350 \text{元} + 1050 \text{元})$$

$$\left(P/A, \frac{R}{2}, 4\right)\left(P/S, \frac{R}{2}, 6\right) + 1050 \text{元} \times \left(P/A, \frac{R}{2}, 4\right)\left(P/S, \frac{R}{2}, 10\right) +$$

$$10\,000 \text{元} \times \left(P/S, \frac{R}{2}, 10\right) + 20\,000 \text{元} \times \left(P/S, \frac{R}{2}, 14\right) + 30\,000 \text{元} \times \left(P/S, \frac{R}{2}, 6\right)$$

$$\Rightarrow R = 9.54\%$$

4.6 总收益率

4.6.1 税前总收益率

假设债券面值为 M，期限为 n，发行价格为 P_0，息票率为 i，按年付息，无内嵌期权，总收益率为 R_T，再投资利率为 R_I。

情形一：若持有期满，即投资期限为 $[0, n]$，则投资现金流如图 4-13 所示。

图 4-13 投资现金流（持有期满）

则总收益率 R_T 为

$$R_T = \left[\frac{Mi(S/A, R_I, n) + M}{P_0} \right]^{1/n} - 1$$

情形二：若未持有期满，即投资期限为 $[t_1, t_2]$，则投资现金流如图 4-14 所示。

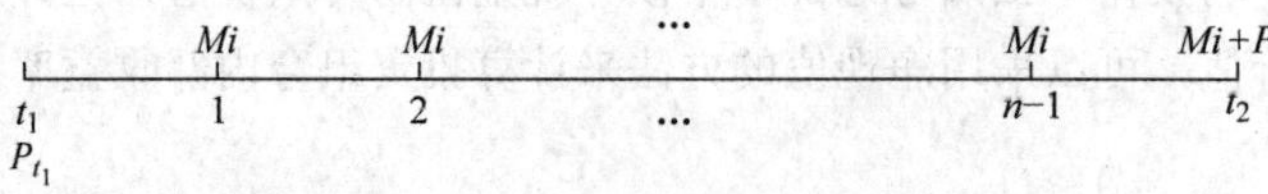

图 4-14 投资现金流（未持有期满）

则总收益率 R_T 为

$$R_T = \left[\frac{Mi(S/A, R_I, t_2 - t_1) + P_{t_2}}{P_{t_1}} \right]^{1/(t_2 - t_1)} - 1$$

将总收益分解为息票利息、利滚利和资本利得三个部分，显然总收益率取决于投资期限、息票率和再投资利率。投资期限越长，息票利息和利滚利越多，平价债券资本利得不变，溢价债券资本利得越少，折价债券资本利得越多；息票率越高，息票利息和利滚利越多，资本利得越少；再投资利率越高，息票利息和资本利得不变，利滚利越多。

问题

（1）A 公司发行七年期公司债券，面值为 1000 元，息票率为 9%，半年付息，到期收益率为 9%，再投资利率为 9%。假定投资者以发行价购买该公司债券并持有到期，则投资者获得的息票利息、利滚利和资本利得分别为多少？（答案：630 元、222 元、0 元）总收益为多少？（答案：852 元）息票利息收益比例和利滚利收益比例分别为多少？（答案：74%、26%）总收益率为多少？（答案：9%）

（2）A 公司发行 20 年期公司债券，面值为 1000 元，息票率为 7%，半年付息，到期收益率为 9%，再投资利率为 9%。假定投资者以发行价购买该公司债券并持有到期，则投资者获得的息票利息、利滚利和资本利得分别为多少？（答案：1400 元、2346 元、184 元）总收益为多少？（答案：3930 元）息票利息收益比例和利滚利收益比例分别为多少？（答案：35%、60%、5%）

（3）A公司发行25年期公司债券，面值为1000元，息票率为12%，半年付息，到期收益率为9%，再投资利率为9%。假定投资者以发行价购买该公司债券并持有到期，则投资者获得的息票利息、利滚利和资本利得分别为多少？（答案：3000元、7710元、-296元）总收益为多少？（答案：10 414元）息票利息收益比例和利滚利收益比例分别为多少？（答案：29%、74%、-3%）

（4）A公司发行七年期公司债券，面值为1000元，息票率为9%，半年付息，到期收益率为9%，再投资利率为5%。假定投资者以发行价购买该公司债券并持有到期，则投资者获得的息票利息、利滚利和资本利得分别为多少？（答案：630、113元、0元）总收益率为多少？（答案：8.1%）

（5）A公司发行七年期公司债券，面值为1000元，息票率为9%，半年付息，发行价为1000元，0~5年再投资利率为9.4%，五年后两年期同类息票债券到期收益率为11.2%。假定投资者投资期限为五年，则该债券到期收益率为多少？（答案：9%）五年后该债券市场价格为多少？（答案：961.5）总收益率为多少？（答案：8.54%）

（6）A公司发行20年期公司债券，面值为1000元，息票率为8%，半年付息，发行价为828.4元，0~3年再投资利率为6%，三年后17年期同类息票债券到期收益率为7%。假定投资者投资期限为三年，则该债券到期收益率为多少？（答案：10%）三年后该债券市场价格为多少？（答案：1098.5）总收益率为多少？（答案：8.58%）

（7）A公司发行13年期公司债券，面值为1000元，息票率为9%，半年付息，发行价为1000元，0~2年再投资利率为8%，2~6年再投资利率为10%，六年后七年期同类息票债券到期收益率为10.6%。假定投资者投资期限为六年，则该债券到期收益率为多少？（答案：9%）六年后该债券市场价格为多少？（答案：922.3）总收益率为多少？（答案：8.14%）（提示：需单独计算0~2年与2~6年的息票利息与利滚利之和，第六年年末的0~2年息票利息与利滚利之和为261.5元，第六年年末的2~6年息票利息与利滚利之和为429.7元）

4.6.2 资本利得摊销

债券收益分解中的息票利息和资本利得（发行折扣）均需纳入名义纳税基础进行纳税，分别缴纳利息税和资本利得税（所得税）。那么对于中长期折价息票债券或零息债券，如何确定每期的名义纳税基础呢？

假设债券面值为 M，期限为 n，发行价格为 $P_0 < M$，息票率为 i，按年付息，无内嵌期权。则由式（4-14）可得

$$P_0 = \frac{P_1 + Mi}{1+R}, \quad P_1 = \frac{P_2 + Mi}{1+R}, \quad \cdots, \quad P_{n-1} = \frac{P_n + Mi}{1+R}, \quad P_n = M$$

且 $P_0 < P_1 < P_2 < \cdots < P_{n-1} < P_n$。

第0年的息票利息和资本利得为0，纳税基础为0；第1年的息票利息为 Mi，资本利得为 $P_1 - P_0 = P_0R - Mi$，纳税基础为 P_0R；第2年的息票利息为 Mi，资本利得为 $P_2 - P_1 = P_1R - Mi$，纳税基础为 P_1R；以此类推，第 $n-1$ 年的息票利息为 Mi，资本利得为 $P_{n-1} - P_{n-2} = P_{n-2}R - Mi$，纳税基础为 $P_{n-2}R$；第 n 年的息票利息为 Mi，资本利得为 $M - P_{n-1} = P_{n-1}R - Mi$，纳税基础为 $P_{n-1}R$。全部纳税基础为 $P_1 - P_0 + P_2 - P_1 + \cdots + P_{n-1} - P_{n-2} + M - P_{n-1} = M - P_0$。因此，每一期的资本利得可以看作债券的全部发行折扣在各期的摊销，即资本利得摊销。表4-2

给出了债券每期具体的纳税基础和资本利得摊销。

表 4-2 债券纳税基础与资本利得摊销

持有期限	债券价格	纳税基础	息票利息	资本利得摊销
0	P_0	0	0	0
1	$P_1 = P_0 + P_0 R - Mi$	$P_0 R$	Mi	$P_0 R - Mi$
2	$P_2 = P_1 + P_1 R - Mi$	$P_1 R$	Mi	$P_1 R - Mi$
3	$P_3 = P_2 + P_2 R - Mi$	$P_2 R$	Mi	$P_2 R - Mi$
$\vdots$	$\vdots$	$\vdots$	$\vdots$	$\vdots$
t	$P_t = P_{t-1} + P_{t-1} R - Mi$	$P_{t-1} R$	Mi	$P_{t-1} R - Mi$
$\vdots$	$\vdots$	$\vdots$	$\vdots$	$\vdots$
n	$P_n = M$	$P_{n-1} R$	Mi	$P_{n-1} R - Mi$
			$\sum = Min$	$\sum = M - P_0$

4.6.3 税后期满总收益率

债券总收益分解为息票利息、利滚利和资本利得三个部分,其中息票利息与利滚利需要缴纳利息税,资本利得需要缴纳本利得税(所得税),假定债券持有到期,则扣除税收之后的总收益率为税后期满总收益率。假设债券面值为 M,期限为 n,发行价格为 P_0,息票率为 i,按年付息,无内嵌期权,税后期满总收益率为 R_T,再投资利率为 R_I,利息税为 T_c,资本利得税为 T_g。若投资者持有期满,即投资期限为 $[0, n]$,则投资现金流如图 4-15 所示。

```
         Mi(1-T_c)   Mi(1-T_c)   ···   Mi(1-T_c)   Mi(1-T_c)+M-(M-P_0)T_g
    0        1           2        ···       n-1              n
    P_0
```

图 4-15 投资现金流(持有期满)

首先进行税后收益分解。

税后息票利息:$Min(1 - T_c)$。

税后息票利息与利滚利之和。设本金为 P,则第一年年末税后利息为 $PR_I(1-T_c)$,第一年年末税后本利和为 $P + PR_I(1-T_c) = P[1 + R_I(1-T_c)]$,第二年年末税后利息为 $[P + R_I P(1-T_c)] R_I(1-T_c) = PR_I(1-T_c) + PR_I^2(1-T_c)^2$,第二年年末税后本利和为 $P + 2PR_I(1-T_c) + PR_I^2(1-T_c)^2 = P[1 + R_I(1-T_c)]^2$,以此类推,第 n 年年末税后本利和为 $P[1 + R_I(1-T_c)]^n$。$P = Mi(1-T_c)$,则第一期息票利息再投资至 n 年后本利和为 $Mi(1-T_c)[1 + R_I(1-T_c)]^{n-1}$,第二期息票利息再投资至 n 年后本利和为 $Mi(1-T_c)[1 + R_I(1-T_c)]^{n-2}$,第 $n-1$ 期半年息票利息再投资至 n 年后本利和为 $Mi(1-T_c)[1 + R_I(1-T_c)]$,第 n 期息票利息再投资至 n 年后本利和为 $P = Mi(1-T_c)$。因此,税后息票利息与利滚利之和为

$$\frac{Mi}{2}(1-T_c)\left[1 + (1 + R_I(1-T_c)) + (1 + R_I(1-T_c))^2 + \cdots + (1 + R_I(1-T_c))^{n-1}\right]$$

$$= Mi\frac{[1+R_I(1-T_c)]^n - 1}{R_I} = Mi\frac{[1+R_I(1-T_c)]^n - 1}{R_I(1-T_c)}(1-T_c)$$

$$= Mi(S/A, R_I(1-T_c), n)(1-T_c)$$

则税后利滚利为 $Mi(S/A, R_I(1-T_c), n)(1-T_c) - Min(1-T_c)$。

税后资本利得为 $(M-P_0)(1-T_g)$。

税后期满总收益率 R_T 为

$$R_T = \left[\frac{Mi(S/A, R_I(1-T_c), n)(1-T_c) + (M-P_0)(1-T_g) + P_0}{P_0}\right]^{1/n} - 1$$

问题

A 公司发行 30 年期公司债券，面值为 1000 元，发行价为 750 元，息票率为 4.2%，半年付息，再投资利率为 6%，利息税为 35%，资本利得税为 20%。假定投资者以发行价购买该公司债券并持有到期，则投资者税前获得的息票利息、利滚利和资本利得分别为多少？（答案：1260 元、2166 元、250 元）投资者税后获得的息票利息、利滚利和资本利得分别为多少？（答案：819 元、715 元、200 元）税后总收益率为多少？（答案：4.02%）

4.7 有效息票率

对于新券，无论折价或溢价，息票率都不等于到期收益率。对于旧券，债券市场价格往往不等于面值，息票率也不低于到期收益率。对于不同投资期限，息票率更不能等同于总收益率。因此，息票率仅为名义收益率，不能代表投资者的真实收益率。若使息票率能够代表债券的真实收益率，则需计算有效息票率（Effective Coupon Rate）。

有效息票率是使与既定债券的期满总收益率相等的平价债券的息票率。

情形一：不考虑税收。假设既定债券面值为 M，期限为 n，发行价格为 P_0，息票率为 i，按年付息，无内嵌期权，期满总收益率为 R_T，再投资利率为 R_I。若投资者持有期满，即投资期限为 $[0, n]$，则期满总收益率 $R_T = \left[\frac{Mi(S/A, R_I, n) + M}{P_0}\right]^{1/n} - 1$。

假设平价债券面值为 M，期限为 n，发行价格为 M，有效息票率为 i^e，按年付息，无内嵌期权，期满总收益率为 R_{TM}，再投资利率为 R_I。若投资者持有期满，即投资期限为 $[0, n]$，则期满总收益率 $R_{TM} = \left[\frac{Mi^e(S/A, R_I, n) + M}{M}\right]^{1/n} - 1$。若使 $R_T = R_{TM}$，则有效息票率 i^e 为

$$i^e = \frac{Mi(S/A, R_I, n) + M - P_0}{P_0(S/A, R, n)}$$

对比名义息票率 i 和有效息票率 i^e，可得：当 $P_0 = M$ 时，$i^e = i$；当 $P_0 > M$ 时，$i^e < i$；当 $P_0 < M$ 时，$i^e > i$。

将有效息票率 i^e 代入期满总收益率 R_T 中，可得期满总收益率与有效息票率之间的关系：

$$R_T = [1 + i^e(S/A, R_I, n)]^{1/n} - 1 \quad \text{或} \quad i^e = \frac{(1+R_T)^n - 1}{(S/A, R_I, n)}$$

因此，在比较债券收益率时，既可以使用到期收益率或总收益率，也可以使用有效息票率。

情形二：考虑税收。假设既定债券面值为 M，期限为 n，发行价格为 P_0，息票率为 i，按

年付息，无内嵌期权，税后期满总收益率为 R_T，再投资利率为 R_I，利息税为 T_c，资本利得税为 T_g。若投资者持有期满，即投资期限为 $[0, n]$，则税后期满总收益率 $R_T = \left[\dfrac{Mi(S/A, R_I(1-T_c), n)(1-T_c) + (M-P_0)(1-T_g) + P_0}{P_0}\right]^{1/n} - 1$。

假设平价债券面值为 M，期限为 n，发行价格为 M，有效息票率为 i^e，按年付息，无内嵌期权，税后期满总收益率为 R_{TM}，再投资利率为 R_I，利息税为 T_c，资本利得税为 T_g。若投资者持有期满，即投资期限为 $[0, n]$，则税后期满总收益率 $R_{TM} = \left[\dfrac{Mi^e(S/A, R_I(1-T_c), n)(1-T_c) + M}{M}\right]^{1/n} - 1$。若使 $R_T = R_{TM}$，则有效息票率 i^e 为

$$i^e = \dfrac{Mi(S/A, R_I(1-T_c), n)(1-T_c) + (M-P_0)(1-T_g)}{P_0(S/A, R(1-T_c), n)(1-T_c)}$$

对比名义息票率 i 和有效息票率 i^e，可得：当 $P_0 = M$ 时，$i^e = i$；当 $P_0 > M$ 时，$i^e < i$；当 $P_0 < M$ 时，$i^e > i$。

将有效息票率 i^e 代入税后期满总收益率 R_T 中，可得税后期满总收益率与有效息票率之间的关系：

$$R_T = [1 + i^e(S/A, R_I(1-T_c), n)(1-T_c)]^{1/n} - 1 \text{ 或 } i^e = \dfrac{(1+R_T)^n - 1}{(S/A, R_I(1-T_c), n)(1-T_c)}$$

问题

（1）假设息票债券面值为1000元，期限为五年，息票率为8%，半年付息，无内嵌期权，税后期满总收益率为10%，再投资利率为15%，利息税为20%，则该债券有效息票率为多少（答案：12%）

（2）假设息票债券面值为1000元，期限为五年，息票率为9%，半年付息，无内嵌期权，有效息票率为10%，再投资利率为12%，利息税为20%，则该债券税后期满总收益率为多少（答案：8.62%）

本章关键词

货币时间价值　复利终值系数　复利现值系数　实际收益率　普通年金　年金终值系数　年金现值系数　偿债基金系数　投资回收系数　预付年金　递延年金　永续年金　总收益率　收益分解　息票利息　利滚利　资本利得　到期收益率　债券价格收益曲线　债券价格时间路径　应计利息　债券净价　债券全价　计日方法　债券价格报价方式　短期债券收益率　持有期收益率　等价年收益率　银行贴现收益率　货币市场收益率　投资组合收益率　投资组合加权平均收益率　投资组合内部收益率　总收益率　税前总收益率　资本利得摊销　税后期满总收益率　有效息票率

第5章 利率期限结构、利率模型与债券价格

5.1 即期利率与远期利率

5.1.1 离散情形的即期利率

假设初始期为 0，零息债券面值标准化为 1（到期价值），期限为 T，发行价格为 P_0，到期收益率为 R_T，则离散情形下零息债券价格 P_0 可以表示为

$$P_0 = \frac{1}{(1+R_T)^T} \tag{5-1}$$

由式（5-1）可以得出 R_T 为

$$R_T = \left(\frac{1}{P_0}\right)^{1/T} - 1 \tag{5-2}$$

定义即期利率（Spot Rate）为零息债券的到期收益率。显然，T 期即期利率为 T 期零息债券的到期收益率 R_T。若初始期为 t，零息债券价格为 P_t，则 $T-t$ 期即期利率 R_{T-t} 为

$$R_{T-t} = \left(\frac{1}{P_t}\right)^{1/(T-t)} - 1 \tag{5-3}$$

5.1.2 连续情形的即期利率

假设初始期为 0，零息债券到期价值为 1，期限为 T，发行价格为 P_0，即期利率为 R_T，则连续情形下零息债券价格 P_0 可以表示为

$$P_0 = e^{-R_T T} \tag{5-4}$$

若初始期为 t，$T-t$ 期即期利率为 R_{T-t}，则零息债券价格 P_t 为

$$P_t = e^{-R_{T-t}(T-t)} \tag{5-5}$$

对 P_t 取自然对数并对 t 求导可得 R_{T-t} 为

$$R_{T-t} = \frac{\mathrm{d}\ln P_t}{\mathrm{d}t} \tag{5-6}$$

5.1.3 离散情形的远期利率

在无套利条件下，同信用同期限的即期利率相同，即在相同信用下，初始期 t 与末期 T 分别相同，即期利率也相同。这里"同期限"是指具有相同的初始期和相同的末期，若初始期和末期不同，即使期限相同，即期利率也不会相同。例如当前的一年期即期利率与一年后的一年期即期利率显然是不相同的：前者的初始期和末期分别为 0 和 1，后者的初始期和末期分别为 1 和 2；前者是已知的当前的即期利率，后者是一年后未知的即期利率。因此，远期利率是当前即期利率在一年后的预期值。

定义远期利率（Future Rate）为未来的即期利率。在离散情形下，设 $_tf_s$ 表示 t 期之后的 s 期即期利率，即 s 期即期利率在 t 期后的预测值。例如，$_1f_1$ 表示一年之后的一年期即期利率，$_{0.5}f_1$ 表示 0.5 年之后的一年期即期利率，$_4f_5$ 表示四年之后的五年期即期利率。

既然远期利率是未来的即期利率，则远期利率与当期的即期利率是什么关系呢？或者说，能否用当期的即期利率推导出远期利率呢？首先考虑一个简单的例子。假设投资期为两年，一投资者面临两种投资方案：方案一，购买两年期零息债券；方案二，购买一年期零息债券，并在期满后再购买另一种一年期零息债券。如果投资者预期一年后一年期利率将上升，则投资者会选择哪种方案呢？

设当前两年期即期利率为 R_2，一年期即期利率为 R_1，一年后一年期即期利率为 $_1f_1$，初始本金为 P_0。方案一的投资现金流如图 5-1 所示。
则投资期末本利和为 $P_0(1+R_2)^2$。方案二的投资现金流如图 5-2 所示。

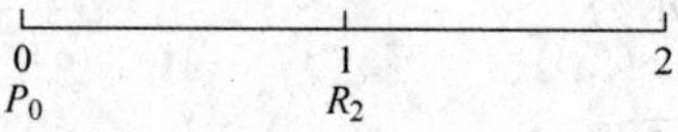

图 5-1　方案一的投资现金流 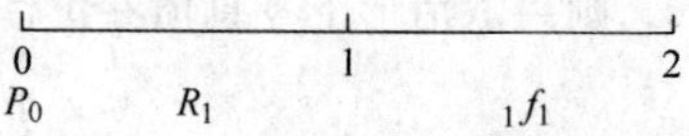　　　图 5-2　方案二的投资现金流

则投资期末本利和为 $P_0(1+R_1)(1+{_1f_1})$。在无套利条件下，两种方案的期末本利和相等，则可以得出远期利率 $_1f_1$ 为

$$_1f_1 = \frac{(1+R_2)^2}{(1+R_1)} - 1 \tag{5-7}$$

因此，如果投资者预期一年后一年期利率大于 $_1f_1$，则选择方案二；如果投资者预期一年后一年期利率小于 $_1f_1$，则选择方案一；如果投资者预期一年后一年期利率等于 $_1f_1$，则两种方案无差异。

一般而言，设当前 t 年期即期利率为 R_t，$t+s$ 年期即期利率为 R_{t+s}，t 年后 s 年期即期利率为 $_tf_s$，则在无套利条件下有

$$(1+R_{t+s})^{t+s} = (1+R_t)^t(1+{_tf_s})^s$$

$$\Rightarrow {_tf_s} = \left[\frac{(1+R_{t+s})^{t+s}}{(1+R_t)^t}\right]^{\frac{1}{s}} - 1 \tag{5-8}$$

若付息周期为半年，则有

$$\frac{_tf_s}{2} = \left[\frac{(1+R_{t+s}/2)^{2t+2s}}{(1+R_t/2)^{2t}}\right]^{\frac{1}{2s}} - 1 \tag{5-9}$$

问题

（1）假定当前六个月期即期利率为 3%，六个月后的六个月期、一年后的六个月期、1.5 年后的六个月期的远期利率分别为 $_{0.5}f_{0.5} = 3.8\%$、$_1f_{0.5} = 4\%$、$_{1.5}f_{0.5} = 4.4\%$。若付息周期为半年，则在无套利条件下，试求当前一年期即期利率 R_1 和 1.5 年期即期利率 $R_{1.5}$。（答案：由 $\left(1+\frac{R_1}{2}\right)^2 = \left(1+\frac{R_{0.5}}{2}\right)\left(1+\frac{_{0.5}f_{0.5}}{2}\right)$ 可得 $R_1 = 3.4\%$，由 $\left(1+\frac{R_{1.5}}{2}\right)^3 = \left(1+\frac{R_1}{2}\right)^2\left(1+\frac{_1f_{0.5}}{2}\right)$ 可得 $R_{1.5} = 3.6\%$）

（2）已知当前六个月期、一年期、1.5 年期、两年期的即期利率分别为 $R_{0.5} = 4\%$、$R_1 = $

4.4%、$R_{1.5}=5\%$、$R_2=5.4\%$。若付息周期为半年,则在无套利条件下,试求一年后的六个月期远期利率$_1f_{0.5}$、一年后的一年期远期利率$_1f_1$。(答案:$_1f_{0.5}=6.2\%$,$_1f_1=6.4\%$)

由式(5-8)可以进一步得出长期即期利率R_T与短期远期利率$_tf_1$之间的关系。由式(5-8)可得$1+{}_tf_1(t=1,2,\cdots,T-1)$为

$$_1f_1=\frac{(1+R_2)^2}{(1+R_1)}-1\Rightarrow 1+{}_1f_1=\frac{(1+R_2)^2}{(1+R_1)}$$

$$_2f_1=\frac{(1+R_3)^3}{(1+R_2)^2}-1\Rightarrow 1+{}_2f_1=\frac{(1+R_3)^3}{(1+R_2)^2}$$

$$\vdots$$

$$_{T-1}f_1=\frac{(1+R_T)^T}{(1+R_{T-1})^{T-1}}-1\Rightarrow 1+{}_{T-1}f_1=\frac{(1+R_T)^T}{(1+R_{T-1})^{T-1}}$$

由此可得长期即期利率R_T为

$$R_T=\left[(1+{}_1f_1)(1+{}_2f_1)(1+{}_3f_1)\cdots(1+{}_{T-1}f_1)(1+R_1)\right]^{\frac{1}{T}}-1 \tag{5-10}$$

问题

已知当前三年期即期利率R_3、十年期即期利率R_{10}和四年后六年期远期利率$_4f_6$。若付息周期为半年,则在无套利条件下,试求三年后的一年期远期利率$_3f_1$的表达式。

进一步还可以利用远期利率对债券未来价格进行定价。

举例

已知某息票债券 A 的期初价格为P_0,面值为M,息票率为i,期限为五年,半年付息,已知当前六个月、一年、1.5年……五年期的即期利率分别为$R_{0.5}$、R_1、$R_{1.5}$、$\cdots$、R_5,三年后六个月、一年、1.5年、两年的远期利率分别为$_3f_{0.5}$、$_3f_1$、$_3f_{1.5}$、$_3f_2$。则在无套利条件下,试求三年后的债券价格P_3。

解:息票债券 A 的现金流如图 5-3 所示。

```
        Mi/2   Mi/2   ···   Mi/2   Mi/2   Mi/2   Mi/2+M
    0    1     2    ···    6      7      8      9      10
    P₀              R              P₃             f
```

图 5-3 息票债券 A 的现金流

则三年后的债券价格P_3为

$$P_3=\frac{Mi/2}{1+\frac{{}_3f_{0.5}}{2}}+\frac{Mi/2}{\left(1+\frac{{}_3f_1}{2}\right)^2}+\frac{Mi/2}{\left(1+\frac{{}_3f_{1.5}}{2}\right)^3}+\frac{Mi/2+M}{\left(1+\frac{{}_3f_2}{2}\right)^4}$$

式中,$\frac{{}_3f_{0.5}}{2}=\left[\frac{(1+R_{3.5}/2)^7}{(1+R_3/2)^6}\right]^1-1,\cdots,\frac{{}_3f_2}{2}=\left[\frac{(1+R_5/2)^{10}}{(1+R_3/2)^6}\right]^{1/4}-1$。

5.1.4 连续情形的远期利率

在连续情形下,设$f(t,s)$表示在t时刻预测的s时刻的远期利率。例如,$f(0,t)$表示初始时刻预测的t时刻远期利率,$f(t,T)$表示在t时刻预测的T时刻远期利率。

连续情形下远期利率与当期的即期利率是什么关系呢?首先将$[0,T]$区分为N份,每一份对应的时间区间为$[t_{k-1},t_k](k=1,2,\cdots,N)$,设$\Delta t_k=t_k-t_{k-1}$,时间段$[t_{k-1},t_k]$内的远

期利率为 $f(0,t_k)$ 且在 Δt_k 内保持不变。若初始本金为 P_0，则在连续情形下末期本利和为 $P_0 e^{f(0,t_1)\Delta t_1} e^{f(0,t_2)\Delta t_2} \cdots e^{f(0,t_N)\Delta t_N} = P_0 e^{\sum_{i=1}^{N} f(0,t_i)\Delta t_i}$。当 $\Delta t_k \to 0$ 时，$P_0 e^{\sum_{i=1}^{N} f(0,t_i)\Delta t_i} \to P_0 e^{\int_0^T f(0,s)ds}$。设当前 T 期即期利率为 R_T，则连续情形下末期本利和还可以表示为 $P_0 e^{R_T T}$。在无套利条件下，可得

$$\int_0^T f(0,s)ds = R_T T \tag{5-11}$$

因而对任意时刻 t，则有

$$\int_0^t f(0,s)ds = R_t t \tag{5-12}$$

将式（5-12）对 t 求导可得远期利率 $f(0,t)$ 为

$$f(0,t) = R_t + R'_t t \tag{5-13}$$

若初始时刻为 t，由式（5-11）可得

$$\int_t^T f(t,s)ds = R_{T-t}(T-t) \tag{5-14}$$

由于零息债券价格 $P_t = e^{-R_{T-t}(T-t)}$，因而 $\int_t^T f(t,s)ds = -\ln P_t$，同时对 T 求导可得远期利率 $f(t,T)$ 为

$$f(t,T) = -\frac{d\ln P_t}{dT} \tag{5-15}$$

问题

假设零息债券价格 $P_t = e^{-\bar{R}(T-t)}$，$\bar{R}$ 为 $[t,T]$ 内平均利率，试证明远期利率 $f(t,T) = \bar{R}$。

5.2 利率期限结构

5.2.1 利率期限结构形式与理论解释

利率期限结构（Interest Term Structure）是用以刻画即期利率与期限关系的一条收益曲线，其形状有上倾、下倾、驼峰、水平四种基本形式。图 5-4 给出了这四种基本形式。对于上倾形式，存在利率期限升水，长期利率高于短期利率，远期利率高于即期利率，预期未来利率上升；对于下倾形式，存在利率期限贴水，长期利率低于短期利率，远期利率低于即期利率，预期未来利率下降；对于驼峰形式，中期利率高于短期与长期利率；对于水平形式，所有期限利率相等，远期利率等于即期利率，预期未来利率不变。图 5-5 和图 5-6 分别给出了我国国债收益率曲线和央票收益率曲线（截至 2020 年 12 月 31 日和 2021 年 1 月 7 日）。

利率期限结构的形式也是随时间变化的。以上倾形式为例：若短期、中期、长期利率变化幅度相同，则利率期限结构平行移动，第 7 章的修正久期和凸性就假定利率期限结构平行移动，即所有期限的即期利率变化幅度相同；若短期利率上升、中期利率不变、长期利率下降，则利率期限结构会旋转变平，即利率期限结构发生"扁平化"；若短期利率下降、中期利率不变、长期利率上升，则利率期限结构会旋转变陡，即利率期限结构发生"陡峭化"；若短期利率上升、中期利率下降、长期利率上升，则利率期限结构会发生"正蝶形"变化；若短期利率下降、中期利率上升、长期利率下降，则利率期限结构会发生"负蝶形"变化。无论利率期限结构的形式发生何种变化，均会影响利率期限升水（贴水），从而影响投资者对未来利率

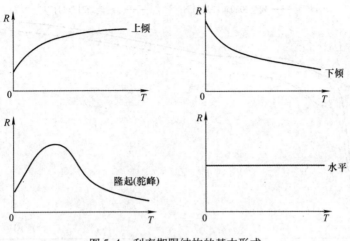

图 5-4 利率期限结构的基本形式

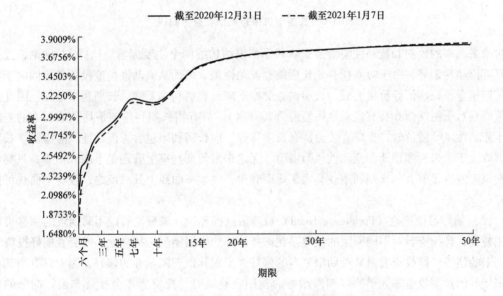

图 5-5 我国国债收益率曲线

的预期。

理论上，对利率期限结构不同形式存在四种基本解释。

（1）纯预期理论（Pure Expectation，PE）。该理论假设短长期债券可以相互替代、投资者可以对未来利率形成预期、零交易成本、对未来利率的预期是影响利率期限结构的唯一因素。依据 PE 理论，假设初始利率期限结构水平，若预期未来利率上升，则投资者倾向于购买短期债券，卖出长期债券，发行人倾向于发行长期债券，因而短期债券价格上升，长期债券价格下降，短期利率下降，长期利率上升，收益率曲线上倾。反之，若预期未来利率下降，则收益率曲线下倾。PE 理论的缺陷为：假定预期是唯一影响因素，因而远期利率是未来预期利率，但忽略了投资风险和再投资风险，因此即使预期未来利率下降，收益率曲线也可能是上倾的。

（2）流动性溢价理论（Liquidity Premium，LP）。该理论假设短长期债券可以互相替代，

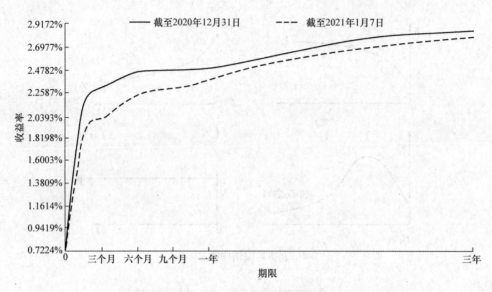

图 5-6 我国中央银行票据收益率曲线

且对未来利率的预期和流动性溢价是影响利率期限结构的两个主要因素。依据 LP 理论，投资者具有流动性偏好，由于短期债券比长期债券流动性强，因而从流动性角度投资者更倾向于购买短期债券，短期债券价格上升，长期债券价格下降，短期利率下降，长期利率上升，因此长期债券相对于短期债券具有流动性风险溢价（升水）。只有当长期利率与平均预期利率的差额大于流动性风险溢价时，投资者才会持有长期债券，即长期利率包含了流动性风险溢价。长期利率取决于未来利率预期和流动性风险溢价，无论未来预期利率上升还是下降或不变，只要流动性风险溢价足够大，长期利率就会大于短期利率，收益率曲线上升。反之，收益率曲线可能下降。

(3) 偏好习惯理论（Preference Habit）或期限选择理论。该理论假设不同期限的债券可以互相替代，且投资者对不同期限的债券存在选择偏好。依据期限选择理论，投资者偏好投资某种期限的债券，即投资者对某种期限债券的偏好大于对其他期限债券的偏好，因而只有当其他期限债券的预期收益率大于偏好期限债券的预期收益率时，投资者才会投资非偏好期限的债券。不同期限的利率差额即期限升水，因而不同期限利率取决于未来利率预期和期限升水，而期限升水又取决于投资者的期限选择偏好，因此依据期限选择理论，利率期限结构上倾、下倾、隆起或水平均有可能。

(4) 市场分割理论（Market Segmentation）。该理论假设不同期限的债券不能互相替代，且所有投资者对不同期限的债券均存在选择偏好。不同期限的债券不能相互替代，与上述三个预期理论的假设截然相反。例如，人寿保险和养老基金等机构对流动性要求不高，因而都偏好长期债券；而对流动性要求较高的公司和机构则更偏好短期债券。投资者只偏好某种期限的债券，而不喜欢另一种期限的债券，因而投资者只关心偏好期限债券的预期收益率。因此，不同期限的债券对不同期限偏好的投资者没有替代性。既然市场上所有投资者均具有期限偏好，则不同期限的债券交易就可以视为相互独立的分割市场，不同期限债券市场的利率取决于该市场既定的需求与供给，而与预期未来利率不相关。依据市场分割理论，利率期限结构的不同形式是由不同期限债券的供求差异决定的，在每一个期限市场内，该期限利率取决于相同期限债券的供求关系。

问题

（1）根据纯预期理论（PE）和流动性溢价理论（LP），下列说法正确的是（   ）。

A. 当预期利率不变时，LP 理论比 PE 理论的收益曲线更向下倾斜

B. 当预期利率不确定时，LP 理论比 PE 理论的收益曲线变动幅度更小

C. 当预期利率下降时，LP 理论比 PE 理论的收益曲线平坦

D. 当预期利率上升时，LP 理论比 PE 理论的收益曲线平坦

（2）假设两种财政债券 A 和 B。债券 A：息票率为 9.75%，到期日为 2020 年 8 月 15 日，价格为 100 元；债券 B：息票率为 8%，到期日为 2001 年 9 月 15 日，价格为 100.35 元。债券 A 和债券 B 的清算日均为 2000 年 10 月 30 日。如果一投资者预期利率期限结构将扁平化，则投资者应当如何在债券 A 和债券 B 之间进行交易？（   ）

A. 同时买入债券 A 和债券 B

B. 同时卖空债券 A 和债券 B

C. 买入债券 A 同时卖空债券 B

D. 卖空债券 A 同时买入债券 B

（3）假定初始利率期限结构水平。在纯预期理论假设下，如果预期未来通货膨胀率会上升，试判断长期利率与短期利率的大小变化情况。假定初始利率期限结构水平。在流动性偏好理论假设下，如果预期未来通货膨胀率会下降，试判断长期利率与短期利率的大小变化情况。

5.2.2 利率期限结构推导——自举法

假设息票债券面值为 M，期限为 T，发行价格为 P_0，息票率为 i，到期收益率为 R，按年付息，无内嵌期权。一年期即期利率为 R_1，两年期即期利率为 R_2，以此类推，T 年期即期利率为 R_T。将息票债券 T 期现金流视为 T 个零息债券 P_1^0、P_2^0、$\cdots$、P_T^0，则在无套利条件下，息票债券以到期收益率计算的债券价格与以不同期限即期利率计算的零息债券价格之和相等，即

$$Mi(P/A,R,T) + M(P/S,R,T) = P_1^0 + P_2^0 + \cdots + P_T^0 \tag{5-16}$$

式中，$P_1^0 = \dfrac{Mi}{(1+R_1)}$，$P_2^0 = \dfrac{Mi}{(1+R_2)^2}$，$\cdots$，$P_T^0 = \dfrac{Mi+M}{(1+R_T)^T}$。

既然即期利率为零息债券到期收益率，若市场上存在足够多的对应期限的零息债券，则通过计算不同期限零息债券的到期收益率即可得出利率期限结构。若市场上没有足够多期限的零息债券，则需要利用息票债券。假定市场上恰好存在对应期限的息票债券，则：当 $t=1$ 时，利用 $Mi(P/A,R,1) + M(P/S,R,1) = P_1^0$ 可以计算出 R_1；当 $t=2$ 时，在得到 R_2 的前提下，利用 $Mi(P/A,R,2) + M(P/S,R,2) = P_1^0 + P_2^0$ 可以计算出 R_2；以此类推，当 $t=T$ 时，在得到 R_{T-1} 的前提下，利用 $Mi(P/A,R,T) + M(P/S,R,T) = P_1^0 + P_2^0 + \cdots + P_T^0$ 可以计算出 R_T。但若市场上不存在对应期限的息票债券，可以采用自举法（Bootstrapping），利用式（5-16）推导出利率期限结构。

自举法步骤如下：

第一步，选择备选债券，通常选择政府债券或国债，因为不同期限的政府债券或国债信用风险大致相同且较低，同时政府债券或国债交易规模也最大，因而最具代表性。

第二步，依次选择剩余期限 j 在对应期限节点 t 之前和之后的债券，即选择节点之前的息

票债券的剩余期限为 $t-1<j<t$，选择节点之后的息票债券的剩余期限为 $t<j<t+1$，例如即期利率 R_2 对应期限 $t=2$，则应选择的息票债券剩余期限分别位于（1，2）和（2，3）内。

第三步，利用第二步选出的对应期限节点 t 之前和之后的债券，采用插值法，求出对应期限息票债券的到期收益率 R_{tY}。

第四步，构造面值为 1 的平价债券，到期收益率和息票率均为 R_{tY}，利用式（5-16）依次得出当 $t=1$、$t=2$、…、$t=T$ 时的 R_1、R_2、…、R_T。

举例

已知市场上有六支备选债券，均半年付息，构成要素见表 5-1。

表 5-1 备选债券构成要素

备选债券	到期期限	面值（元）	息票率	YTM	剩余期限（天）	剩余期限（年）
1	2023-12-26	1000	0	0.94%	147	0.403
2	2024-03-18	1000	0	1.01%	230	0.630
3	2024-08-31	1000	2.125%	1.14%	396	1.085
4	2025-08-31	1000	2%	1.66%	761	2.085
5	2026-08-15	1000	2.375%	2.13%	1110	3.041
6	2026-09-15	1000	3.125%	3.09%	1872	5.129

试利用自举法求 1~8 期的平价债券到期收益率 R_{tY} 和即期利率 R_t，并填入表 5-2 中，同时试求一年之后期限为 1.5 年的远期利率。

表 5-2 平价债券到期收益率与即期利率

期限（年）	期限（半年）	平价债券到期收益率 R_{tY}	平价债券息票率	即期利率 R_t
0.5	1	0.9699%	0	0.9699%
1	2	1.1157%	1.1157%	1.1161%
1.5	3	1.3558%	1.3558%	1.1960%
2	4	1.6158%	1.6158%	1.2405%
2.5	5	1.8640%	1.8640%	1.2645%
3	6	2.1098%	2.1098%	1.2798%
3.5	7	2.3410%	2.3410%	1.2885%
4	8	2.5709%	2.5709%	1.2946%

解：确定 R_1。第一步：选择债券 1 和债券 2。第二步：利用插值法求得平价债券到期收益率 R_{1Y}。

$$\frac{1.01\%-0.94\%}{0.630-0.403}=\frac{R_{1Y}-0.94\%}{0.5-0.403}$$

可得 $R_{1Y} = 0.9699\%$。由于小于一年，故即期利率 $R_1 = R_{1Y} = 0.9699\%$。

确定 R_2。第一步：选择债券 2 和债券 3。第二步：利用插值法求得平价债券到期收益率 R_{2Y}。

$$\frac{1.14\% - 1.01\%}{1.085 - 0.630} = \frac{R_{2Y} - 1.01\%}{1 - 0.630}$$

可得 $R_{2Y} = 1.1157\%$。第三步，构造平价债券，面值为 1，息票率等于到期收益率，为 1.1157%。第四步，利用式 (5-16) 求得 R_2。

$$1 = \frac{0.5 \times R_{2Y}}{(1 + 0.5 \times R_1)} + \frac{1 + 0.5 \times R_{2Y}}{(1 + 0.5 \times R_2)^2}$$

可得 $R_2 = 1.1161\%$。

确定 R_3。第一步：选择债券 3 和债券 4。第二步：利用插值法求得平价债券到期收益率 R_{3Y}。

$$\frac{1.66\% - 1.14\%}{2.085 - 1.085} = \frac{R_{3Y} - 1.14\%}{1.5 - 1.085}$$

可得 $R_{3Y} = 1.3558\%$。第三步，构造平价债券，面值为 1，息票率等于到期收益率，为 1.3558%。第四步，利用式 (5-16) 求得 R_3。

$$1 = \frac{0.5 \times R_{3Y}}{(1 + 0.5 \times R_1)} + \frac{0.5 \times R_{3Y}}{(1 + 0.5 \times R_2)^2} + \frac{1 + 0.5 \times R_{3Y}}{(1 + 0.5 \times R_3)^3}$$

可得 $R_3 = 1.1960\%$。

以此类推，可以依次求得 4~8 期的即期利率。

问题

已知市场上有十支备选债券，构成要素见表5-3。

表5-3 备选债券构成要素

备选债券	到期期限	面值（元）	息票率	YTM	剩余期限（天）	剩余期限（年）
20 贴现国债 27	2020-12-07	100	2.250%	1.982%	166	0.455
20 附息国债 01	2021-01-09	100	2.740%	2.196%	199	0.545
19 附息国债 09	2021-07-11	100	2.200%	2.200%	382	1.047
20 附息国债 02	2022-02-13	100	2.750%	2.320%	599	1.641
19 附息国债 11	2022-08-08	100	3.170%	2.450%	775	2.123
18 附息国债 09	2023-04-19	100	3.290%	2.460%	1029	2.819
18 附息国债 23	2023-10-18	100	3.190%	2.502%	1211	3.318
19 附息国债 04	2024-04-11	100	1.990%	2.540%	1387	3.800
20 附息国债 05	2025-04-09	100	2.410%	2.600%	1750	4.795
20 抗疫国债 01	2025-06-19	100	2.250%	2.651%	1821	4.980

试利用自举法求 1~20 期的平价债券到期收益率 R_{tY} 和即期利率 R_t，并画出国债利率期限

结构。

5.2.3 利率期限结构推导——三次样条函数法

自举法求得的利率期限结构可以确定很小时点上的即期利率,但仍然是有间断的,尽管可以用直线将各即期利率点连接起来并使得 R_t 在整个期限上都有定义,但得到的收益曲线并不光滑,也无法对间断点上的即期利率求导进而得到 R_t'。为得到光滑的利率期限结构曲线,可以借助 McCulloch(1971,1975)提出的多项式样条函数法。通常采用三次样条逼近函数(Spline),即可形成光滑连续的曲线。设 $B_t = e^{-tR_t}$ 为贴现率,则 B_t 的三次样条逼近函数可以表示为

$$B_t = \begin{cases} a_1 + b_1 t + c_1 t^2 + d_1 t^3 & t \in [0, t_1] \\ a_2 + b_2 t + c_2 t^2 + d_2 t^3 & t \in [t_1, t_2] \\ \vdots \\ a_{n-1} + b_{n-1} t + c_{n-1} t^2 + d_{n-1} t^3 & t \in [t_{n-2}, t_{n-1}] \\ a_n + b_n t + c_n t^2 + d_n t^3 & t \in [t_{n-1}, t_n] \end{cases} \quad (5-17)$$

式中,$a_i, b_i, c_i, d_i (i = 1, 2, \cdots, n)$ 为待估计的自由参数,$t_i (i = 1, 2, \cdots, n-1)$ 为分界点。给定参数估计值为 $\hat{a}_i, \hat{b}_i, \hat{c}_i, \hat{d}_i (i = 1, 2, \cdots, n)$,则第 j 个债券价格可以表示为 $\hat{P}_{j0} = \sum_{t=1}^{T} C_{jt} B_t (j = 1, 2, \cdots, N)$,且 $\sum_{j=1}^{N} (\hat{P}_{j0} - P_{j0})^2$ 最小。在得出贴现率 B_t 后,可由 $R_t = -\dfrac{\ln B_t}{t}$ 得到连续的即期利率。若已知特定时点的离散即期利率,则可以直接给出 R_t 的三次样条逼近函数。进一步,可由式(5-13)得到连续的远期利率 $f(0, t)$。

举例

已知当前市场收益曲线的特定时点的即期利率 R_t,见表5-4。试利用三次样条函数法求出 0~60 期即期利率 R_t,并求出 1~60 期远期利率 $f(0, t)$。

表5-4 即期利率

期限	即期利率 R_t
三个月	4.60%
六个月	4.70%
一年	4.75%
两年	5.00%
五年	5.10%
十年	5.20%
30 年	5.55%

解:利用 matlab 程序:spline1.m。
x = [0.25 0.5 1 2 5 10 30];
y = [4.6 4.7 4.75 5 5.1 5.2 5.55];

```
xx = 0: 0.5: 30;
yy = interp1 (x, y, xx, 'cubic');
slope = diff (yy);
for i = 1: 1: 60;
    forward(i) = yy(i) + i * slope(i);
end
xx1 = 0.5: 0.5: 30;
plot (xx, yy)
plot (xx1, forward)
clear
```

表 5-5 给出了 0~10 期的即期利率和 1~10 期的远期利率；图 5-7 与图 5-8 分别给出了对应的利率期限结构。

表 5-5 即期利率（0~10 期）与远期利率（1~10 期）

期数	0	1	2	3	4	5	6	7	8	9	10
即期利率 R_t	4.5143%	4.7000%	4.7500%	4.8836%	5.0000%	5.0290%	5.0502%	5.0657%	5.0777%	5.0884%	5.1000%
远期利率 $f(0,t)$	—	4.7000%	4.8000%	5.1509%	5.3491%	5.1452%	5.1561%	5.1587%	5.1617%	5.1740%	5.2043%

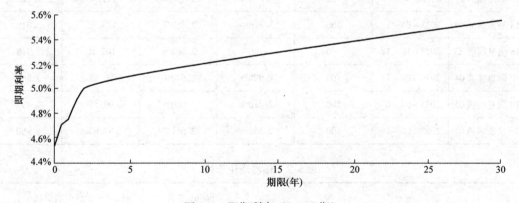

图 5-7 即期利率（0~10 期）

问题

（1）已知市场上有十支备选债券，构成要素见表 5-6。试利用 Matlab 编程实现三次样条函数法求出 0~20 期即期利率 R_t 和 1~19 期远期利率 $f(0,t)$，并与自举法求得的即期利率进行比较（分别以 Spline 即期利率和自举法即期利率计算债券的理论价格 $\hat{P}_{j0}$，比较 $\sum_{j=1}^{10}(\hat{P}_{j0}-P_{j0})^2$ 的大小，见表 5-7）。

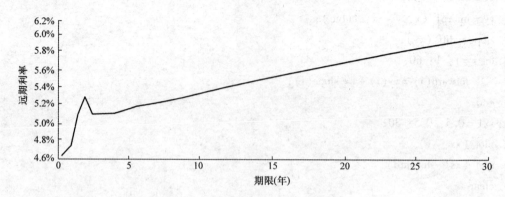

图 5-8 远期利率（1~10 期）

表 5-6 备选债券构成要素

备选债券	到期期限	面值（元）	息票率	YTM	市场价格（元）	剩余期限（年）
20 贴现国债 27	2020-12-07	100	2.250%	1.982%	105.55	0.455
20 附息国债 01	2021-01-09	100	2.740%	2.196%	104.58	0.545
19 附息国债 09	2021-07-11	100	2.200%	2.200%	100.00	1.047
20 附息国债 02	2022-02-13	100	2.750%	2.320%	101.32	1.641
19 附息国债 11	2022-08-08	100	3.170%	2.450%	102.43	2.123
18 附息国债 09	2023-04-19	100	3.290%	2.460%	103.55	2.819
18 附息国债 23	2023-10-18	100	3.190%	2.502%	102.10	3.318
19 附息国债 04	2024-04-11	100	1.990%	2.540%	98.85	3.800
20 附息国债 05	2025-04-09	100	2.410%	2.600%	99.55	4.495
20 抗疫国债 01	2025-06-19	100	2.250%	2.651%	97.63	4.980

表 5-7 债券理论价格

备选债券	市场价格 P_{j0}（元）	Spline 价格 $\hat{P}_{j0} = \sum_{t=1}^{T} C_{jt} e^{tR_t}$	自举法价格 $\hat{P}_{j0} = \sum_{t=1}^{T} C_{jt} e^{tR_t}$
20 贴现国债 27	105.55		
20 附息国债 01	104.58		
19 附息国债 09	100.00		
20 附息国债 02	101.32		
19 附息国债 11	102.43		

(续)

备选债券	市场价格 P_{j0}（元）	Spline 价格 $\hat{P}_{j0} = \sum_{t=1}^{T} C_{jt} e^{tR_t}$	自举法价格 $\hat{P}_{j0} = \sum_{t=1}^{T} C_{jt} e^{tR_t}$
18 附息国债 09	103.55		
18 附息国债 23	102.10		
19 附息国债 04	98.85		
20 附息国债 05	99.55		
20 抗疫国债 01	97.63		
$\sum_{j=1}^{10}(\hat{P}_{j0} - P_{j0})^2$	—		

（2）已知远期利率 $f(0,t) = 0.05 + 0.01t$，试分别求面值为 1 元的一年期、两年期、五年期、十年期、30 年期的零息债券价格。[提示：由式（5-12）求 $R_t t$，由 $P_0 = e^{-R_t t}$ 求零息债券价格。答案：一年期、两年期、五年期、十年期、30 年期的零息债券价格分别为 0.9465 元、0.8869 元、0.6873 元、0.3679 元、0.0025 元]

（3）已知远期利率 $f(0,t) = 0.05 + 0.01e^{-t}$，试分别求面值为 1 元的一年期、两年期、五年期、十年期、30 年期的零息债券价格。

5.2.4 利率期限结构套利

在无套利条件下，息票债券以到期收益率计算的债券价格与以不同期限即期利率计算的零息债券价格之和相等。当二者定价不一致时，投资者通过买空与卖空一定比例的零息债券与息票债券，就可以实现无风险套利收益。若以到期收益率计算的息票债券价格大于以不同期限即期利率计算的零息债券价格之和，即

$$Mi(P/A, R, T) + M(P/S, R, T) > P_1^0 + P_2^0 + \cdots + P_T^0$$

套利策略：在初始期投资者卖空 1 单位期限为 1、面值为 Mi 的零息债券，卖空 1 单位期限为 2、面值为 Mi 的零息债券……卖空 1 单位期限为 $T-1$、面值为 Mi 的零息债券，卖空 1 单位期限为 T、面值为 $M + Mi$ 的零息债券，同时买空 1 单位期限为 T、面值为 M、息票率为 i 的息票债券。则 $0 \sim T$ 期投资者现金流分别为

第 0 期：$-P_1^0 - P_2^0 - \cdots - P_T^0 + Mi(P/A, R, T) + M(P/S, R, T) > 0$

第 1 期：$Mi - Mi = 0$（收入息票债券利息 Mi，支出到期零息债券面值 Mi）

第 2 期：$Mi - Mi = 0$（收入息票债券利息 Mi，支出到期零息债券面值 Mi）

$\vdots$

第 $T-1$ 期：$Mi - Mi = 0$（收入息票债券利息 Mi，支出到期零息债券面值 Mi）

第 T 期：$M + Mi - M - Mi = 0$（收入息票债券利息和面值 $M + Mi$，支出到期零息债券面值 $M + Mi$）

显然，投资者在 $1 \sim T$ 期均无净现金流出与流入，而在初始期 0 获得净现金流入。因此，在此套利策略下，投资者可获得无风险套利收益。

若以到期收益率计算的息票债券价格小于以不同期限即期利率计算的零息债券价格，即
$$Mi(P/A,R,T) + M(P/S,R,T) < P_1^0 + P_2^0 + \cdots + P_T^0$$

套利策略：在初始期投资者买空 1 单位期限为 1、面值为 Mi 的零息债券，买空 1 单位期限为 2、面值为 Mi 的零息债券……买空 1 单位期限为 $T-1$、面值为 Mi 的零息债券，买空 1 单位期限为 T、面值为 $M+Mi$ 的零息债券，同时卖空 1 单位期限为 T、面值为 M、息票率为 i 的息票债券。投资者仍可获得无风险套利收益。

举例

已知一年期零息债券的到期收益率为 4.5%，面值为 100 元，两年期零息债券的到期收益率为 5%，面值为 100 元。息票率为 5%（每年付息）的两年期息票债券的价格为 99 元，面值为 100 元。试问投资者是否有套利机会？如果有，请确定一个无净现金流出且可以获得无风险收益的策略，并计算无风险收益。

解：零息债券到期收益率即为即期利率，以即期利率计算的息票债券价格为
$$P_0 = (5/1.045 + 105/1.05^2)\text{元} = 100.02 \text{元}$$

由于该息票债券市场价格为 99 元，因此该债券价格被低估，存在套利机会。

无净现金流出且可以获得无风险收益的策略为：卖空 1 单位期限为 1 年、面值为 5 元的零息债券，卖空 1 单位期限为 2 年、面值为 105 元的零息债券，同时以 99 元的价格买入息票债券。投资者 0~2 期现金流为：

第 0 期，投资者净现金流为：100.02 元 − 99 元 = 1.02 元

第 1 期，投资者净现金流为：−5 元 + 5 元 = 0 元

第 2 期，投资者净现金流为：−105 元 + 105 元 = 0 元

显然，投资者在第 1、2 年均无净现金流出，而在初始时刻获得净现金流入。因此，在此套利策略下，投资者可获得套利收益为 1.02 元。

问题

（1）已知一年期零息债券的到期收益率为 4.5%，面值为 100 元，两年期零息债券的到期收益率为 5%，面值为 100 元。息票率为 5%（每年付息）的两年期息票债券的价格为 101 元，面值为 100 元。试问投资者是否有套利机会？如果有，请确定一个无净现金流出且可以获得无风险收益的策略，并计算无风险收益。

（2）已知一年期即期利率为 4.5%，一年后一年期利率 $_1f_1 = 6.002\%$，两年后一年期利率 $_2f_1 = 8\%$。息票率为 5.861%（每年付息）的三年期息票债券的价格为 100 元，面值为 100 元。试问投资者是否有套利机会？如果有，请确定一个无净现金流出且可以获得无风险收益的策略，并计算无风险收益。（答案：0.6128）

5.3 离散利率模型与债券价格

5.3.1 离散利率模型

在风险中性假设下，考虑这样一个简单情形：期限为 2 期，0~1 期利率为 R_0，1~2 期利率为 R_1，由于 R_1 为未来利率，R_1 可能上升为 R_1^u，也可能下降为 R_1^d，且概率均为 1/2，则 2 期利率二叉树如图 5-9 所示。假定初始 0 期零息债券价格为 1，则零息债券在 1 期的价格为 1 +

第5章 利率期限结构、利率模型与债券价格

R_0，在 2 期的价格分别为 $(1+R_0)(1+R_1^u)$ 和 $(1+R_0)(1+R_1^d)$，则 2 期零息债券价格二叉树如图 5-10 所示。

由图 5-10 可知，2 期零息债券价格期望值为 $\frac{(1+R_0)(1+R_1^u)}{2}+\frac{(1+R_0)(1+R_1^d)}{2}$，以远期利率 R_1 计算的 2 期零息债券价值为 $(1+R_0)(1+R_1)$，在无套利条件下，二者相等，可得 $R_1=\frac{R_1^u+R_1^d}{2}$。

0~1	1~2
	R_1^u
R_0	
	R_1^d

图 5-9　2 期利率二叉树

```
    0           1                  2
                              P_2^1 = (1+R_0)(1+R_1^u)
   P_0=1     P_1=1+R_0
                              P_2^2 = (1+R_0)(1+R_1^d)
```

图 5-10　2 期零息债券价格二叉树

考虑期限为 3 期情形。0~1 期利率为 R_0，1~2 期利率为 R_1，2~3 期利率为 R_2。若 R_1 上升为 R_1^u，R_2 可能上升为 R_2^{uu}，也可能下降为 R_2^{ud}；若 R_1 下降为 R_1^d，R_2 可能上升为 R_2^{du}，也可能下降为 R_2^{dd}，且概率均为 1/2。则 3 期利率二叉树如图 5-11 所示。假定初始 0 期零息债券价格为 1，则零息债券在 1 期的价格为 $1+R_0$，在 2 期的价格分别为 $(1+R_0)(1+R_1^u)$ 和 $(1+R_0)(1+R_1^d)$，在 3 期的价格分别为 $(1+R_0)(1+R_1^u)(1+R_2^{uu})$、$(1+R_0)(1+R_1^u)(1+R_2^{ud})$、$(1+R_0)(1+R_1^d)(1+R_2^{du})$ 和 $(1+R_0)(1+R_1^d)(1+R_2^{dd})$，则 3 期零息债券价格二叉树如图 5-12 所示。

0~1	1~2	2~3
		R_2^{uu}
	R_1^u	
		R_2^{ud}
R_0		
		R_2^{du}
	R_1^d	
		R_2^{dd}

图 5-11　3 期利率二叉树

```
  0        1           2                         3
                                         P_3^1=(1+R_0)(1+R_1^u)(1+R_2^{uu})
                  P_2^1=(1+R_0)(1+R_1^u)
                                         P_3^2=(1+R_0)(1+R_1^u)(1+R_2^{ud})
 P_0=1  P_1=1+R_0
                                         P_3^3=(1+R_0)(1+R_1^d)(1+R_2^{du})
                  (1+R_0)(1+R_1^d)
                                         P_3^4=(1+R_0)(1+R_1^d)(1+R_2^{dd})
```

图 5-12　3 期零息债券价格二叉树

3 期零息债券价格期望值为 $\frac{(1+R_0)(1+R_1^u)(1+R_2^{uu})}{4}+\frac{(1+R_0)(1+R_1^u)(1+R_2^{ud})}{4}+$

$$\frac{(1+R_0)(1+R_1^d)(1+R_2^{du})}{4}+\frac{(1+R_0)(1+R_1^d)(1+R_2^{dd})}{4}$$，以远期利率 R_1、R_2 可计算的3期零息债券价值为 $(1+R_0)(1+R_1)(1+R_2)$，在无套利条件下，二者相等，可得 $R_2 = \frac{R_2^{uu}+R_2^{ud}+R_2^{du}+R_2^{dd}}{4}$。依次类推，若已知零息债券的初始价格和每个分支的利率，则可以求出零息债券在未来任意节点的价值和任意时期的期望价值；若已知零息债券在末期每个节点的价值和每个分支的利率，则可以求出零息债券的初始价格；若已知零息债券在每个分支的利率，则可以求出任意具体时段的远期利率。

举例

已知2期利率二叉树各分支利率如图5-13所示，概率均为1/2。若零息债券初始价格为1，试求：①零息债券在第1期和第2期的期望价值分别为多少？②0～1期的远期利率为多少？③若零息债券第2期各节点价值均为1，则零息债券初始价格为多少？

0～1	1～2
	0.05
0.04	
	0.03
	0.07
0.06	
	0.05

图5-13　2期利率二叉树

解：① 零息债券在第1期的期望价值为 $(1.04+1.06)/2 = 1.05$。

零息债券在第2期期望价值为

$$(1.04\times1.05+1.04\times1.03+1.06\times1.07+1.06\times1.05)/4 = 1.1026$$。

② 0～1期的远期利率为 $1.1026/[(1.05+1.03+1.07+1.05)/4] - 1 = 5.0095\%$。

③ 采用逆向法。

首先求第1期上面节点的零息债券价值：$\frac{1}{2}\times\left(\frac{1}{1.05}+\frac{1}{1.03}\right) = 0.9616$。

其次求第1期下面节点的零息债券价值：$\frac{1}{2}\times\left(\frac{1}{1.07}+\frac{1}{1.05}\right) = 0.9435$。

最后求第0期零息债券价格：

$$\frac{1}{2}\times\left(\frac{0.9616}{1.04}+\frac{0.9435}{1.06}\right) = 0.9074。$$

问题

(1) 已知2期利率二叉树各分支利率如图5-14所示，概率均为1/2。若零息债券第2期各节点价值均为1，则零息债券初始价格为多少？（答案：0.9071）

(2) 已知2期利率二叉树各分支时间价值如图5-15所示，具体数值见表5-8，概率均为1/2。试求：①若零息债券第2期各节点价值均为1，则零息债券初始价格为多少？②0～1期的远期利率为多少？

0～1	1～2		0～1	1～2
	0.06			$\gamma+\sigma$
0.05		α		
	0.06			$\gamma-\sigma$
	0.04			$\theta+\sigma$
0.05		β		
	0.04			$\theta-\sigma$

图5-14　2期利率二叉树　　　　　　图5-15　2期利率二叉树

表 5-8 利率二叉树参数值

期数	α	β	γ	θ	σ
1	1	2	3	2	0.5
2	2	3	2	3	0.25
3	1.1	1.2	1.2	1.3	0.1
4	1.06	1.04	1.05	1.07	0.04
5	2	1	3	2	0.5
6	1.5	2	1.5	2	0.1

5.3.2 Ho–Lee 模型

Ho 和 Lee (1986) 给出了利用利率二叉树计算债券价格的无套利模型——Ho–Lee 模型。将 $[0, T]$ 区分为 N 等份, 每一份对应的时间区间为 $[t_{k-1}, t_k]$ $(k=1, 2, \cdots, N)$, 设 $\Delta t = t_k - t_{k-1}$, 时间段 $[t_{k-1}, t_k]$ 内的远期利率为 R_k 且在 Δt 内保持不变。假定利率波动率为 σ。

图 5-16 给出了时间间隔为 Δt 的 2 期利率二叉树, 0~1 期利率为 R_0, 1~2 期远期利率为 R_1, R_1 为未来利率, R_1 可能上升为 R_1^u, R_1 也可能下降为 R_1^d, 且概率均为 $1/2$。假定初始 0 期零息债券价格为 1, 则零息债券在 1 期的价格为 $1 + R_0 \Delta t$, 在 2 期的价格分别为 $(1 + R_0 \Delta t)(1 + R_1^u \Delta t)$ 和 $(1 + R_0 \Delta t)(1 + R_1^d \Delta t)$, 则时间间隔为 Δt 的 2 期零息债券价格二叉树如图 5-17 所示。

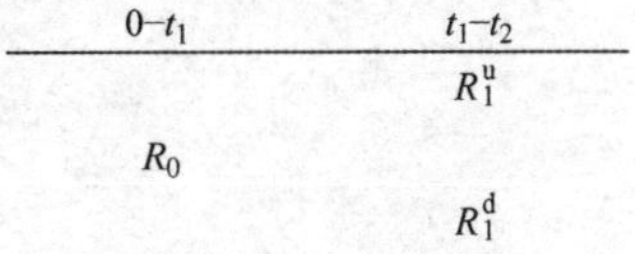

图 5-16 2 期利率二叉树 (H–L)

由图 5-17 可知, 2 期零息债券价格期望值为 $\dfrac{(1 + R_0 \Delta t)(1 + R_1^u \Delta t)}{2} + \dfrac{(1 + R_0 \Delta t)(1 + R_1^d \Delta t)}{2}$, 以远期利率 R_1

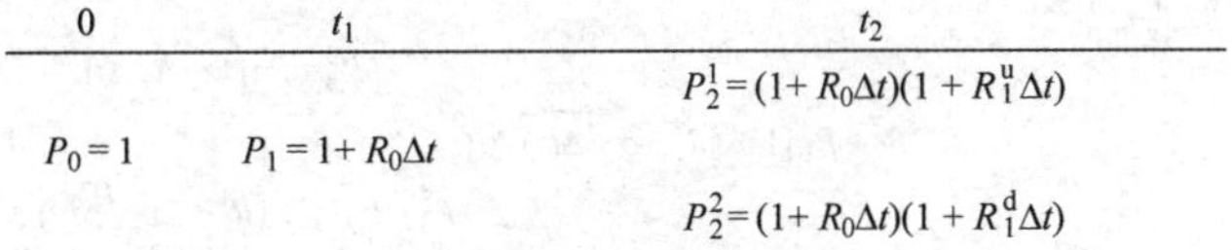

图 5-17 2 期零息债券价格二叉树 (H–L)

计算的 2 期零息债券价值为 $(1 + R_0 \Delta t)(1 + R_1 \Delta t)$, 在无套利条件下, 二者相等, 可得 $R_1 = \dfrac{R_1^u + R_1^d}{2}$。又因为 $(R_1^u - R_1^d)^2 = 4\sigma^2 \Delta t$, 可得

$$R_1^u = R_1 + \sigma \sqrt{\Delta t},\ R_1^d = R_1 - \sigma \sqrt{\Delta t}$$

当期限为 3 期时, 0~1 期利率为 R_0, 1~2 期利率为 R_1, 2~3 期利率为 R_2。R_2 的取值分别为 R_2^{uu}、R_2^{ud}、R_2^{du}、R_2^{dd}, 概率分别为 $1/4$。设 R_2 的取值为 R_2^u、R_2^d, 概率分别为 $1/2$; R_2^u 的取值为 R_2^{uu}、R_2^{ud}, 概率分别为 $1/2$; R_2^d 的取值为 R_2^{du}、R_2^{dd}, 概率分别为 $1/2$。则在无套利条件下, 可得

$$R_2^u = R_2 + \sigma \sqrt{\Delta t}, R_2^d = R_2 - \sigma \sqrt{\Delta t}$$

$$R_2^{uu} = R_2^u + \sigma \sqrt{\Delta t} = R_2 + 2\sigma \sqrt{\Delta t}, R_2^{ud} = R_2^u - \sigma \sqrt{\Delta t} = R_2$$

$$R_2^{dd} = R_2^d - \sigma\sqrt{\Delta t} = R_2 - 2\sigma\sqrt{\Delta t}, R_2^{du} = R_2^d + \sigma\sqrt{\Delta t} = R_2$$

则时间间隔为 Δt 的 3 期利率二叉树如图 5-18 所示。

```
     0~t₁           t₁~t₂              t₂~t₃
                                    R₂ + 2σ√Δt
                  R₁ + σ√Δt
     R₀                                 R₂
                  R₁ - σ√Δt
                                    R₂ - 2σ√Δt
```

图 5-18 3 期利率二叉树（H - L）

以此类推，时间间隔为 Δt 的 4 期利率二叉树如图 5-19 所示。

```
     0~t₁         t₁~t₂           t₂~t₃              t₃~t₄
                                                  R₃ + 3σ√Δt
                              R₂ + 2σ√Δt
                  R₁ + σ√Δt                       R₃ + σ√Δt
     R₀                            R₂
                  R₁ - σ√Δt                       R₃ - σ√Δt
                              R₂ - 2σ√Δt
                                                  R₃ - 3σ√Δt
```

图 5-19 4 期利率二叉树（H - L）

时间间隔为 Δt 的 3 期债券价格二叉树如图 5-20 所示。

```
       0          t₁                t₂                          t₃
                                                  P₃¹ = P₂¹[1 + (R₂ + 2σ√Δt)Δt]
                           P₂¹ = P₁[1 + (R₁ + σ√Δt)Δt]
                                                  P₃² = P₂¹[1 + R₂Δt]
     P₀ = 1   P₁ = 1 + R₀Δt
                                                  P₃³ = P₂²[1 + R₂Δt]
                           P₂² = P₁[1 + (R₁ - σ√Δt)Δt]
                                                  P₃⁴ = P₂²[1 + (R₂ - 2σ√Δt)Δt]
```

图 5-20 3 期零息债券价格二叉树（H - L）

对比利率二叉树和债券价格二叉树可知：利率二叉树相邻节点可以合并，债券价格二叉树相邻节点因价格不同而不可以合并；$[t_{k-1}, t_k]$ $(k = 1, 2, \cdots, N)$ 上的利率为 k 个，t_k 对应的债券价格为 2^{k-1} 个。

举例

已知 $R_0 = 0.0485$，$R_1 = 0.051$，$R_2 = 0.0525$，$R_3 = 0.055$，$R_4 = 0.057$，$\sigma = 0.01$，$\Delta t = 0.25$，零息债券初始价格为 1。试给出利率的 4 期二叉树和零息债券价格的 4 期二叉树。

解：利率 4 期二叉树如图 5-21 所示。

债券价格 4 期二叉树如图 5-22 所示。

问题

（1）已知 $R_0 = 0.0485$，$R_1 = 0.0515$，$R_2 = 0.0525$，$R_3 = 0.055$，$R_4 = 0.055$，$\sigma = 0.01$，$\Delta t = 0.25$，末期零息债券价格为 1。试计算零息债券初始价格。

第 5 章 利率期限结构、利率模型与债券价格

0~0.25	0.25~0.5	0.5~0.75	0.75~1
			0.0635
		0.0585	
	0.0535		0.0535
0.0485		0.0485	
	0.0435		0.0435
		0.0385	
			0.0335

图 5-21 4 期利率二叉树（H - L）

0	0.25	0.5	0.75	1
				1.0606
		1.0423		
				1.0580
	1.0263			1.0554
		1.0398		
1	1.0121			1.0528
				1.0528
		1.0372		
	1.0238			1.0502
				1.0476
		1.0346		
				1.0450

图 5-22 4 期债券价格二叉树（H - L）

（2）已知 $R_0 = 0.05$，$R_1 = 0.0515$，$R_2 = 0.052$，$R_3 = 0.055$，$\sigma = 0.01$，$\Delta t = \dfrac{1}{3}$，零息债券初始价格为 1。试给出利率的 3 期二叉树和零息债券价格的 3 期二叉树。

5.3.3 Vasicek 离散模型

假设时间段 $[t_{k-1}, t_k]$ 内的远期利率为 R_k 且在 Δt 内是可变的，其变化过程为 $\Delta R_t = a(b - R_t)\Delta t + \sigma \Delta W_t$。式中，$\sigma$ 为利率波动率；b 为 R_t 均值；a 为 R_t 向均值 b 回复的速度；$\Delta W_t : N(0, \Delta t)$ 为独立增量过程；a、b、σ 均为常数。由于 R_k 在 Δt 内是可变的，因此，据此构建的利率二叉树相邻节点不可以合并。此时，$[t_{k-1}, t_k]$（$k = 1, 2, \cdots, N$）上的利率为 2^{k-1} 个，t_k 对应的债券价格为 2^{k-1} 个。

考虑 $0 \sim t_1$ 期。设反转利率 $R_0^{0,v} = R_0 + a(b - R_0)\Delta t$。

考虑 $t_1 \sim t_2$ 期。设原始利率 $R_1^{1,u} = R_0^{0,v} + \sigma\sqrt{\Delta t}$、$R_1^{1,d} = R_0^{0,v} - \sigma\sqrt{\Delta t}$，原始利率均值 $\overline{R}_1 = \dfrac{R_1^{1,u} + R_1^{1,d}}{2}$。则 $[t_1, t_2]$ 上的实际利率 R_1^1 和 R_1^2 分别为

$$R_1^1 = R_1 + R_1^{1,u} - \overline{R}_1, \quad R_1^2 = R_1 + R_1^{1,d} - \overline{R}_1$$

考虑 $t_2 \sim t_3$ 期。设反转利率 $R_1^{1,v} = R_1^1 + a(b - R_1^1)\Delta t$、$R_1^{2,v} = R_1^2 + a(b - R_1^2)\Delta t$，原始利率 $R_2^{1,u} = R_1^{1,v} + \sigma\sqrt{\Delta t}$、$R_2^{1,d} = R_1^{1,v} - \sigma\sqrt{\Delta t}$、$R_2^{2,u} = R_1^{2,v} + \sigma\sqrt{\Delta t}$、$R_2^{2,d} = R_1^{2,v} - \sigma\sqrt{\Delta t}$，原始利率均值 $\overline{R}_2 = \dfrac{R_2^{1,u} + R_2^{1,d} + R_2^{2,u} + R_2^{2,d}}{4}$。则 $[t_2, t_3]$ 上的实际利率 $R_2^1 \sim R_2^4$ 分别为

$$R_2^1 = R_2 + R_2^{1,u} - \overline{R}_2, \quad R_2^2 = R_2 + R_2^{1,d} - \overline{R}_2, \quad R_2^3 = R_2 + R_2^{2,u} - \overline{R}_2, \quad R_2^4 = R_2 + R_2^{2,d} - \overline{R}_2$$

考虑 $t_k \sim t_{k+1}$ 期。设反转利率 $R_{k-1}^{j,v} = R_{k-1}^j + a(b - R_{k-1}^j)\Delta t$（$j = 1, 2, \cdots, 2^{k-1}$），原始利率 $R_k^{j,u} =$

$R_{k-1}^{j,v} + \sigma\sqrt{\Delta t}$、$R_k^{j,d} = R_{k-1}^{j,v} - \sigma\sqrt{\Delta t}$，原始利率均值 $\overline{R}_k = \dfrac{\sum_{j=1}^{2^{k-1}}(R_k^{j,u} + R_k^{j,d})}{2^k}$。则 $[t_k, t_{k-1}]$ 上的实际利率 R_k^j 为

$$R_k^j = R_k + R_k^{\frac{j+1}{2},u} - \overline{R}_k \quad (j = 1, 3, \cdots, 2^{k-1} - 1)$$

$$R_k^j = R_k + R_k^{\frac{j}{2},d} - \overline{R}_k \quad (j = 2, 4, \cdots, 2^{k-1})$$

遵循上述步骤构建的 Vasicek 利率 4 期二叉树如图 5-23 所示。

$0 \sim t_1$	$t_1 \sim t_2$	$t_2 \sim t_3$	$t_3 \sim t_4$
			$R_3^1 = R_3 + R_3^{1,u} - \overline{R}_3$
		$R_2^1 = R_2 + R_2^{1,u} - \overline{R}_2$	
	$R_1^1 = R_1 + R_1^{1,u} - \overline{R}_1$		$R_3^2 = R_3 + R_3^{1,d} - \overline{R}_3$
			$R_3^3 = R_3 + R_3^{2,u} - \overline{R}_3$
		$R_2^2 = R_2 + R_2^{1,d} - \overline{R}_2$	
$R_0^{0,v} = R_0 + a(b - R_0)\Delta t$			$R_3^4 = R_3 + R_3^{2,d} - \overline{R}_3$
			$R_3^5 = R_3 + R_3^{3,u} - \overline{R}_3$
		$R_2^3 = R_2 + R_2^{2,u} - \overline{R}_2$	
	$R_1^2 = R_1 + R_1^{1,d} - \overline{R}_1$		$R_3^6 = R_3 + R_3^{3,d} - \overline{R}_3$
			$R_3^7 = R_3 + R_3^{4,u} - \overline{R}_3$
		$R_2^4 = R_2 + R_2^{2,d} - \overline{R}_2$	
			$R_3^8 = R_3 + R_3^{4,d} - \overline{R}_3$

图 5-23 利率 4 期二叉树（Vasicek）

举例

已知 $R_0 = 0.0485$，$R_1 = 0.051$，$R_2 = 0.0525$，$R_3 = 0.055$，$R_4 = 0.057$，$\sigma = 0.01$，$\Delta t = 0.25$，$a = 0.4$，$b = 0.056$，零息债券初始价格为 1。试利用 Vasicek 二叉树模型给出利率的 4 期二叉树和零息债券价格的 4 期二叉树。

解：利率 4 期二叉树如图 5-24 所示。

$0 \sim 0.25$	$0.25 \sim 0.5$	$0.5 \sim 0.75$	$0.75 \sim 1$
			0.068 55
		0.062	
	0.056		0.058 55
			0.059 15
		0.052	
			0.049 15
0.0485			0.060 45
		0.053	
			0.050 45
	0.046		0.051 45
		0.043	
			0.041 45

图 5-24 利率 4 期二叉树（Vasicek）

债券价格 4 期二叉树如图 5-25 所示。

0	0.25	0.5	0.75	1
				1.122 78
			1.085 57	
		1.052 93		1.117 35
				1.112 26
			1.080 31	
1	1.024 25			1.106 85
				1.108 08
			1.075 57	
		1.047 81		1.102 71
				1.097 87
			1.070 34	
				1.092 52

图 5-25　债券价格 4 期二叉树（Vasicek）

问题

（1）$R_0 = 0.0485$，$R_1 = 0.051$，$R_2 = 0.0525$，$R_3 = 0.055$，$R_4 = 0.057$，$\sigma = 0.01$，$\Delta t = 0.25$，$a = 0.4$，$b = 0.056$，末期零息债券价格为 1。试利用 Vasicek 二叉树模型计算零息债券初始价格。

（2）已知 $R_0 = 0.0485$，$R_1 = 0.055$，$R_2 = 0.065$，$R_3 = 0.055$，$R_4 = 0.055$，$\sigma = 0.01$，$\Delta t = \frac{1}{3}$，$a = 0.02$，$b = 0.03$，零息债券初始价格为 1。试利用 Vasicek 二叉树模型给出利率的 3 期二叉树和零息债券价格的 3 期二叉树。

5.4　连续利率模型与债券价格

5.4.1　连续利率模型与债券价格的偏微分方程

假设短期利率 R_t 服从如下形式的运动方程：

$$dR_t = \mu(R,t)dt + \sigma(R,t)dW_t \tag{5-18}$$

式中，$\mu(R,t)$ 为 R_t 的漂移率；$\sigma(R,t)$ 为 R_t 的波动率；$W_t: N(0,t)$ 为布朗运动。债券价格 $P(t,T)$ 是时刻 t、到期时间 T 和短期利率 R_t 的函数。给定一个微分 d，则时间变化为 dt，布朗运动变化的增量过程为 dW_t，短期利率变化为 dR_t。在时刻 t 处，$P(t,T)$ 可以做二阶近似泰勒展开：

$$dP(t,T) = \frac{\partial P}{\partial R_t}dR_t + \frac{\partial P}{\partial t}dt + \frac{1}{2}\frac{\partial^2 P}{\partial R_t^2}(dR_t)^2 + \frac{1}{2}\frac{\partial^2 P}{\partial t^2}(dt)^2 + \frac{\partial^2 P}{\partial R_t \partial t}dR_t dt$$

其中：

$$(dR_t)^2 = (\mu dt + \sigma dW_t)^2 = \mu^2(dt)^2 + \sigma^2(dW_t)^2 + 2\mu\sigma dW_t dt \to \sigma^2 dt$$

$$dR_t dt = \mu(dt)^2 + \sigma dW_t dt \to 0$$

代入二阶近似泰勒展开式可得

$$dP(t,T) = \left(\frac{\partial P}{\partial t} + \mu\frac{\partial P}{\partial R_t} + \frac{1}{2}\sigma^2\frac{\partial^2 P}{\partial R_t^2}\right)dt + \sigma\frac{\partial P}{\partial R_t}dW_t \tag{5-19}$$

设 $M(t,T) = \frac{\partial P}{\partial t} + \mu \frac{\partial P}{\partial R_t} + \frac{1}{2}\sigma^2 \frac{\partial^2 P}{\partial R_t^2}$, $N(t,T) = \sigma \frac{\partial P}{\partial R_t}$，则 $\mathrm{d}P(t,T)$ 可以表示为

$$\mathrm{d}P(t,T) = M(t,T)\mathrm{d}t + N(t,T)\mathrm{d}W_t \tag{5-20}$$

在时刻 t 构造资产组合 Π_t：卖空 Δ 单位零息债券 $P(t,T_2)$，同时买空 1 单位零息债券 $P(t,T_1)$，买空 1 单位现金 C_t。则时刻 t 资产组合 Π_t 为

$$\Pi_t = P(t,T_1) - \Delta P(t,T_2) + C_t \tag{5-21}$$

经过时间 $\mathrm{d}t$，资产组合变化 $\mathrm{d}\Pi_t$ 为

$$\begin{aligned}\mathrm{d}\Pi_t &= \mathrm{d}P(t,T_1) - \Delta \mathrm{d}P(t,T_2) + R_t C_t \mathrm{d}t \\ &= [M(t,T_1) - \Delta M(t,T_2)]\mathrm{d}t + [N(t,T_1) - \Delta N(t,T_2)]\mathrm{d}W_t + R_t C_t \mathrm{d}t\end{aligned}$$

设 $\Delta = \frac{N(t,T_1)}{N(t,T_2)}$，则 $\mathrm{d}\Pi_t = [M(t,T_1) - \Delta M(t,T_2)]\mathrm{d}t + R_t C_t \mathrm{d}t$，将式（5-21）代入可得

$$\mathrm{d}\Pi_t = [M(t,T_1) - \Delta M(t,T_2)]\mathrm{d}t + R_t[\Pi_t - P(t,T_1) + \Delta P(t,T_2)]\mathrm{d}t \tag{5-22}$$

由无套利条件 $\Pi_t = \mathrm{e}^{-R_t \mathrm{d}t} E \Pi_{t+\mathrm{d}t} = \mathrm{e}^{-R_t \mathrm{d}t} \Pi_{t+\mathrm{d}t}$，则有下式成立：

$$\frac{\mathrm{d}\Pi_t}{\mathrm{d}t} = \frac{\Pi_{t+\mathrm{d}t} - \Pi_t}{\mathrm{d}t} = \frac{\Pi_t \mathrm{e}^{R_t \mathrm{d}t} - \Pi_t}{\mathrm{d}t} = \Pi_t \frac{\mathrm{e}^{R_t \mathrm{d}t} - 1}{\mathrm{d}t} = \Pi_t R_t$$

因而可得 $\mathrm{d}\Pi_t = R_t \Pi_t \mathrm{d}t$，代入式（5-22）可得

$$\frac{M(t,T_1) - R_t P(t,T_1)}{N(t,T_1)} = \frac{M(t,T_2) - R_t P(t,T_2)}{N(t,T_2)} \tag{5-23}$$

式（5-23）表明零息债券单位风险的超额收益与到期时间 T 无关。可以设 $\lambda(t,R) = \frac{M(t,T) - R_t P(t,T)}{N(t,T)}$ 表示风险价格，则有

$$M(t,T) = R_t P(t,T) + \lambda N(t,T) \tag{5-24}$$

将 $M(t,T)$ 和 $N(t,T)$ 代入式（5-24）可得零息债券价格的偏微分方程（PDE）为

$$\frac{\partial P}{\partial t} + (\mu - \lambda\sigma)\frac{\partial P}{\partial R_t} + \frac{1}{2}\sigma^2 \frac{\partial^2 P}{\partial R_t^2} - R_t P(t,T) = 0 \tag{5-25}$$

5.4.2 Vasicek 连续模型

Vasicek（1977）提出了一个关于利率的均值回归模型。假设短期利率 R_t 服从如下形式的运动方程：

$$\mathrm{d}R_t = \alpha(\beta - R_t)\mathrm{d}t + \sigma \mathrm{d}W_t \tag{5-26}$$

式中，$\alpha(\beta - R_t)$ 为 R_t 的漂移率；β 为 R_t 的均值，当 R_t 偏离 β 时，R_t 会向 β 回复；α 用来衡量 R_t 趋近于 β 的速度；波动率 σ 为常数。因此，式（5-25）中的 $(\mu - \lambda\sigma)$ 可以写成 $a(b - R_t)$ 的形式，其中 $a = \alpha$，$b = \frac{\alpha\beta - \lambda\sigma}{\alpha}$，二者均为常数。则零息债券价格的 PDE 为

$$\frac{\partial P}{\partial t} + a(b - R_t)\frac{\partial P}{\partial R_t} + \frac{1}{2}\sigma^2 \frac{\partial^2 P}{\partial R_t^2} - R_t P(t,T) = 0 \tag{5-27}$$

到期边界条件为 $\lim_{t \to T} P(t,T) = P(T,T) = 1$。猜解：

$$P(t,T) = \exp[A(t,T)R_t + B(t,T)]$$

显然 $A(t,T)$ 的边界条件为 $\lim_{t \to T} A(t,T) = A(T,T) = 0$，$B(t,T)$ 的边界条件为 $\lim_{t \to T} B(t,T) = B(T,T) = 0$。将 $P(t,T)$ 代入式（5-27）可得

$$A(t,T) = -\frac{1-\exp[-a(T-t)]}{a}$$

$$B(t,T) = -\frac{[A+(T-t)][a^2b-\sigma^2/2]}{a^2} - \frac{\sigma^2 A^2}{4a}$$

问题

假设短期利率 R_t 服从如下形式的运动方程：
$$dR_t = \mu dt + \sigma dW_t$$

式中，R_t 的漂移率 μ 和波动率 σ 均为常数。设 $a=(\mu-\lambda\sigma)$ 为常数，试证明零息债券价格为 $P(t,T) = \exp[A(t,T)R_t + B(t,T)]$，其中：

$$A(t,T) = -(T-t), B(t,T) = -\frac{a}{2}(T-t)^2 + \frac{\sigma^2}{6}(T-t)^3$$

假定零息债券面值为1，参数 $a=0.005$、$\sigma=0.03$、$R_t=0.052$，试分别求五年期和十年期零息债券到期收益率和价格。[答案：五年期，$P(0,5)=0.738$，到期收益率为 6.07%；十年期，$P(0,10)=0.538$，到期收益率为 6.2%]

5.4.3 HJM 模型

HJM 模型由 Heath、Jarrow 和 Morton（1992）提出。若零息债券价格可以写成 $P(t,T) = \exp[A(t,T)R_t + B(t,T)]$ 的形式，则有

$$\frac{\partial P}{\partial R_t} = A(t,T)P(t,T) \tag{5-28}$$

将式（5-24）、式（5-28）和 $N(t,T)$ 代入式（5-20）可得

$$dP(t,T) = (R_t + \lambda\sigma A)Pdt + \sigma APdW_t \tag{5-29}$$

设 $\lambda=0$、$\sigma(t,T)=\sigma A$，则债券价格运动方程可以写成更一般的简化形式：

$$dP(t,T) = R_t P dt + \sigma(t,T)P dW_t \tag{5-30}$$

由于 $d\ln P(t,T) \approx \frac{d\ln P}{dP}dP + \frac{1}{2}\frac{d^2\ln P}{dP^2}(dP)^2$，$\frac{d\ln P}{dP} = \frac{1}{P}$，$\frac{d^2\ln P}{dP^2} = -\frac{1}{P^2}$，$(dP)^2 = [R_t P dt + \sigma(t,T)P dW_t]^2 \to \sigma^2 P^2 dt$，因而有

$$d\ln P(t,T) = \left(R_t - \frac{\sigma^2}{2}\right)dt + \sigma dW_t \tag{5-31}$$

两边同时积分可得

$$\int_0^t d\ln P(s,T) = \int_0^t \left(R_s - \frac{\sigma^2}{2}\right)ds + \int_0^t \sigma dW_s$$

$$\Rightarrow \ln P(t,T) - \ln P(0,T) = \int_0^t R_s ds - \frac{1}{2}\int_0^t \sigma^2(s,T)ds + \int_0^t \sigma(s,T)dW_s \tag{5-32}$$

当 $T=t$ 时，$P(t,t)=1$，可得 $\int_0^t R_s ds$ 为

$$\int_0^t R_s ds = -\ln P(0,t) + \frac{1}{2}\int_0^t \sigma^2(s,t)ds - \int_0^t \sigma(s,t)dW_s$$

将 $\int_0^t R_s ds$ 代入式（5-32）可得

$$\ln P(t,T) = \ln \frac{P(0,T)}{P(0,t)} + \frac{1}{2}\int_0^t [\sigma^2(s,t) - \sigma^2(s,T)]ds + \int_0^t \sigma(s,T) - \sigma(s,t)dW_s$$

于是可得债券价格为

$$P(t,T) = \frac{P(0,T)}{P(0,t)} \exp\left\{\frac{1}{2}\int_0^t [\sigma^2(s,t) - \sigma^2(s,T)] ds\right\} \exp\left\{\int_0^t [\sigma(s,T) - \sigma(s,t)] dW_s\right\}$$
(5-33)

这意味着债券价格取决于初始期债券价格和债券价格波动率。

进一步可由 $P(t,T)$ 求出远期利率 $f(t,T)$。由式（5-15），$f(t,T) = -\dfrac{d\ln P(t,T)}{dT}$，则有

$$df(t,T) = -d\frac{d\ln P(t,T)}{dT} = -d\frac{\left(R_t - \dfrac{\sigma^2}{2}\right)dt + \sigma dW_t}{dT} = \sigma\frac{d\sigma}{dT}dt - \frac{d\sigma}{dT}dW_t$$

设 $\mu_f(t,T) = \sigma\dfrac{d\sigma}{dT}$，$\sigma_f(t,T) = -\dfrac{d\sigma}{dT}$，则远期利率运动方程可以写成更一般的简化形式：

$$df(t,T) = \mu_f(t,T) dt + \sigma_f(t,T) dW_t$$
(5-34)

因为 $\int_t^T \dfrac{d\sigma(t,s)}{ds} ds = \sigma(t,T) - \sigma(t,t) = \sigma(t,T)$，则有

$$\mu_f(t,T) = \sigma\frac{d\sigma}{dT} = \frac{d\sigma}{dT}\int_t^T \frac{d\sigma(t,s)}{ds} ds = -\sigma_f(t,T)\int_t^T \frac{d\sigma(t,s)}{ds} ds$$
(5-35)

这就表明，远期利率的漂移率取决于波动率，因此，只要知道短期利率波动率，就可以求出债券价格波动率，进而求出债券价格和远期利率。

5.4.4 Hull–White 模型

Hull 和 White（1990）提出了利率的 Hull–White 模型（简称 H–W 模型）。H–W 模型是 Vasicek 模型的扩展，是在短期利率均值回归的基础上，假定波动率是动态变化的。由式（5-30）和 Vasicek 模型的债券价格 $P(t,T) = \exp[A(t,T)R_t + B(t,T)]$ 可知

$$\sigma(t,T) = \sigma A(t,T) = \frac{\sigma}{a}[1 - \exp(-a(T-t))]$$

因此有

$$\int_0^t \sigma^2(s,T) ds = \frac{\sigma^2}{a^2}[t + D(t,T) - D(0,T)] + \frac{\sigma^2}{2a}[D^2(t,T) - D^2(0,T)]$$

$$\int_0^t \sigma(s,T) dW_t = \frac{\sigma}{a}\left[W_t - \int_0^t \exp(-a(T-s)) dW_t\right]$$

其中，$D(t,T) = \dfrac{1}{a}[1 - \exp(-a(T-t))]$。代入式（5-33）可得

$$P(t,T) = \frac{P(0,T)}{P(0,t)} \exp\left\{\frac{1}{2}\int_0^t [\sigma^2(s,t) - \sigma^2(s,T)] ds\right\} \exp\left\{\sigma D(t,T) e^{-at} \int_0^t e^{as} dW_s\right\}$$
(5-36)

为消去 $\int_0^t e^{as} dW_s$ 项，利用 $R_t = f(t,t) = -\dfrac{d\ln P(t,T)}{dT}\bigg|_{T=t}$ 可得

$$R_t = -\frac{d\ln P(0,t)}{dT} + \frac{\sigma^2}{4a^2}D^2(0,t) - \sigma e^{-at}\int_0^t e^{as} dW_s$$
(5-37)

解出 $\int_0^t e^{as} dW_s$ 并代入式（5-36），可以得出零息债券价格为

$$P(t,T) = \frac{P(0,T)}{P(0,t)} \exp\left\{\frac{1}{2}\int_0^t [\sigma^2(s,t) - \sigma^2(s,T)] ds\right\} \times$$

$$\exp\left\{-R_t D(t,T) - \frac{\mathrm{d}\ln P(0,t)}{\mathrm{d}T}D(t,T) + \frac{\sigma^2}{4a^2}D^2(0,t)D(t,T)\right\} \tag{5-38}$$

问题

(1) 假设债券价格波动率 $\sigma(t,T) = T-t$。试证明短期利率 R_t 为

$$R_t = -\frac{\mathrm{d}\ln P(0,t)}{\mathrm{d}T} + \frac{t^2}{2} - W_t$$

(2) 假设债券价格波动率 $\sigma(t,T) = t(T-t)$。试证明短期利率 R_t 为

$$R_t = -\frac{\mathrm{d}\ln P(0,t)}{\mathrm{d}T} + \frac{t^4}{12} - \int_0^t s\,\mathrm{d}W_s$$

本章关键词

即期利率　远期利率　利率期限结构　纯预期理论　流动性溢价理论　偏好习惯理论　市场分割理论　自举法　平价收益曲线　三次样条函数法　利率期限结构套利　利率二叉树模型　Ho–Lee 模型　Vasicek 离散模型　债券价格的偏微分方程　Vasicek 连续模型　HJM 模型　Hull–White 模型

第 6 章 内嵌期权债券收益率与价格

6.1 可赎回债券收益率与价格

6.1.1 可赎回债券

可赎回债券（Callable Bond）是在债券发行一段时间后的某个或某段连续时间内，债券发行人可以按照约定的价格提前赎回全部或部分债券，这种赎回权属于内嵌期权，通常作为可转债的附加条款，不可以脱离债券单独交易。债券发行人发起赎回时通常需满足两个条件：①正股股价达到转股价的 100%～150%；②这种涨幅可以持续 20～30 个交易日。可赎回债券是对发行人或上市公司有利的债券，既可以降低企业的融资成本，又可以加速债券（可转债）持有人的转股进程。当股价很高时，通常配股和增发比发行债券更有利，此时可以高价增发来赎回债券。

对于发行人而言，可赎回权实质上是债券价格的看涨期权，即赋予发行人一种权利，在债券价格超过赎回条款中约定的赎回价格时，债券发行人可以行使赎回权利，因此可赎回债券是有利于发行人的一种融资工具。按赎回时间不同，可赎回债券可以分为欧式、美式和百慕大三种形式。欧式可赎回债券赋予发行人只能在一个固定日期（一般是赎回保护到期前最后一个付息日）行使赎回债券的权利；美式可赎回债券赋予发行人可以在任何时刻赎回债券的权利；百慕大可赎回债券赋予发行人可以在几个约定的时间（往往与付息日重合）赎回债券的权利。

可赎回债券并非只赎回一次，而是具有一个赎回计划，通常会确立首次赎回日和赎回价格进行第一次赎回。首次赎回日之前的时期为赎回禁止期，在此期间，可赎回债券不允许被赎回，与普通债券一致。可赎回债券通常有两种赎回价格——常规履行价和特别履行价。常规履行价下，赎回价高于面值；特别履行价下，赎回价等于面值。

设赎回价为 $\overline{P}$，可赎回债券市场价格为 P_t。在首次赎回日后，若债券市场价格高于赎回价，则赎回债券的节约（流入）现金流为 P_t，支出（流出）赎回价现金流为 $\overline{P}$，发行人存在赎回收益为 $P_t - \overline{P}$，因而发行人会选择行使赎回权；若债券市场价格低于赎回价，则发行人存在赎回损失为 $P_t - \overline{P}$，因而发行人不会选择行使赎回权。若首次赎回日为发行日，这意味着一旦债券市场价格高于赎回价，则发行人就可能行使赎回权，即赎回价构成了债券发行周期内市场价格的上限。若首次赎回日不是发行日，则赎回价构成了首次赎回日后剩余期限内债券市场价格的上限。

赎回权有利于发行人，在其他条件不变的情况下，可赎回债券价格低于不可赎回债券价格，差额部分为赎回权价值，即赎回权价值＝不可赎回债券价格－可赎回债券价格。若可赎回债券价格等于面值，则对应贴现率小于息票率；若贴现率等于息票率，则可赎回债券价格小于面值。考虑赎回价构成债券市场价格上限和赎回权价值，图 6-1 给出了可赎回债券的价格收益曲线。若市场利率 R 高于赎回价 $\overline{P}$ 对应的贴现率 R^*，则可赎回债券价格与市场利率负相关，且可赎回债券价格与不可赎回债券价格差额即赎回权价值与市场利率负相关；若市场利率 R 低于赎回价 $\overline{P}$ 对应的贴现率 R^*，则无论市场利率如何变化，可赎回债券价格等于赎回价 $\overline{P}$，且赎回价 $\overline{P}$ 与不可赎回债券价格差额即赎回权价值与市场利率负相关。

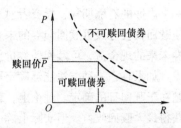

图 6-1　可赎回债券价格收益曲线

6.1.2　首次赎回收益率

赎回收益率是使债券从发行至被赎回期限内每期现金流的贴现值之和等于可赎回债券发行价格的内部收益率。对于既定的赎回日期，赎回收益率的计算方法与到期收益率相同，区别在于到期期限和赎回价。到期收益率计算时假定持有到期且以面值赎回，赎回收益率计算时假定持有至既定赎回日期且以赎回价赎回。若假定首次赎回日被赎回，则赎回收益率为首次赎回收益率。

假设可赎回债券面值为 M，期限为 n，发行价格为 P_0，息票率为 i，按年付息，赎回价为 $\overline{P}$，首次赎回日为 t_0，首次赎回收益率为 R_{t_0}。若不行使赎回权，则可赎回债券的现金流如图 6-2 所示。

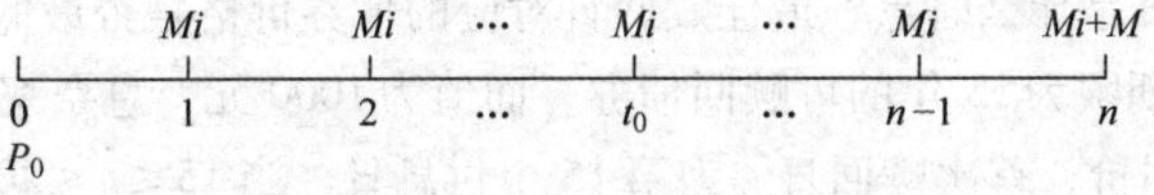

图 6-2　可赎回债券的现金流（不行使赎回权）

若首次赎回日行使赎回权，则可赎回债券的现金流如图 6-3 所示。

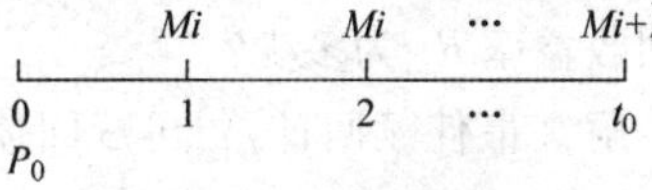

每期息票利息 Mi 作为年金，并向第 0 期贴现加总，则首次赎回收益率 R_{t_0} 应满足：

图 6-3　可赎回债券的现金流（行使赎回权）

$$P_0 = \frac{Mi}{(1+R_{t_0})} + \frac{Mi}{(1+R_{t_0})^2} + \cdots + \frac{Mi+\overline{P}}{(1+R_{t_0})^{t_0}}$$
$$= Mi(P/A, R_{t_0}, t_0) + \overline{P}(P/S, R_{t_0}, t_0) \tag{6-1}$$

问题

A 公司发行 15 年期可赎回公司债券，面值为 1000 元，息票率为 11%，半年付息，发行价为 1144.88 元，0~5 年再投资利率为 6%，首次赎回日为第 3 年，赎回价为 1055 元。假定投资者投资期限为五年，则该债券到期收益率为多少？（答案：9.2%）该债券的首次赎回收益率为多少？（答案：7.22%）若该债券首次赎回日被赎回，则总收益率为多少？（答案：6.66%）（提示：需单独计算 0~3 年与 3~5 年的息票利息与利滚利之和以及赎回价再投资收益，第五年年末的 0~3 年息票利息与利滚利之和为 400.4 元，第六年年末的 3~5 年息票利息与利滚利之和为 0，第六年年末的赎回价再投资收益为 1187.4 元）

6.1.3　最佳赎回日

首次赎回收益率的前提是假定债券首次赎回日被赎回，但实际上对发行人而言，赎回权是一个内嵌的看涨期权，投资者对于发行人何时会行权即债券何时会被赎回无法确定。发行人行使赎回权会导致可赎回债券的未来现金流在到期日之前被终止，因而投资者无法确定可赎回债券未来的现金流，可赎回债券价格是不确定的。

如果存在一种方法能够确定可赎回债券的赎回日，则未来现金流就是确定的，所以关键问题在于赎回日的确定。理论上，存在一个最佳赎回日，使得发行人在最佳赎回日赎回债券能够获得最大赎回收益。但实际上除了赎回收益，还存在许多负面因素影响发行人是否行使赎回权，如交易费用、行使赎回权对公司声誉的影响、行使赎回权对公司竞争力的影响等，因而很难预测赎回日。这时存在一种保守的方法，即对每一个可能的赎回时间计算债券价格，由于投资者无法确定赎回日，为保险起见，投资者应选择对自己最有利的债券价格，即最小债券价格。

保守法有三个基本假定：①投资者有预期最低收益率；②发行人在最佳赎回日行使赎回权；③最佳赎回日由赎回收益最大或赎回损失最小原则确定。那么，依据最佳赎回日计算的债券价格是最小价格吗？最小债券价格对应的赎回日是使赎回收益最大的最佳赎回日吗？

问题

(1) 若最低收益率已知，可赎回债券折价发行，赎回价为面值，则最佳赎回日是什么时点？最佳赎回日对应的债券价格是否最低？若最低收益率已知，可赎回债券溢价发行，赎回价为面值，则最佳赎回日是什么时点？最佳赎回日对应的债券价格是否最低？

(2) A 公司发行期限为 15 年的可赎回债券，面值为 1000 元，息票率为 4%，半年付息，n 为付息次数，$\overline{P}$ 为赎回价，首次赎回日 t_0 为第 15 个付息日。当 $15 \leq n \leq 20$ 时，$\overline{P} = 1000$ 元；当 $20 < n \leq 30$ 时，$\overline{P} = 1000$ 元 $+ 10(n-20)$。若投资者预期最低收益率 $R = 5\%$，则最佳赎回日 n^* 对应的付息次数是多少？利用保守法计算的可赎回债券价格为多少？（答案：922.05 元）首次赎回收益率 R_{t_0} 为多少？

解（最佳赎回日）：可赎回债券的现金流如图 6-4 所示。

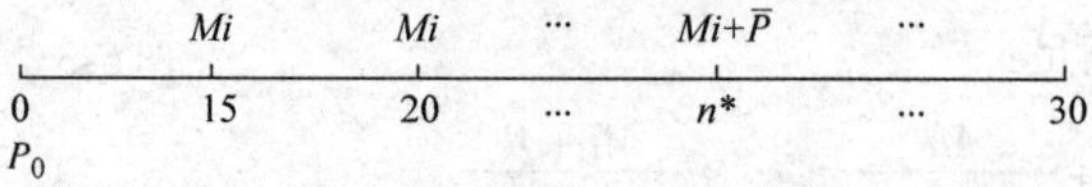

图 6-4 可赎回债券的现金流

由于 $i < R$，债券价格 P_t 小于赎回价 $\overline{P}$，因此发行人行使赎回权会面临赎回损失。设赎回损失为 L，则 L 为

$$L = \begin{cases} 1000\text{元} - 1000\text{元} \times 2\% \times (P/A, 2.5\%, 30-n) - 1000\text{元} \times (P/S, 2.5\%, 30-n) & 15 \leq n \leq 20 \\ 1000\text{元} + 10(n-20) - 1000\text{元} \times 2\% \times (P/A, 2.5\%, 30-n) - 1000\text{元} \times (P/S, 2.5\%, 30-n) & 20 < n \leq 30 \end{cases}$$

发行人最小化赎回损失，则当 $15 \leq n \leq 20$ 时：

$$\frac{\partial L}{\partial n} = \left(\frac{1000\text{元} \times 2\%}{2.5\%} - 1000\text{元} \right) \ln(1 + 2.5\%)(1 + 2.5\%)^{n-30} < 0;$$

当 $20 < n \leq 30$ 时：

$$\frac{\partial L}{\partial n} = 10 + \left(\frac{1000\text{元} \times 2\%}{2.5\%} - 1000\text{元} \right) \ln(1 + 2.5\%)(1 + 2.5\%)^{n-30},$$

由于 $\left. \frac{\partial L}{\partial n} \right|_{\min} = \left. \frac{\partial L}{\partial n} \right|_{n=30} = 10 + \left(\frac{1000\text{元} \times 2\%}{2.5\%} - 1000\text{元} \right) \ln(1 + 2.5\%) > 0$，因此 $\frac{\partial L}{\partial n} > 0$。

综上，当 $n=20$ 时，发行人赎回损失最小，故最佳赎回日 $n^* = 20$。

6.1.4 可赎回债券的定价方法

1. 无套利方法

假设可赎回债券面值为 M，期限为 n，债券价格为 P_0，息票率为 i，按年付息，发行人只有一次赎回机会，赎回价为 $\overline{P}$，赎回日为 k。如果不考虑利率期限结构，则发行人在第 k 期行使赎回权的现金流贴现值之和为

$$P_0 = \frac{Mi}{(1+R)} + \frac{Mi}{(1+R)^2} + \cdots + \frac{Mi+\overline{P}}{(1+R)^k} = Mi(P/A,R,k) + \overline{P}(P/S,R,k)$$

发行人在第 k 期不行使赎回权的现金流贴现值之和为

$$P_0 = \frac{Mi}{(1+R)} + \frac{Mi}{(1+R)^2} + \cdots + \frac{Mi+M}{(1+R)^n} = Mi(P/A,R,n) + M(P/S,R,n)$$

发行人将根据两者中的较小值决定是否行使赎回权，即有

$$P_0 = \min\left(\sum_{j=1}^{k} \frac{Mi}{(1+R)^j} + \frac{\overline{P}}{(1+R)^k}, \sum_{j=1}^{n} \frac{Mi}{(1+R)^j} + \frac{M}{(1+R)^n} \right) \tag{6-2}$$

如果考虑利率期限结构，则发行人在第 k 期行使赎回权的现金流贴现值之和为

$$P_0 = \frac{Mi}{(1+R_1)} + \frac{Mi}{(1+R_2)^2} + \cdots + \frac{Mi+\overline{P}}{(1+R_k)^k}$$

发行人在第 k 期不行使赎回权的现金流贴现值之和为

$$P_0 = \frac{Mi}{(1+R_1)} + \frac{Mi}{(1+R_2)^2} + \cdots + \frac{Mi+M}{(1+R_n)^n}$$

发行人将根据两者中的较小期望值决定是否行使赎回权，即有

$$P_0 = E\left[\min\left(\sum_{j=1}^{k} \frac{Mi}{(1+R_j)^j} + \frac{\overline{P}}{(1+R_k)^k}, \sum_{j=1}^{n} \frac{Mi}{(1+R_j)^j} + \frac{M}{(1+R_n)^n} \right) \right] \tag{6-3}$$

式中，$E[\cdot]$ 表示在等价风险中性测度 P 下的期望值。

问题

可回售债券无套利定价。可回售债券与可赎回债券类似，是在债券发行一段时间后的某个或某段连续时间内，债券投资者可以按照约定的价格将债券回售给发行人，这种回售权也属于内嵌期权。假设可回售债券面值为 M，期限为 n，债券价格为 P_0，息票率为 i，按年付息，投资者只有一次回售机会，回售价为 $\widetilde{P}$，回售日为 k，则在不考虑利率期限结构和考虑利率期限结构两种情形下，可回售债券价格 P_0 应该满足的无套利公式是什么？

2. 债权分离方法

债权分离方法是把隐含内嵌的赎回权价值从可赎回债券价格中单独剥离出来计算，然后依据将不可赎回债券价格与赎回权价值相减可得可赎回债券价格。

首先考虑离散情形。假定债券价格服从二项式分布，上涨比例为 u，下降比例为 d，风险中性概率为 p，这样债券价格路径可以近似刻画成一个 n 期二叉树模型。债券在 t 期 j 节点的价格为 $P_{t,j}$，在末期 j 节点的价格为 $P_{n,j}$，赎回权在 t 期 j 节点的价值为 $C_{t,j}$，在末期 j 节点的价值为 $C_{n,j}$。若可赎回债券为欧式，只允许发行人在末期决定是否行使赎回权，则末期 j 节点的可赎回权价值 $C_{n,j}$ 为 $\max(P_{nj}-\overline{P},0)$，依据二叉树的期望价值定价方法和后退递归方法，可以求出每个节点的赎回权价值，即有

$$C_{t,j} = [pC_{t+1,j+1} + (1-p)C_{t+1,j}]e^{-R} \quad t \in [0, n-1], j \in [0, t] \quad (6-4)$$

若可赎回债券为美式，允许发行人在每个节点决定是否行使赎回权，当债券价格超过赎回价和应计利息之和时，则行使赎回权，否则不行使赎回权，即每个节点的赎回权价值为

$$C_{t,j} = \max([pC_{t+1,j+1} + (1-p)C_{t+1,j}]e^{-R}, P_{t,j} - \overline{P} - AI) \quad t \in [0, n-1], j \in [0, t] \quad (6-5)$$

其次考虑连续情形。赎回权为欧式看涨期权，假定可赎回债券价格波动率为 σ，则可得赎回权定价的 B-S 公式：

$$\begin{aligned} C_t &= P_t N(d_1) - \overline{P} e^{-R(n-t)} N(d_2) = e^{-R(n-t)} [P_t e^{R(n-t)} N(d_1) - \overline{P} N(d_2)] \\ &= P(0, n-t)[P_n N(d_1) - \overline{P} N(d_2)] \end{aligned} \quad (6-6)$$

式中，$P(0, n-t)$ 为期限为 $n-t$ 的零息票债券价格；P_n 为债券远期价格，

$$d_1 = \frac{\ln\left(\frac{P_n}{\overline{P}}\right) + \frac{\sigma^2}{2}(n-t)}{\sigma\sqrt{n-t}}, d_2 = d_1 - \sigma\sqrt{n-t}。$$

6.2 可转换债券收益率与价格

6.2.1 可转换债券

可转换债券（Convertible Bond）是上市公司依法定程序发行，在一定时间内依据约定条件将债券按面值和转股价转换成发行人股票的公司债券。当可转债没有触及转股条件时，发行人需要按时支付债券利息，并在到期日偿还本金；当可转债触及转股条件时，投资者有权按照转股价格和转股比例将债券转换为公司股票。可转债是一种介于股票和债券之间的混合金融产品，具有债权和股权双重属性，息票率通常低于普通公司债券。因此，对上市公司而言，发行可转债可以降低融资成本和提高筹资灵活性；对投资者而言，可转债收益具有"上不封顶，下可保底"的优势，可同时规避债券收益下降和股价下降风险。世界上第一支可转债由美国纽约艾瑞铁道公司于 1843 年发行，我国首支可转债由中国宝安集团股份有限公司于 1992 年发行（宝安转债）。

可转债构成要素包括基本要素和期权要素。基本要素体现为息票率，可转债息票率通常不超过银行同期存款利率，多采用逐年递增的息票率或对持有到期未转股的投资者进行利息补偿。期权要素体现为内嵌条款，可转债的基本内嵌条款包括转股条款、赎回条款（强制或非强制）和回售条款、转股价下修条款。

转股条款赋予投资者在转股期限内将债券转换成普通股的权利，包括转股价格、转股期限、转股价格调整规则等。转股价是投资者可以在转股期内将可转换债券面值转换成股票的价格，转换比率 = 单位可转债面值/转股价格，转股价格的确定标准通常为可转债募集说明书前 20~30 个交易日正股均价和前一交易日正股均价取较高者。转换期限是投资者可以将可转债转换为普通股的起始日至终止日的期限，通常国内发行的可转债的转股期限为发行结束日后六个月起至可转债到期日为止。由送股、转股、配股、增发、派现导致股价除权除息发生变化时，发行人有权对转换价格进行调整。

赎回条款是发行人以某一约定价格向投资者赎回部分或全部债券的条款。赎回条款按照触发条件的不同可以分为到期赎回和有条件赎回两类。到期赎回是在可转债到期后数日内发行人

以约定价格或者面值加上应计利息向投资者赎回部分或全部可转债。有条件赎回是当正股价格上涨超过转股价格一定幅度后，通常正股股价连续 20～30 个交易日收盘价高于到期转股价 130% 时，发行人可以行使赎回权。

转股价下修条款是当正股价格低于转股价一定程度时，公司董事会有权向股东大会提出向下修正转股价格的议案，议案由股东大会表决通过后实施。该条款使得发行人有权通过向下修正转股价格促进投资者转股。但下修议案有时也会遭到股东大会否决，例如 2019 年 6 月 27 日，蓝思转债转股价下修提案就没有获得 2/3 以上股东表决同意。当未转股可转债比例较小或发行人有意增持提振正股股价时，即使正股股价触发了转股价下修条款，发行人可能也不会行使下修权。

6.2.2　溢价率与转股价值

除息票利息收益之外，可转债的主要收益来源于内嵌的转股权价值，衡量指标主要有两个——溢价率和转股价值。其中，溢价率包含纯债溢价率和转股溢价率。

纯债溢价率是指可转债交易价格相对于其纯债价值的溢价百分比，即纯债溢价率=（可转债交易价格－纯债价值）/纯债价值。其中，纯债价值是依据可转债债券评级和剩余期限，选择类似品种中债收益率曲线对应的收益率对未来现金流贴现的累计值。转股溢价率是指可转债交易价格相对于其转股价值的溢价百分比，即转股溢价率=（可转债交易价格－转股价值）/转股价值。其中，转股价值=面值/转股价格×正股股价。定义实际转股价=名义转股价×（可转债交易价格/面值），则由转股溢价率定义公式可得，转股溢价率=（实际转股价－正股股价）/正股股价。显然，当转股溢价率为负时，实际转股价小于正股股价，可转债交易价格小于转股价值，可转债有转股收益；当转股溢价率为正时，实际转股价大于正股股价，可转债交易价格大于转股价值，可转债没有转股收益。

纯债溢价率用以衡量可转债的债性，转股溢价率用以衡量可转债的股性。纯债溢价率与转股溢价率往往存在此高彼低的"跷跷板"效应。当纯债溢价率较低、转股溢价率较高时，可转债具有较强的债性，可转债价值接近纯债价值，可转债交易价格大于转股价值，这时可转债投资风险较小；当纯债溢价率较高、转股溢价率较低时，可转债具有较强的股性，可转债价值过度偏离纯债价值，可转债交易价格小于转股价值，这时可转债投资风险较大，并可能存在强制提前赎回风险。

图 6-5 给出了可转换债券的纯债价值、转股价值与可转债价值。显然，可转债价值与价格正相关，这体现了转股权的看涨期权的属性。同时可转债价值具有凸性特征，即可转债价值上涨和下跌是不对称的，当正股价格涨跌相同幅度时，可转债价格上涨幅度大于下降幅度。转债价值依据可转债的债性和股性，转债价值可以分为 I、II、III 三个区域。I 区表示可转债偏债性，此区域正股价格远低于转股价，纯债溢价率较低、转股溢价率较高，可转债价值接近纯债价值。II 区表示可转债介于债性和股性之间，此区域正股价格稍高或低于转股价，纯债溢价率上升、转股溢价率下降，可转债价值向上偏离纯债价值，向下趋近于转股价值。III 区表示可转债偏股性，此区域正股价格远高于转股价，纯债溢价率较高、转股溢价率较低，可转债价值接近转股价值。

问题

（1）当转股溢价率为负时，可转债交易价格小于转股价值，可转债有转股收益；当转股

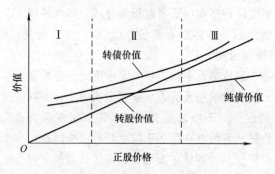

图 6-5 可转换债券的纯债价值、转股价值与转债价值

溢价率为正时，可转债交易价格大于转股价值，可转债没有转股收益。那么是否意味着"转股溢价率越低，可转债投资价值越大；转股溢价率越高，可转债投资价值越小"？

（2）表 6-1 给出了五支可转债的基本要素和内嵌条款。试计算这五支可转债的转股价值和转股溢价率。

表 6-1 可转债基本要素与内嵌条款

转债	转债价（元）	正股	股价（元）	转股价（元）	转股价值	转股溢价率	剩余年限（年）	回售触发价（元）	回售时间	回售价（元）	到期日	到期赎回价（元）
三一转债	176.09	三一重工	21.1	7.5			1.37	5.25	2020-01-04	103	2022-01-03	106
九州转债	116	九州通	17.9	18.65			1.40	13.05	2020-01-15	103	2022-01-14	108
国贸转债	113.94	厦门国贸	7.05	8.93			1.37	6.25	2020-01-05	101.7	2022-01-14	108
广汽转债	107.88	广汽集团	10.36	21.87			1.42	15.3	2020-01-22	101.5	2022-01-21	106
蓝标转债	136	蓝色光标	7.36	15.3			1.32	10.71	2019-12-17	101.8	2021-12-17	108

（3）大荒转债在赎回登记日 3 月 5 日前可以转股价 9.81 元进行转股，次交易日 3 月 8 日则停止交易和转股。北大荒当期股票收盘价为 14.36 元，且半年来稳居 11 元之上，大荒转债当期价格为 147.82 元，那么是否建议大荒转债持有人当期实施债转股？

（4）负转股溢价率的套利策略。假定（2）中的五支可转债均为融资融券标的，如果其中某支可转债的转股溢价率为负值，则如何通过融资或融券进行套利？若卖空 1000 股正股，则套利收益为多少？（提示：t 期融券卖出股票同时买入可转债，$t+1$ 期归还融券股票）

6.2.3 可转换债券的定价方法

可转债定价方法主要有四种：二叉树方法、B-S 期权定价方法、蒙特卡罗模拟方法和有限差分方法。这里主要介绍二叉树方法和 B-S 期权定价方法。

1. 二叉树方法

可转债价值与正股价格密切相关，因此可以利用股票二叉树模型对可转债定价。假定正股价格服从二项式分布，上涨比例为 u，下降比例为 d，风险中性概率为 p，这样正股价格路径可以近似刻画成一个 n 期二叉树模型。正股在 0 期价格为 S_0，在 t 期 j 节点的价格为 $S_{t,j}$，在末期 j 节点的价格为 $S_{n,j}$，可转债在 t 期 j 节点的价值为 $P_{t,j}$，在末期 j 节点的价值为 $P_{n,j}$，则有

$$S_{t,j} = u^{t-j+1}d^{j-1}S_0 \quad t \in [1,n], j \in [1,t+1] \qquad (6\text{-}7)$$

$$P_{t,j} = [pP_{t+1,j+1} + (1-p)P_{t+1,j}]e^{-R} \quad t \in [1,n], j \in [1,t+1] \qquad (6\text{-}8)$$

若正股在 t 期支付红利 H_t，则需对 t 期 j 节点的正股价格进行修正：

$$S_{t,j} = u^{t-j+1}d^{j-1}S_0 - H_t \quad t \in [1,n], j \in [1,t+1]$$

则在 $t+1$ 期正股价格 S_{t+1} 为 uS_t 或 dS_t。可转债内嵌了转股、赎回、回售等期权条款，这些条款对应的期权价值会影响可转债价格，可转债价格式（6-8）也要相应进行调整。若可转债处于封闭期，即可转债不能转股、赎回和回售，则可转债价格为式（6-8）。若可转债可转股，但不能赎回和回售，设转股价为 K，相应转股比例为 k，则可转债价格为

$$P_{i,j} = \max\{P_{i,j}, kS_{i,j}\} \qquad (6\text{-}9)$$

若可转债可转股、赎回和回售，赎回价为 $\overline{P}$，回售价为 $\widetilde{P}$，则可转债价格为

$$P_{i,j} = \max\{\min\{P_{i,j}, \max\{\overline{P}, kS_{i,j}\}\}, \widetilde{P}\} \qquad (6\text{-}10)$$

若可转债可转股和赎回，但不能回售，则可转债价格为

$$P_{i,j} = \min\{P_{i,j}, \max\{\overline{P}, kS_{i,j}\}\} \qquad (6\text{-}11)$$

若可转债可转股和回售，但不能赎回，则可转债价格为

$$P_{i,j} = \max\{P_{i,j}, kS_{i,j}, \widetilde{P}\} \qquad (6\text{-}12)$$

显然，可转债的转股权价值为 $\max\{P_{i,j}, kS_{i,j}\} - P_{i,j}$，赎回权价值为 $\max\{P_{i,j}, kS_{i,j}\} - \min\{P_{i,j}, \max\{\overline{P}, kS_{i,j}\}\}$，回售权价值为 $\max\{P_{i,j}, kS_{i,j}, \widetilde{P}\} - \max\{P_{i,j}, kS_{i,j}\}$，纯债价值为 $\max\{\min\{P_{i,j}, \max\{\overline{P}, kS_{i,j}\}\}, \widetilde{P}\} + P_{i,j} - \max\{P_{i,j}, kS_{i,j}, \widetilde{P}\} + \max\{P_{i,j}, kS_{i,j}\} - \min\{P_{i,j}, \max\{\overline{P}, kS_{i,j}\}\}$。因此，可转债价值 = 纯债价值 + 转股权价值 + 回售权价值 − 赎回权价值。

举例

公司 A 发行可转债，构成要素如下：面值为 100 元，期限为六年，息票率为累进利率，1~6 年息票率分别为 0.5%、0.8%、1.1%、1.4%、1.7%、2.0%，按年付息，初始转股价 4.02 元，发行日为 2014 年 6 月 1 日，到期日为 2020 年 6 月 1 日，转股期无限制。内嵌赎回权、回售权和转股价下修条款。赎回权：无限制赎回，赎回价 106 元。回售权：可转债持有人享有一次以面值加上当期应计利息的价格向发行人回售可转债的权利。转股价下修条款：正股股价在任意连续 30 个交易日中有 15 个交易日的收盘价低于当期转股价的 80% 时，公司董事会有权向股东大会提出转股价下修方案，且修正后的转股价应不低于股东大会召开前 20 个交易日正股均价和前一交易日正股均价之较低者。正股当前股价为 3.84 元，无风险利率为 3.6%，同期限债券到期收益率为 4.1%，正股股价波动率为 0.15。假定股价服从二项式分布，公司 A 在 2015 年—2020 年每年现金分红见表 6-2，试利用二叉树模型求解公司 A 发行的可转债价值。

表 6-2 2015 年—2020 年公司 A 现金分红

公告日	分红（每10股，元）	登记日	除息日
2015 − 06 − 03	1.46	2015 − 06 − 10	2015 − 06 − 09
2016 − 06 − 06	1.55	2016 − 06 − 13	2016 − 06 − 12
2017 − 06 − 06	1.75	2017 − 06 − 18	2017 − 06 − 17
2018 − 06 − 20	1.96	2018 − 06 − 27	2018 − 06 − 26
2015 − 06 − 26	1.90	2019 − 07 − 03	2019 − 07 − 02
2020 − 06 − 17	1.75	2020 − 06 − 23	2020 − 06 − 24

解：第一步，列出二叉树模型的关键参数，见表6-3。

表6-3 二叉树模型关键参数

参数	参数值	计算依据
转股价（元）	4.02	
转股数量（股）	≈25	100/4.02
初始正股股价（元）	3.84	
无风险利率 R_1	3.6%	转股贴现率
债券收益率 R_2	4.1%	未转股贴现率
股价波动率	0.15	
上涨率 u	1.1618%	e^{R_1}
下降率 d	0.8607%	$1/u$
无风险中性概率 p	0.5843%	$(e^{R_1}-d)/(u-d)$
赎回价（元）	106	

第二步，利用初始正股股价、上涨率和下降率，画出正股股价的6期二叉树，如图6-6所示。

2014年	2015年	2016年	2017年	2018年	2019年	2020年
						9.4432
					8.1281	
				6.9961		6.9958
			6.0218		6.0216	
		5.1832		5.1830		5.1828
	4.4613		4.4611		4.4610	
3.8400		3.8399		3.8397		3.8396
	3.3051		3.3050		3.3048	
		2.8447		2.8446		2.8445
			2.4484		2.4483	
				2.1074		2.1073
					1.8138	
						1.5611

图6-6 可转债正股股价6期二叉树

第三步，画出可转债贴现率的6期二叉树，如图6-7所示。贴现率二叉树结构与股价二叉树结构不同，贴现率是从末期开始的，先确定可转债到期时刻各个节点的贴现率。若可转债没有转股，则贴现率为债券收益率 R_2；若可转债转股，则贴现率为无风险利率 R_1。然后利用无风险中性概率 p 和期望值定价方法后退递归推导出前面每个节点的贴现率。

第四步，在第二步基础上，画出红利修正后的可转债正股股价6期二叉树，如图6-8所示。

第五步，利用式（6-10），画出A公司可转债的6期二叉树，如图6-9所示。注意，最后一期各节点计算的可转债价值比较的是转股价值和债券面值，其他各节点计算的可转债价值比较的是转股价值和赎回价。

2010年	2011年	2012年	2013年	2014年	2015年	2016年
						0.0360
					0.0360	
						0.0360
				0.0364		
					0.0360	
			0.0370			0.0369
						0.0360
	0.0377			0.0379		
					0.0381	
0.0384			0.0388			0.0393
						0.0410
	0.0394			0.0400		
					0.0410	
		0.0404				0.0410
				0.0410		
					0.0410	
						0.0410
					0.0410	
						0.0410

图 6-7 可转债贴现率 6 期二叉树

2014年	2015年	2016年	2017年	2018年	2019年	2020年
						9.2682
					7.9381	
				6.8001		6.8208
			5.8468		5.8316	
		5.0282		4.9870		5.0078
	4.3153		4.2861		4.2710	
3.8400		3.6849		3.6437		3.6646
	3.1591		3.1300		3.1148	
		2.6897		2.6486		2.6695
			2.2734		2.2583	
				1.9114		1.9323
					1.6238	
						1.3861

图 6-8 红利修正后的可转债正股股价 6 期二叉树

2014年	2015年	2016年	2017年	2018年	2019年	2020年
						230.5524
					197.9789	
				169.9596		169.6726
			146.4295		145.5810	
		128.1136		126.2836		124.5709
	114.9297		113.6797		110.3085	
107.2804		106.5759		106.0000		100.0000
	106.0000		106.0000		106.0000	
		106.0000		106.0000		100.0000
			106.0000		106.0000	
				106.0000		100.0000
					106.0000	
						100.0000

图 6-9 可转债 6 期二叉树

问题

（1）以上面例子为基础，若公司 A 不进行股利分红，试利用二叉树模型求解 A 公司发行的可转债价值，并比较股利分红对可转债价值的影响。

（2）公司 B 发行可转债构成要素如下：面值为 100 元，期限为六年，息票率为累进利率，

1~6年息票率分别为0.5%、0.7%、0.9%、1.1%、1.4%、1.8%，按年付息，初始转股价4.2元，发行日为2015年8月31日，到期日为2021年8月31日，转股期无限制。内嵌赎回权、回售权和转股价下修条款。赎回权：无限制赎回，赎回价105元。正股当前股价为4.08元，无风险利率为4.2%，同期国债到期收益率为4.6%，正股股价波动率为0.20。假定股价服从二项式分布，公司B在2016年—2021年每年现金分红见表6-4，试利用二叉树模型求解公司B发行的可转债价值。

表6-4　2016年—2021年公司B现金分红

公告日	分红（每10股）（元）	登记日	除息日
2016-03-31	1.84	2016-06-14	2016-06-15
2017-03-30	2.03	2017-06-13	2017-06-14
2018-06-06	2.39	2018-06-25	2018-06-26
2019-03-28	2.62	2019-06-19	2019-06-20
2020-03-27	2.55	2020-07-06	2020-07-07
2021-03-31	2.33	2021-06-24	2021-06-25

2. B-S期权定价方法

假定可转债投资者不会放弃转股权的时间价值，即使转股权属于美式期权，投资者也会选择在可转债到期日行使转股权，这时可以应用看涨期权或看跌期权的B-S定价方法对可转债进行定价。可转债价值=纯债价值+转股权价值+回售权价值-赎回权价值，其中纯债价值为

$$P_0 = \frac{Mi}{(1+R)} + \frac{Mi}{(1+R)^2} + \cdots + \frac{Mi+M}{(1+R)^n} = Mi(P/A,R,n) + M(P/S,R,n)$$

可转债转股会增加股本，从而会对正股原始股本形成稀释，设γ为稀释因子，则稀释后转股价为$K' = \gamma K$。设正股股本为E，可转债发行数量为B，则稀释因子γ为

$$\gamma = \frac{\frac{E}{B} + \frac{M}{S_t}}{\frac{E}{B} + \frac{M}{K}} \tag{6-13}$$

将转股权视为股票看涨期权，则每股转股权价值为

$$C_1 = S_t N(d_1) - Ke^{-r(T-t)} N(d_2) \tag{6-14}$$

式中，$d_1 = \dfrac{\ln \dfrac{S_t}{K} + \left(R + \dfrac{\sigma^2}{2}\right)(T-t)}{\sigma \sqrt{T-t}}$，$d_2 = d_1 - \sigma \sqrt{T-t}$。

将赎回权视为股票看涨期权，设赎回权触发股价为转股价的α倍，则每股赎回权价值为

$$C_2 = S_t N(d_1) - \bar{S} e^{-r(T-t)} N(d_2) \tag{6-15}$$

式中，$d_1 = \dfrac{\ln \dfrac{S_t}{\bar{S}} + \left(R + \dfrac{\sigma^2}{2}\right)(T-t)}{\sigma \sqrt{T-t}}$，$d_2 = d_1 - \sigma \sqrt{T-t}$，$\bar{S} = \alpha K'$。

将回售权视为股票看跌期权，则每股回售权价值为

$$C_3 = -S_t N(-d_1) + \widetilde{S} e^{-r(T-t)} N(-d_2) \tag{6-16}$$

式中，$d_1 = \dfrac{\ln \dfrac{S_t}{\widetilde{S}} + \left(R + \dfrac{\sigma^2}{2}\right)(T-t)}{\sigma \sqrt{T-t}}$，$d_2 = d_1 - \sigma \sqrt{T-t}$，$\widetilde{S} = \widetilde{P}K'/M$。

因此，利用 B - S 定价方法计算的可转债价值为 $P_t = P_0 + k(C_1 + C_2 - C_3)$。

举例

公司 A 发行可转债，构成要素如下：面值为 100 元，期限为六年，息票率为累进利率，1~6 年息票率分别为 0.4%、0.6%、1.0%、1.5%、1.8%、2.0%，按年付息，初始转股价 2.82，发行日为 2017 年 12 月 22 日，上市日为 2018 年 1 月 9 日，到期日为 2023 年 12 月 22 日，转股期无限制。内嵌赎回权、回售权和转股价下修条款。赎回权：赎回价为 106 元，赎回权触发股价为连续 30 个交易日中至少 15 个交易日正股收盘价不高于转股价的 130%。回售权：回售价为 103 元，回售权触发股价为连续 30 个交易日正股收盘价低于转股价的 70%。正股当前股价为 3.01 元，无风险利率为 3.88%，正股股价波动率为 0.2098，可转债发行数量 18 752 200 张，正股股本 5 807 745 000 股。试利用 B - S 公式求解公司 A 发行的可转债价值。

解：第一步，列出关键参数。$E = 5\,807\,745\,000$ 股，$B = 18\,752\,200$ 张，$M = 100$ 元，$K = 2.95$，$k = 33.9$，$t = 0.0877$，$T - t = 5.9123$，$R = 3.88\%$，$\sigma = 0.2098$，$\alpha = 1.30$，$\overline{P} = 106$ 元，$\widetilde{P} = 103$，$S_t = 3.01$ 元。

第二步，利用式（6-13）求稀释因子 γ。（$\gamma = 0.9013$）

第三步，求纯债价值 P_0。（$P_0 = 75.0785$）

第四步，利用式（6-14）求转股权价值 C_1。（$C_1 = 0.9393$）

第五步，利用式（6-15）求赎回权价值 C_2。（$C_2 = 1.0444$）

第六步，利用式（6-16）求回售权价值 C_3。（$C_3 = 0.7419$）

第七步，利用 $P_t = P_0 + k(C_1 + C_2 - C_3)$ 求可转债价值。（$P_t = 117.1755$）

问题

表 6-5 给出了六支可转债的关键参数，试利用 B - S 公式求解这六支可转债的稀释因子、纯债价值、转股权价值、赎回权价值、回售权价值和可转债价值。

表 6-5 可转债关键参数与内嵌期权价值

参数	可转债 1	可转债 2	可转债 3	可转债 4	可转债 5	可转债 6
面值 M	100	100	100	100	100	100
转股价 K	3.58	6.12	10.5	15.8	21.66	45.69
息票率 i	0.2%、0.5%、1.0%、1.5%、1.5%、1.6%	0.2%、0.4%、0.6%、0.8%、1.6%、2.0%	0.5%、0.7%、1.0%、1.6%、1.6%、1.6%	0.5%、0.7%、1.0%、1.5%、1.8%、2.0%	0.2%、0.5%、1.0%、1.5%、1.6%、1.8%	0.7%、0.9%、1.1%、1.3%、1.6%
股价 S_t	4.01	6.08	12.5	13.65	40.88	40.76
利率 R	3.55%	3.88%	5.10%	3.06%	4.02%	4.20%
期限 $T - t$	4.97	5.12	5.55	5.98	5.97	4.88
波动率 σ	0.3352	0.6268	0.4504	0.6799	1.0209	0.2942
触发赎回权股价倍数 α	1.30	1.30	1.30	1.20	1.20	1.20
赎回价 $\overline{P}$	105	105	105	106	106	106

(续)

参数	可转债1	可转债2	可转债3	可转债4	可转债5	可转债6
回售价 $\widetilde{P}$	103	102	101.6	102	101.8	103
股本 E	6亿	5.8亿	10亿	3.6亿	6.6亿	0.8亿
可转债发行量 B	18万	20万	3万	5万	6万	1万
稀释因子 γ						
纯债价值 P_0						
转股权价值 C_1						
赎回权价值 C_2						
回售权价值 C_3						
可转债价值 P_t						

6.3 浮动利率债券收益率与价格

6.3.1 浮动利率债券

浮动利率债券（Floating Rate Bond）即浮息债，泛指息票率可变的债券，且息票率的变动与基准利率或金融指标挂钩。中国人民银行对浮动利率债券的定义为：债券发行人根据一定规则调整票面利率，并依此利率定期支付利息的债券。由于息票率随市场利率而变动，因此息票率在一定程度上可以反映浮息债的真实收益率。若息票率随市场利率即时连续变动，则息票率实际上表示了真实收益率。因此，浮息债可以避免债券真实收益率与市场利率之间的差异，使发行人成本（息票率）和投资者收益（真实收益率）与市场利率变动趋势相异，同时也会增大发行人未来成本和投资者未来收益的不确定性。

浮息债息票率可以分解为参考利率（Reference Rate）和指标利差（Index Spread）两部分。参考利率通常采用银行间同业拆借利率，欧洲浮动利率债券的参考利率为三个月或六个月的LIBOR，美国浮息债的参考利率通常为三个月或六个月的国债利率。指标利差是发行人支付的高于参考利率的额外利差，通常是一个固定数值，可以反映债券的流动性利差、信用利差或其他利差。浮息债息票率与市场利率正相关。当市场利率上升时，息票率上升，发行人支付的息票成本增加，投资者获得的息票收益增加；当市场利率下降时，则发行人成本降低，投资者收益降低。

基准利率的选择对于浮息债参考利率的设定至关重要。在国际金融市场上，运用最广的基准利率是LIBOR。2008年金融危机以来，世界各国同业拆借市场有所萎缩，LIBOR报价的参考基础弱化，而报价操纵也严重削弱了LIBOR的市场公信力。2017年英国金融行为监管局（FCA）宣布，2021年年底后将不再强制要求报价行报出LIBOR，这意味着届时LIBOR或将退出市场。为应对LIBOR退出和寻找能够替代LIBOR的基准利率，各主要发达经济体积极推进基准利率改革，选定的新基准利率多为无风险基准利率（Risk-Free Rates，RFRs），但仅有单一的隔夜期限，且绝大多数由中央银行管理。例如，美国、英国、欧元区和日本分别选择了有担保隔夜融资利率（Secured Overnight Financing Rate，SOFR）、英镑隔夜平均指数（Sterling Overnight Index Average，SONIA）、欧元短期利率（Euro Short-Term Rate，ESTR）和日元无担保隔夜拆借利率（Tokyo Overnight Average Rate，TONAR）。

我国基准利率体系主要包括：①基于实际交易的回购利率指标体系，包括质押式回购利率（R）、存款类金融机构间的债券回购利率（DR）、回购定盘利率（FR、FDR）、交易所回购利率（GC）；②银行间拆借市场利率体系，包括中国银行间同业拆借利率（CHIBOR）、上海银行间同业拆放利率（Shibor）；③国债和政策性金融债收益率；④利率互换曲线，包括定盘曲线和收益曲线；⑤贷款市场报价利率（LPR）。由于 Shibor 与 LIBOR 类似，且在浮息债、付息同业存单、结构性存款和 ABS 等领域应用范围有限，因此我国重点培育以 DR 为代表的银行间基准利率体系，重点发展以 DR 为参考利率的浮息债和付息同业存单、以 FDR 为浮动端参考利率的利率互换。

6.3.2 浮动利率债券衍生

1. 正向浮动利率债券、逆向浮动利率债券

浮动利率债券按息票率调整方向可以衍生为正向浮动利率债券和逆向浮动利率债券。正向浮动利率债券是指息票率与参考利率正向变化的浮息债，是最常见的浮息债，当息票率连续调整时，浮息债价格等于面值。逆向浮动利率债券是指息票率与参考利率反向变化的浮息债。

投资者对市场利率的预期并不一致，有的投资者会预期未来市场利率上升，有的投资者则预期未来市场利率下降。若其他条件不变，发行人发行一定规模的中长期固定利率债券，则只有预期未来市场利率下降的投资者才会购买，而预期未来市场利率上升的投资者则不会购买，这时可以将固定利率债券（或基础债券）拆分成正向浮动利率债券和逆向浮动利率债券，即对上升预期的投资者发行正向浮动利率债券，对下降预期的投资者发行逆向浮动利率债券，并保持发行规模和发行息票成本不变。

假定发行人发行规模为 M、息票率为 i 的固定利率债券，且可通过发行正向浮动利率债券和逆向浮动利率债券来进行。设正向浮动利率债券的发行规模为 M_1，息票率为 i_1，参考利率为 LIBOR，指标利差为 ΔR；逆向浮动利率债券的发行规模为 $M-M_1$，息票率为 i_2。则两种发行方式的息票成本不变，即

$$M_1 i_1 + (M-M_1) i_2 = M_1(\text{LIBOR}+\Delta i) + (M-M_1)i_2 = Mi \tag{6-17}$$

因而逆向浮动利率债券的息票率为

$$i_2 = \frac{Mi - M_1 \Delta i}{M - M_1} - \frac{M_1}{M - M_1}\text{LIBOR} \tag{6-18}$$

设固定利率 $K = \dfrac{Mi - M_1 \Delta i}{M - M_1}$，乘数 $L = \dfrac{M_1}{M - M_1}$，则逆向浮动利率债券的息票率可以写成"固定利率 − 乘数 × 参考利率"的形式，即息票率与参考利率反向变化。

逆向浮动利率债券具有以下特点：①正向浮动利率债券的息票利息与逆向浮动利率债券的息票利息之和等于基础债券的息票利息。②当市场利率上升时，逆向浮动利率债券对发行人有利，对投资者不利；当市场利率下降时，逆向浮动利率债券对发行人不利，对投资者有利。③正向浮动利率债券通常设定利率上限，逆向浮动利率债券通常设定利率下限。④基础债券久期等于正向浮动利率债券久期与逆向浮动利率债券久期的加权平均数，基础债券凸性等于正向浮动利率债券凸性与逆向浮动利率债券凸性的加权平均数。正向浮动利率债券久期很短，不超过上一个息票率调整日至下一个息票率调整日的时间间隔。正向浮动利率债券久期小于基础债券久期，逆向浮动利率债券久期大于基础债券久期。

问题

公司 A 欲发行规模为 6 亿元、固定息票率为 7.5% 的固定利率债券，且可通过发行 4 亿元的正向浮动利率债券和 2 亿元的逆向浮动利率债券来进行。假定参考利率为 LIBOR，指标利差为 65bp。则逆向浮动利率债券的固定利率 K 和乘数 L 各为多少？（答案：21.2%、2）息票率表示形式是什么？若正向浮动利率债券的息票率上限为 10%，则逆向浮动利率债券的息票率有怎样的限制？（答案：下限 2.5%）

2. 上限利率债券、下限利率债券、双限债券

当市场利率波动较大时，发行人通常会对浮息债的息票率做出限制。规定息票率上限的浮息债为上限利率债券（Cap）；规定息票率下限的浮息债为下限利率债券（Floor）；同时规定息票率上下限的浮息债为双限债券（Collar）。

3. 杠杆浮动利率债券

杠杆浮动利率债券是赋予参考利率一个权重，其息票率为"权重（w）×参考利率+指标利差"。若权重小于 1，则为弱杠杆浮息债（Deleveraged Floater）；若权重大于 1，则为强杠杆浮息债（Leveraged Floater）。

4. 双指数浮动利率债券

双指数浮动利率债券（Dual-Indexed Floater）息票率与两个参考利率挂钩，其息票率为"参考利率 1 – 参考利率 2 + 指标利差"。

5. 范围债券

当参考利率处于某个规定范围时，息票率为参考利率，当参考利率超出了规定范围时，范围债券（Range Floater）息票率为 0。

6. 跌价锁定债券

跌价锁定债券（Drop-Lock Floater）是指当息票率下降到事先约定的水平时，无论市场利率如何下降，息票率不再降低，这时浮动利率债券自动转换成固定利率债券。

7. 棘轮债券或单向债券

该浮息债的息票率只朝一个方向调整：如果息票率第一次调整是向下调整，即使未来参考利率上升，息票率也不能向上调整；如果息票率第一次调整是向上调整，即使未来参考利率下降，息票率也不能向下调整。

8. 可延长的重设债券

可延长的重设债券（Extendible Reset Floater）指标利差可变，通过定期调整指标利差从而调整息票率使得浮息债价格与面值相等或非常接近，即息票率能够即时反映市场利率的变化。

9. 非利率指标的浮动利率债券

该浮息债的参考利率并非市场基准利率，而是某一商品价格指数，比如石油价格等。

6.3.3 利差

1. 招标利差或发行利差

浮息债发行采用利差招标方式确定指标利差，因而指标利差又称招标利差或发行利差，是固定利差。其计算方式为

$$招标利差 = 同期固定利率债券到期收益率 - 隐含市场利率$$

式中，隐含市场利率 = 可比浮息债隐含息票率 – 可比浮息债指标利差，可比浮息债隐含息票率

由可比浮息债市场价格确定。

举例

公司 A 欲发行两年期浮动利率债券，参考利率为一个月 Shibor 的五日均值，半年付息，面值为 100 元。已知两年期固定利率债券到期收益率为 1.8%，可比浮动利率债券参考利率为一个月 Shibor 的五日均值，指标利差为 18bp，剩余期限为 2.06 年，当前市场价格为 99.7 元。则由同期固定利率债券和可比浮息债得到的新发行浮息债指标利差为多少？

解：第一步，计算隐含息票率 i_1。设可比浮息债参考利率为 R_1，指标利差为 $\overline{S}_1$，期限为 n_1，市场价格为 P_1，同期固定利率债券到期收益率为 R_2。则 i_1 满足

$$P_1 = Mi_1(P/A, R_2/2, 2n_1) + M(P/S, R_2/2, 2n_1)$$

求得 $i_1 = 1.65\%$。

第二步，计算隐含市场利率 R_1。则 $R_1 = i_1 - \overline{S}_1 = 1.47\%$。

第三步，计算招标利差 $\overline{S}_2$。则 $\overline{S}_2 = R_2 - R_1 = 33\text{bp}$。

2. 贴现利差

贴现利差是在假定当前参考利率不变的基础上，投资者预期的超过参考利率的平均利差，用以估计浮息债的收益率。贴现利差的计算方法与固定利率债券的到期收益率一致，且估计的浮息债到期收益率等于假定不变的参考利率与贴现利差之和。假定浮息债当前参考利率为 R_0，指标利差为 $\overline{S}$，期限为 n，市场价格为 P_0，贴现利差为 S，则贴现利差 S 应满足

$$P_0 = M(R_0 + \overline{S})(P/A, R_0 + S, n) + M(P/S, R_0 + S, n) \tag{6-19}$$

可以通过式（6-19）得到浮息债的贴现利差，估计的浮息债到期收益率则为 $R_0 + S$。但贴现利差存在两个缺陷：①假定当前参考利率在债券期限内保持不变，这实际上将浮息债视为固定利率债券；②假定浮息债的息票率没有上下限，但对于规定息票率上下限的浮息债，当参考利率较高时，则可通过降低指标利差来降低息票率，使之不超过上限，当参考利率较低时，则可通过提高指标利差使之不低于下限，这意味着贴现利差也应有上下限。

举例

公司 A 发行浮动利率债券，期限为六年，参考利率为 LIBOR，指标利差为 80bp，息票率每六个月重设一次，发行价 99.3098 元，面值为 100 元，当前参考利率为 10%。试计算该浮息债的贴现利差。

表 6-6 给出了在当前参考利率不变的假定下，不同利差对应的浮息债各期现金流的贴现值。第二列为当前参考利率 10%；第三列为浮息债各期现金流；第 4~8 列为假设年利差对应的现金流贴现值，最后一行给出了现金流的贴现值之和。显然，对于这五个假设年利差而言，当利差为 96bp 时，各期现金流贴现值之和等于浮息债发行价。因此，该浮息债半年的贴现利差为 48bp，年贴现利差为 96bp。

表 6-6 不同利差对应的浮息债各期现金流贴现值

时期	当前参考利率	现金流（元）	现金流贴现值（元）				
			80bp	84bp	88bp	96bp	100bp
1	10%	5.4	5.1224	5.1224	5.1214	5.1195	5.1185
2	10%	5.4	4.8609	4.8590	4.8572	4.8535	4.8516

(续)

时期	当前参考利率	现金流（元）	现金流贴现值（元）				
			80bp	84bp	88bp	96bp	100bp
3	10%	5.4	4.6118	4.6092	4.6066	4.0613	4.5987
4	10%	5.4	4.3755	4.3722	4.3689	4.3623	4.3590
5	10%	5.4	4.1514	4.1474	4.1435	4.1356	4.1317
6	10%	5.4	3.9367	3.9342	3.9297	3.9208	3.9163
7	10%	5.4	3.7369	3.7319	3.7270	3.7171	3.7122
8	10%	5.4	3.5454	3.5401	3.5347	3.5240	3.5186
9	10%	5.4	3.3638	3.3580	3.3523	3.3409	3.3352
10	10%	5.4	3.1914	3.1854	3.1794	3.1673	3.1613
11	10%	5.4	3.0279	3.0216	3.0153	3.0028	2.9965
12	10%	105.4	56.0729	55.9454	55.8182	55.5647	55.4385
现金流贴现值之和（元）			100	99.8269	99.6541	99.3098	99.1361

6.3.4 浮动利率债券定价

1. 离散情形定价

浮动利率债券定价的关键在于市场利率和利差。在离散情形下，标准浮动利率债券的基本定价公式为

$$P_0 = \frac{M(R_1+\bar{S})}{(1+R_1+S)} + \frac{M(R_2+\bar{S})}{(1+R_2+S)^2} + \cdots + \frac{M(R_n+\bar{S})+M}{(1+R_n+S)^n} = \sum_{t=1}^{n} \frac{M(R_t+\bar{S})}{(1+R_t+S)^t} + \frac{M}{(1+R_n+S)^n} \tag{6-20}$$

为分析方便，首先不考虑利差，即假定指标利差 $\bar{S}$ 与贴现利差 S 均等于 0。对浮息债而言，息票率与市场利率挂钩，随市场利率的变动而变动，但离散情形下息票率调整和市场利率变化却并非完全同步。若息票率与当期市场利率挂钩，即息票率调整与市场利率变化同步，则称息票率连续调整；若息票率与上一期市场利率挂钩，即息票率调整与市场利率变化不同步，则称息票率不连续调整。同时假定离散情形下的市场利率在息票率调整时间间隔内（或付息周期内）保持不变，而只限于在付息日发生变化。若市场利率在付息日和下一个付息日内保持不变，则称市场利率不立即变化；若市场利率在付息日和下一个付息日内不一致，则称市场利率立即变化。假定初始市场利率为 R_0。

（1）息票率连续调整、市场利率不立即变化且利率期限结构水平。浮息债现金流如图 6-10 所示。

```
         MR₀      MR₀            MR₀    MR₀+M
    0  R₀  1  R₀   2     ...    n-1 R₀  n
    R₀     R₀     R₀              R₀    R₀
```

图 6-10 浮息债现金流（一）

浮息债价格为

$$P_0 = \frac{MR_0}{1+R_0} + \frac{MR_0}{(1+R_0)^2} + \cdots + \frac{MR_0 + M}{(1+R_0)^n} = M$$

（2）息票率连续调整、市场利率立即变化且利率期限结构水平。浮息债现金流如图 6-11 所示。

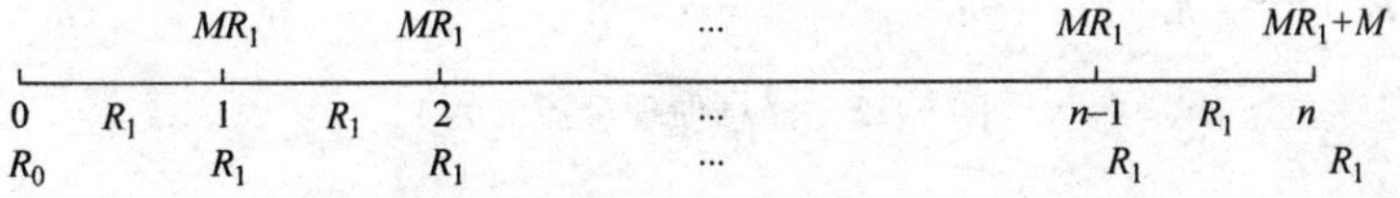

图 6-11 浮息债现金流（二）

浮息债价格为

$$P_0 = \frac{MR_1}{1+R_1} + \frac{MR_1}{(1+R_1)^2} + \cdots + \frac{MR_1 + M}{(1+R_1)^n} = M$$

（3）息票率连续调整、市场利率不立即变化且考虑利率期限结构。浮息债现金流如图 6-12 所示。

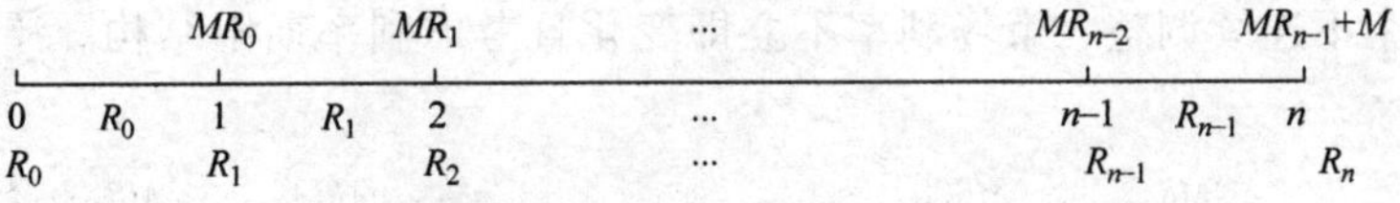

图 6-12 浮息债现金流（三）

浮息债价格为

$$P_0 = \frac{MR_0}{1+R_0} + \frac{MR_1}{(1+R_1)(1+R_0)} + \cdots + \frac{MR_{n-1} + M}{(1+R_{n-1})\cdots(1+R_0)} = M$$

（4）息票率连续调整、市场利率立即变化且考虑利率期限结构。浮息债现金流如图 6-13 所示。

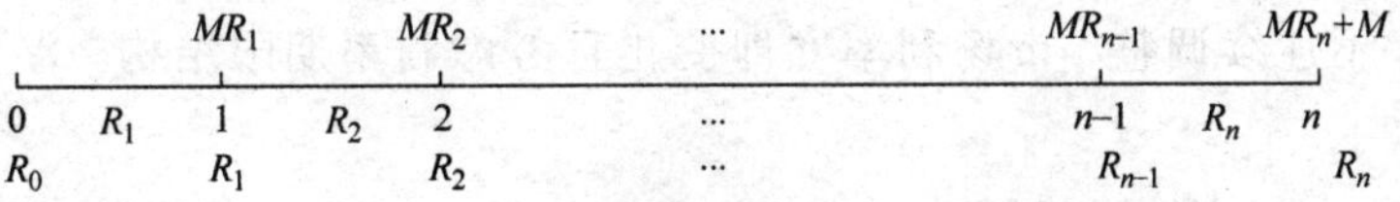

图 6-13 浮息债现金流（四）

浮息债价格为

$$P_0 = \frac{MR_1}{1+R_1} + \frac{MR_2}{(1+R_2)(1+R_1)} + \cdots + \frac{MR_n + M}{(1+R_n)\cdots(1+R_1)} = M$$

（5）息票率不连续调整、市场利率不立即变化且利率期限结构水平。浮息债现金流如图 6-14 所示。

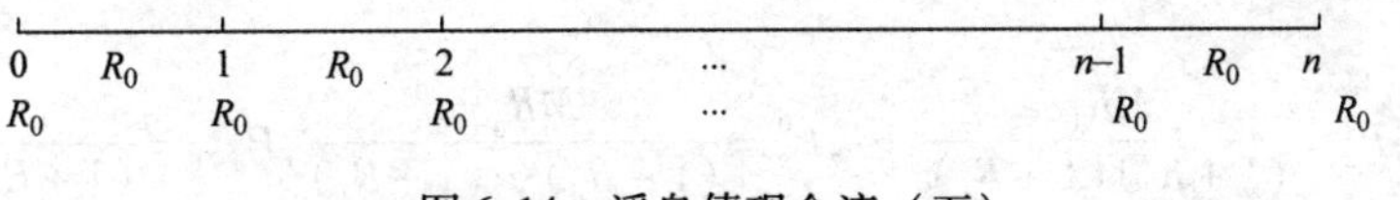

图 6-14 浮息债现金流（五）

浮息债价格为

$$P_0 = \frac{MR_0}{1+R_0} + \frac{MR_0}{(1+R_0)^2} + \cdots + \frac{MR_0 + M}{(1+R_0)^n} = M$$

(6) 息票率不连续调整、市场利率立即变化且利率期限结构水平。浮息债现金流如图 6-15 所示。

```
           MR_0      MR_1     ...          MR_1    MR_1+M
┠─────────┠────────┠────────┠───────────┠────────┨
0    R_1   1   R_1  2   R_1    ...      n-1  R_1   n
R_0        R_1      R_1                  R_1      R_1
```

图 6-15 浮息债现金流（六）

浮息债价格为

$$P_0 = \frac{MR_0}{1+R_1} + \frac{MR_1}{(1+R_1)^2} + \cdots + \frac{MR_1+M}{(1+R_1)^n} = \frac{M(1+R_0)}{1+R_1}$$

显然，当市场利率立即变化时，由于息票率不连续调整，浮息债息票率不能反映市场利率的即时变化，因此浮息债价格不等于面值。当市场利率立即向上变化时，即 $R_1 > R_0$，则息票率小于市场利率，因此浮息债价格小于面值，即 $P_0 < M$；当市场利率立即向下变化时，即 $R_1 < R_0$，则息票率大于市场利率，因此浮息债价格大于面值，即 $P_0 > M$。

(7) 息票率不连续调整、市场利率不立即变化且考虑利率期限结构。浮息债现金流如图 6-16 所示。

```
           MR_0      MR_1     ...         MR_{n-2}   MR_{n-1}+M
┠─────────┠────────┠────────┠───────────┠──────────┨
0    R_0   1   R_1  2   R_2    ...      n-1  R_{n-1}  n
R_0        R_1      R_2                  R_{n-1}     R_n
```

图 6-16 浮息债现金流（七）

浮息债价格为

$$P_0 = \frac{MR_0}{1+R_0} + \frac{MR_1}{(1+R_1)(1+R_0)} + \cdots + \frac{MR_{n-1}+M}{(1+R_{n-1})\cdots(1+R_0)} = M$$

(8) 息票率不连续调整、市场利率立即变化且考虑利率期限结构。浮息债现金流如图 6-17 所示。

```
           MR_0      MR_1     ...         MR_{n-2}   MR_{n-1}+M
┠─────────┠────────┠────────┠───────────┠──────────┨
0    R_1   1   R_2  2   R_2    ...      n-1  R_n    n
R_0        R_1      R_2                  R_{n-1}    R_n
```

图 6-17 浮息债现金流（八）

浮息债价格为

$$P_0 = \frac{MR_0}{1+R_1} + \frac{MR_1}{(1+R_2)(1+R_1)} + \cdots + \frac{MR_{n-1}+M}{(1+R_n)\cdots(1+R_1)}$$

设

$$P_1^0 = \frac{MR_0}{(1+R_1)}, P_2^0 = \frac{MR_1}{(1+R_2)(1+R_1)}, \cdots, P_n^0 = \frac{MR_{n-1}}{(1+R_n)\cdots(1+R_1)}, P_{n+1}^0 = \frac{M}{(1+R_n)\cdots(1+R_1)}$$

则有

$$P_1^0 \frac{R_1}{R_0} + P_2^0 \frac{R_2}{R_1} + \cdots + P_n^0 \frac{R_n}{R_{n-1}} + P_{n+1}^0 = M$$

显然，当市场利率立即变化时，由于息票率不连续调整，浮息债息票率不能反映市场利率的即时变化,因此浮息债价格不等于面值。当利率期限结构上倾时,即 $R_1 > R_0$,$R_2 > R_1$,…,$R_n > R_{n-1}$,则每期息票率采用上一期较小的市场利率,因此息票率小于同期市场利率,浮息债价格小于面值,即 $M > P_1^0 + P_2^0 + \cdots + P_n^0 + P_{n+1}^0 = P_0$;当利率期限结构下倾时,即 $R_1 < R_0$,$R_2 < R_1$,…,$R_n < R_{n-1}$,则每期息票率采用上一期较大的市场利率,因此息票率大于同期市场利率,浮息债价格大于面值,即 $M < P_1^0 + P_2^0 + \cdots + P_n^0 + P_{n+1}^0 = P_0$。

综合上述不考虑利差的八种情形,可以得出以下结论:①当浮息债息票率连续调整时,浮息债价格等于面值,且不受利率期限结构的影响。②当浮息债息票率不连续调整时,若市场利率不立即变化,则浮息债价格等于面值;若市场利率立即变化,当利率期限结构上倾时,浮息债价格小于面值,当利率期限结构下倾时,浮息债价格大于面值。

其次考虑利差,即假定指标利差 $\bar{S}$ 与贴现利差 S 均不等于 0。由贴现利差公式(6-19),若指标利差与贴现利差相等,则浮息债价格等于面值;反之,若浮息债价格不等于面值,则指标利差与贴现利差不相等。定义指标利差与贴现利差之差为利差年金,则浮息债价格可以分解为两部分:一部分为面值债券价值,另一部分为将利差年金作为息票率的固定利率债券价值,即浮息债价格=面值债券价值+利差年金债券价值。浮息债息票利息为 $M(R+\bar{S})$,同样可以将息票利息进行现金流分解为两部分:一部分为面值债券息票利息 $M(R+S)$,另一部分为利差年金债券息票利息 $M(\bar{S}-S)$。因此,浮息债价格可以表示为

$$P_0 = M(R+S)(P/A, R+S, n) + M(P/S, R+S, n) + M(\bar{S}-S)(P/A, R+S, n) \quad (6\text{-}21)$$

式中,$M(R+S)(P/A, R+S, n) + M(P/S, R+S, n)$ 为面值债券价值,等于面值 M;$M(\bar{S}-S)(P/A, R+S, n)$ 为利差年金债券价值,当指标利差与贴现利差相等时,利差年金债券价值为 0,浮息债息票率完全反映市场利率变化。

问题

公司 A 发行浮动利率债券,在银行间债券市场交易,期限为六年,剩余期限为 2.5 年,参考利率为三个月 Shibor 的十日均值,指标利差为 20bp,息票率每三个月重设一次,面值为 100 元,当期市场上类似浮息债贴现利差为 35bp,各期对应的三个月 Shibor 的十日均值见表 6-7。则面值债券价值、利差年金债券价值和浮息债价值各为多少?

表 6-7 面值债券、利差年金债券与浮息债价值

期限 (年)	三个月 Shibor 十日均值	利差年金债券现金 流贴现值(元)	面值债券现金 流贴现值(元)	浮息债价值 (元)
0.25	3.0518%			
0.50	3.1359%			
0.75	3.2066%			
1.00	3.2954%			
1.25	3.3915%			
1.50	3.4785%			
1.75	3.5575%			
2.00	3.5958%			
2.25	3.6255%			
2.50	3.6555%			
现金流贴现值之和(元)				

2. 连续情形定价

将浮息债期限区间 $[0, n]$ 分为 T 等份，付息周期为 $\frac{n}{T}$，则当 $T \to \infty$ 时，$\lim\limits_{T \to \infty} \frac{n}{T} \to 0$，即连续付息。假定付息日分别为 $t_1、\cdots、t_T$，且 $0 = t_0 < t_1 < \cdots < t_T = n$，付息期 $[t_{j-1}, t_j]$ 上的市场利率为 R_{j-1}，付息日 t_j 支付的息票利息为 $MR_{j-1}(t_j - t_{j-1})$。连续情形下付息日 t_j 对应的即期利率为 r_j，则在无套利条件下：

$$e^{r_j t_j} = e^{R_0(t_1-t_0)+R_1(t_2-t_1)+\cdots+R_{j-1}(t_j-t_{j-1})} = e^{x_j}$$

$$e^{r_{j+1} t_{j+1}} = e^{R_0(t_1-t_0)+R_1(t_2-t_1)+\cdots+R_j(t_{j+1}-t_j)} = e^{r_j t_j + R_j(t_{j+1}-t_j)} = e^{x_{j+1}}$$

其中，$x_j = R_0(t_1 - t_0) + R_1(t_2 - t_1) + \cdots + R_{j-1}(t_j - t_{j-1})$。则连续情形下浮息债价格为

$$P_0 = \lim_{T \to \infty}\left\{\sum_{j=1}^{T} MR_{j-1}(t_j - t_{j-1}) e^{-r_j t_j} + M e^{-r_T t_T}\right\}$$

$$= \lim_{T \to \infty}\left\{\sum_{j=1}^{T} M \Delta x_j e^{-x_j} + M e^{-r_T t_T}\right\} = \int_0^{r_T t_T} M e^{-x} dx + M e^{-r_T t_T}$$

$$= -M e^{-x}\big|_0^{r_T t_T} + M e^{-r_T t_T} = M(1 - e^{-r_T t_T}) + M e^{-r_T t_T} = M \tag{6-22}$$

式中，$\Delta x_j = R_{j-1}(t_j - t_{j-1})$。显然，连续情形下浮息债价格恒等于面值。综合离散情形和连续情形，息票率连续调整下的付息日浮息债价格等于面值。但在连续两个付息日之间，浮息债价格则等于下一个付息日浮息债价格与息票利息之和的贴现值，即

$$P_{j-\Delta t} = (M + MR_{j-1}) e^{-r_j \Delta t} \tag{6-23}$$

式中，$0 < \Delta t < t_j - t_{j-1}$。

举例

银行 A 发行一笔利率互换合约，银行支付六个月 Shibor，同时收取 8% 的年固定利率（半年付息），名义本金为 100 万元。该利率互换还有 1.25 年到期。假定三个月、九个月、15 个月的连续复利分别为 10%、11%、12%，上一次付息日的六个月 Shibor 为 9%。则该利率互换中浮动利率对应的浮息债价值为多少？

解：因为是半年付息，利率互换还有 1.25 年到期，这意味着定价日与下一个付息日的时间距离为 0.25 年，即 $\Delta t = 0.25$。已知 $M = 100$ 万元，$R_{j-1} = 9\%$，$r_j = 10\%$，则由式（6-23）可得浮息债价值为

$$P = (100 \text{ 万元} + 100 \text{ 万元} \times 9\%/2) e^{-0.1 \times 0.25} = 101.919\,89 \text{ 元}$$

6.4 利率互换收益率与价格

6.4.1 利率互换

利率互换（Interest Rate Swaps）是指互换双方同意在未来一定期限内依据同种货币、相同名义本金交换现金流，其中互换一方的现金流按照浮动利率计算，而另一方的现金流按照固定利率计算。由于在未来期限内互换双方多次交换现金流，因此每一笔交换可视为利率远期协议。

互换的前提是互换双方在价格上具有相对比较优势，因而利率互换的前提是互换双方在固定利率和浮动利率市场上具有相对比较优势。假定公司 A 和 B 均借入五年期的 100 万元贷款，

A 欲借入浮动利率贷款，B 欲借入固定利率贷款。A 信用等级高于 B，故 A 的贷款市场利率均低于 B。已知 A、B 的固定贷款利率分别为 10% 和 12%，浮动贷款利率分别为 Shibor 和 Shibor + 1%。显然，无论是固定利率贷款市场和浮动利率贷款市场，A 相对于 B 均有绝对优势，但在固定利率贷款市场上，A 相对于 B 的绝对优势为 2%，在浮动利率贷款市场上，A 相对于 B 的绝对优势为 1%。这就意味着 A 在固定利率贷款市场上具有比较优势，而 B 在浮动利率贷款市场上具有比较优势。依据比较优势理论，A 和 B 可以利用各自的比较优势为对方贷款进行互换，最终可以实现共同降低筹资成本的目的。或者说，只要 A 的固定贷款利率与 B 的浮动贷款利率之和不等于 A 的浮动贷款利率与 A 的固定贷款利率之和，则 A 与 B 就可以利用比较优势参与利率互换。

我国利率互换自 2006 年启动以来，利率互换交易的名义本金额一直在快速增长，2009 年—2018 年，我国利率互换名义本金额由 4616 亿元增加至 265 000 亿元，平均年增长率约为 50%。我国利率互换在交易量明显增加的同时，其品种也在不断丰富。2006 年我国利率互换开展初期，浮动端参考基准利率为七天国债回购利率（R007）和一年定期存款利率（D1Y），2007 年开始发展基于不同期限的 Shibor（O/N Shibor、一周 Shibor、三个月 Shibor）为浮动端参考利率的利率互换品种。我国利率互换市场浮动端参考基准利率以银行间七天回购定盘利率、Shibor 和一年定期存款利率为主。同时，自 2019 年开始推出以 LPR 为基准利率的利率互换品种。

6.4.2 利率互换收益

1. 绝对优势利率互换收益

假定公司 A 和 B 均借入五年期的 100 万元贷款，A 欲借入浮动利率贷款，B 欲借入固定利率贷款。已知 A、B 的固定贷款利率分别为 8% 和 10%，浮动贷款利率分别为 Shibor + 1% 和 Shibor，因而 A 在固定利率贷款市场上具有绝对优势，而 B 在浮动利率贷款市场上具有绝对优势，见表 6-8。

表 6-8 贷款利率（半年付息）

	固定贷款利率	浮动贷款利率
公司 A	8%	六个月 Shibor + 1%
公司 B	10%	六个月 Shibor

A、B 利用各自的绝对优势进行互换，首先 A 以 8% 借入固定利率贷款，B 以 Shibor 借入浮动利率贷款，然后 A、B 互换，A 向 B 支付浮动利率 i_{AB}，B 向 A 支付固定利率 i_{BA}，最后经过互换，A 最终支付的是浮动利率且低于 Shibor + 1%，B 最终支付的是固定利率且低于 10%。A、B 双方低于原始贷款利率的部分为节约的利息成本，即互换收益。

若不进行互换，则 A、B 的贷款利率成本为 Shibor + 11%；若进行互换，则 A、B 的贷款利率成本为 Shibor + 8%。互换总收益为 Shibor + 11% −（Shibor + 8%）= 3%。因为互换收益是互换双方合作的结果，所以双方会共同分享互换总收益作为互换个体收益。绝对优势下双方分享收益方案即互换价格方案，通常存在两种方案：友好方案和算术平均方案。

（1）友好方案。友好方案下 A、B 无法平分互换总收益，但 A、B 均会以对方能够获得的最低利率借入浮动利率贷款和固定利率贷款。互换时，A 向 B 支付浮动利率 i_{AB} = Shibor，B

向 A 支付固定利率 $i_{BA}=8\%$。互换后，A 以 Shibor 借入浮动利率贷款，B 以 8% 借入固定利率贷款。互换过程如图 6-18 所示。

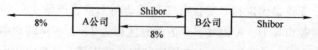

图 6-18　友好方案下的互换过程

互换 A 现金流为：支付固定利率 8%、支付 B 浮动利率 Shibor、收入 B 固定利率 8%，则净现金流 = $-8\%-\text{Shibor}+8\%=-\text{Shibor}$。互换 B 现金流为：支付浮动利率 Shibor、支付 A 固定利率 8%、收入 A 浮动利率 Shibor，则净现金流 = $-\text{Shibor}-8\%+\text{Shibor}=-8\%$。

（2）算术平均方案。算术平均方案下 A、B 平分互换总收益，A、B 均会节约贷款利率 1.5%。互换时，A 向 B 支付浮动利率 $i_{AB}=\text{Shibor}-0.5\%$，B 向 A 支付固定利率 $i_{BA}=8\%$。互换后，A 以 Shibor − 0.5% 借入浮动利率贷款，B 以 8.5% 借入固定利率贷款。互换过程如图 6-19 所示。

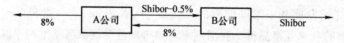

图 6-19　算术平均方案下的互换过程

互换 A 现金流为：支付固定利率 8%、支付 B 浮动利率 Shibor − 0.5%、收入 B 固定利率 8%，则净现金流 = $-8\%-(\text{Shibor}-0.5\%)+8\%=-(\text{Shibor}-0.5\%)$。互换 B 现金流为：支付浮动利率 Shibor、支付 A 固定利率 8%、收入 A 浮动利率 Shibor − 0.5%，则净现金流 = $-\text{Shibor}-8\%+\text{Shibor}-0.5\%=-8.5\%$。

2. 相对优势利率互换收益

假定公司 A 和 B 均借入五年期的 100 万元贷款，A 欲借入浮动利率贷款，B 欲借入固定利率贷款。已知 A、B 的固定贷款利率分别为 8% 和 10%，浮动贷款利率分别为 Shibor 和 Shibor + 1%，因而 A 在固定利率贷款市场上具有相对优势，而 B 在浮动利率贷款市场上具有相对优势，见表 6-9。

表 6-9　贷款利率（半年付息）

	固定贷款利率	浮动贷款利率
公司 A	8%	六个月 Shibor
公司 B	10%	六个月 Shibor + 1%

A、B 利用各自的相对优势进行互换，首先 A 以 8% 借入固定利率贷款，B 以 Shibor + 1% 借入浮动利率贷款，然后 A、B 互换，A 向 B 支付浮动利率 i_{AB}，B 向 A 支付固定利率 i_{BA}，最后经过互换，A 最终支付的是浮动利率且低于 Shibor，B 最终支付的是固定利率且低于 10%。

若不进行互换，则 A、B 的贷款利率成本为 Shibor + 10%；若进行互换，则 AB 的贷款利率成本为 Shibor + 9%。互换总收益为 Shibor + 10% − (Shibor + 9%) = 1%。注意，虽然 B 是按照 LIBOR + 1% 的浮动利率从银行获得借款，但在与 A 进行互换时，A 向 B 支付的浮动利率应该低于 A 浮动贷款利率 Shibor，否则 A 就不会同意进行互换。因此，友好方案不适用于相对优势下的互换价格方案，可行互换价格方案之一为算术平均方案。

算术平均方案下 A、B 平分互换总收益，A、B 均会节约贷款利率 0.5%。互换时，A 向 B 支付浮动利率 $i_{AB}=$ Shibor -0.5%，B 向 A 支付固定利率 $i_{BA}=8\%$。互换后，A 以 Shibor -0.5% 借入浮动利率贷款，B 以 9.5% 借入固定利率贷款。互换过程如图 6-20 所示。

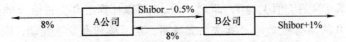

图 6-20 相对优势下算术平均方案的互换过程

互换 A 现金流为：支付固定利率 8%、支付 B 浮动利率 Shibor -0.5%、收入 B 固定利率 8%，则净现金流 $= -8\% - ($Shibor$-0.5\%) + 8\% = -($Shibor$-0.5\%)$。互换 B 现金流为：支付浮动利率 Shibor $+1\%$、支付 A 固定利率 8%、收入 A 浮动利率 Shibor -0.5%，则净现金流 $= -($Shibor$+1\%) - 8\% +$ Shibor $-0.5\% = -9.5\%$。

问题

公司 A 和 B 均借入五年期的 2000 万元贷款，A 欲借入浮动利率贷款，B 欲借入固定利率贷款。已知 A、B 的固定贷款利率和浮动贷款利率见表 6-10。假定银行为利率互换中介，且银行收取的净收益率为 0.1%，则公司 A、B 是否可以参与利率互换？如果可以参与，则在算术平均方案下，互换总收益和互换个体收益分别为多少？并给出现金流分析。

表 6-10 贷款利率（半年付息）

	固定贷款利率	浮动贷款利率
公司 A	5%	六个月 Shibor $+0.1\%$
公司 B	6.4%	六个月 Shibor $+0.6\%$

答案：可以参与。互换总收益为 0.9%，互换个体收益为 0.4%。互换过程如图 6-21 所示。

图 6-21 公司 A、B 参与利率互换过程分析

6.4.3 利率互换定价

以绝对优势利率互换表 6-8 为例，无论采用哪种互换收益分配方案，互换 A 现金流为：支付固定利率 8%、支付 B 浮动利率 i_{AB}、收入 B 固定利率 i_{BA}，则净现金流 $= -8\% - i_{AB} + i_{BA}$。互换 B 现金流为：支付浮动利率 Shibor、支付 A 固定利率 i_{BA}、收入 A 浮动利率 i_{AB}，则净现金流 $= -$Shibor $- i_{BA} + i_{AB}$。显然，A 与 B 净现金流之和为 Shibor $+8\%$，互换总收益为 3%，无论 3% 如何在 A、B 之间分配，A 与 B 净现金流公式完全一致，因而最终无法确定 i_{BA} 和 i_{AB} 的值。

以相对优势利率互换表 6-9 为例，互换 A 现金流为：支付固定利率 8%、支付 B 浮动利率 i_{AB}、收入 B 固定利率 i_{BA}，则净现金流 $= -8\% - i_{AB} + i_{BA}$。互换 B 现金流为：支付浮动利率 Shibor $+1\%$、支付 A 固定利率 i_{BA}、收入 A 浮动利率 i_{AB}，则净现金流 $= -($Shibor $+1\%) - i_{BA} + i_{AB}$。显然，A 与 B 净现金流之和为 Shibor $+9\%$，互换总收益为 1%，无论 1% 如何在 A、B 之间分配，A 与 B 净现金流公式完全一致，因而最终无法确定 i_{BA} 和 i_{AB} 的值。

因此，利率互换定价的关键问题就是确定 i_{BA} 和 i_{AB} 的值。从现金流的角度看，利率互换实际上是固定息票利息和浮动息票利息的互换，将固定息票利息现金流视为固定利率债券，对应价值为 $P_{固}$，将浮动息票利息现金流视为浮动利率债券，对应价值为 $P_{浮}$。首先在初始期，在无套利条件下，利率互换的价值 $V_0 = 0$，即 $P_{固} = P_{浮}$，可以计算出 B 支付给 A 的固定利率 i_{BA}，进而确定 A 支付给 B 的浮动利率 i_{AB}；其次在交易期，若市场利率发生变动，则利率互换价值不等于 0。对 A 而言，利率互换价值 $V_A = P_{固} - P_{浮}$，对 B 而言，利率互换价值 $V_B = P_{浮} - P_{固}$。

1. 利率互换的固定利率

假定互换本金为 M，A 收取 B 支付的固定利率 $i_{BA} = i$，B 收取 A 支付的浮动利率 $i_{AB} = R$。将互换期限 $[0, n]$ 分为 T 等份，付息周期为 $\tau = \dfrac{n}{T}$，则当 $T \to \infty$ 时，$\lim_{T \to \infty} \tau \to 0$，即连续付息。假定互换付息日分别为 t_1、…、t_T，且 $0 = t_0 < t_1 < \cdots < t_T = n$，付息期 $[t_{j-1}, t_j]$ 上的市场利率为 R_{j-1}，付息日 t_j A 支付给 B 的浮动利息为 $MR_{j-1}\tau$，B 支付给 A 的固定利息为 $Mi\tau$。为计算方便，给定 T 个贴现债券（面值为 1 的零息债券）的价格，即有 $P^1 = \dfrac{1}{1 + R_0\tau}$、$P^2 = \dfrac{1}{(1+R_0\tau)(1+R_1\tau)}$、…、$P^T = \dfrac{1}{(1+R_0\tau)(1+R_1\tau)\cdots(1+R_{T-1}\tau)}$。

首先考虑离散情形。固定息票利息现金流对应的固定利率债券价值为

$$P_{固} = Mi\tau(P^1 + P^2 + \cdots + P^T) + MP^T = Mi\tau \sum_{j=1}^{T} P^j + MP^T \tag{6-24}$$

浮动息票利息现金流对应的浮动利率债券价值为

$$P_{浮} = MR_0\tau P^1 + MR_1\tau P^2 + \cdots + MR_{T-1}\tau P^T + MP^T$$
$$= M(1-P^1) + M(P^1-P^2) + \cdots + M(P^{T-1}-P^T) + MP^T = M \tag{6-25}$$

在无套利条件下，$P_{固} = P_{浮}$，可以解得 B 支付给 A 的固定利率 i 为

$$i = \frac{1-P^T}{\tau \sum_{j=1}^{T} P^j} \tag{6-26}$$

其次考虑连续情形。付息日 t_j 对应的即期利率为 r_j，则 T 个贴现债券的价格分别为 $P^1 = e^{-r_1 t_1}$，$P^2 = e^{-r_2 t_2}$，…，$P^T = e^{-r_T t_T}$。固定息票利息现金流对应的固定利率债券价值为

$$P_{固} = Mi\tau(P^1 + P^2 + \cdots + P^T) + MP^T = Mi\tau \sum_{j=1}^{T} e^{-r_j t_j} + Me^{-r_T t_T} \tag{6-27}$$

浮动息票利息现金流对应的浮动利率债券价值为 $P_{浮} = M$。在无套利条件下，$P_{固} = P_{浮}$，可以解得 B 支付给 A 的固定利率 i 为

$$i = \frac{1 - e^{-r_T t_T}}{\tau \sum_{j=1}^{T} e^{-r_j t_j}} = \frac{\sum_{j=1}^{T} R_j \tau e^{-r_j t_j}}{\tau \sum_{j=1}^{T} e^{-r_j t_j}} = \frac{\sum_{j=1}^{T} R_{j-1} e^{-r_j t_j}}{\sum_{j=1}^{T} e^{-r_j t_j}} \tag{6-28}$$

即利率互换中的固定利率可以表示为浮动利率（远期利率）的加权平均，权重为每个付息日的贴现因子。

问题

（1）公司 A 和 B 参与利率互换，互换本金为 2000 万元，互换期限为四年，付息周期为半年。A 向 B 支付浮动利率，B 向 A 支付固定利率。表 6-11 给出了各期贴现债券价格，则在无

套利条件下，互换的固定利率为多少？（答案：0.004 699）

表 6-11 贴现债券价格

时间 T（年）	贴现债券价格 P^T（元）
0.5	0.9977
1.0	0.9953
1.5	0.9930
2.0	0.9906
2.5	0.9883
3.0	0.9860
3.5	0.9837
4.0	0.9814

（2）（改变互换期限）公司 A 和 B 参与利率互换，互换本金为 2000 万（元），互换期限为五年，付息周期为半年。A 向 B 支付浮动利率，B 向 A 支付固定利率。表 6-12 给出了各期贴现债券价格，则在无套利条件下，互换的固定利率为多少？

表 6-12 贴现债券价格

时间 T（年）	贴现债券价格 P^T（元）
0.5	0.9971
1.0	0.9950
1.5	0.9924
2.0	0.9901
2.5	0.9870
3.0	0.9841
3.5	0.9817
4.0	0.9799
4.5	0.9780
5.0	0.9758

（3）（改变互换付息周期）公司 A 和 B 参与利率互换，互换本金为 2000 万元，互换期限为三年，付息周期为三个月。A 向 B 支付浮动利率，B 向 A 支付固定利率。表 6-13 给出了各期贴现债券价格，则在无套利条件下，互换的固定利率为多少？

表 6-13 贴现债券价格

时间 T（年）	贴现债券价格 P^T（元）
0.25	0.9982
0.5	0.9969
0.75	0.9960
1.0	0.9949
1.25	0.9936

(续)

时间 T（年）	贴现债券价格 P^T（元）
1.5	0.9924
1.75	0.9911
2.0	0.9898
2.25	0.9885
2.5	0.9873
2.75	0.9859
3.0	0.9846

（4）（改变互换本金）公司 A 和 B 参与利率互换，互换本金不固定，互换期限为四年，付息周期为半年。A 向 B 支付浮动利率，B 向 A 支付固定利率。表 6-14 给出了各期贴现债券价格，则在无套利条件下，互换的固定利率为多少？

表 6-14 贴现债券价格

时间 T（年）	互换本金（万元）	贴现债券价格 P^T（元）
0	1000	1.0000
0.5	900	0.9965
1.0	950	0.9924
1.5	1000	0.9892
2.0	800	0.9856
2.5	950	0.9821
3.0	1100	0.9788
3.5	1050	0.9758
4.0	10	0.9719

2. 利率互换价值

在交易期，若市场利率发生变动，则利率互换价值不等于 0。对 A 而言，利率互换价值 $V_A = P_{固} - P_{浮}$；对 B 而言，利率互换价值 $V_B = P_{浮} - P_{固}$。

问题

（1）公司 A 和 B 参与利率互换，互换本金为 200 万元，互换期限为三年，付息周期为半年，A 向 B 支付浮动利率，B 向 A 支付固定利率，首次付息日为 2020 年 1 月 1 日，到期日为 2023 年 1 月 1 日。已知各期互换现金流（见表 6-15），则对 A 而言，利率互换价值为多少？

表 6-15 互换现金流

日期	Shibor	A 支付 B 浮动利率	B 支付 A 固定利率
2020 – 1 – 1	4.20%		
2020 – 7 – 1	4.80%	2.10%	3%
2021 – 1 – 1	5.30%	2.40%	3%
2021 – 7 – 1	5.50%	2.65%	3%

（续）

日期	Shibor	A 支付 B 浮动利率	B 支付 A 固定利率
2022-1-1	5.60%	2.75%	3%
2022-7-1	5.90%	2.80%	3%
2023-1-1	6.40%	2.95%	3%
		$P_{浮} = ?$	$P_{固} = ?$

（2）银行 A 发行一笔利率互换合约，银行支付六个月 Shibor，同时收取 8% 的年固定利率（半年付息），名义本金为 100 万元。该利率互换还有 1.25 年到期。假定三个月、九个月、15 个月的连续复利分别为 10%、11%、12%，上一次付息日的六个月 Shibor 为 9%。则对银行 A 而言，该利率互换的当前价值为多少？[答案：$P_{浮} = (100 + 4.5)e^{-0.1 \times 0.25} = 101.91989$，$P_{固} = 4e^{-0.1 \times 0.25} + 4e^{-0.11 \times 0.75} + 104e^{-0.12 \times 1.25} = 97.09812$，$V_A = -4.8218$]

（3）金融机构 A 发行一笔利率互换合约，金融机构支付年 10% 的固定利率，并同时收入浮动利率 Shibor，互换本金为 100 万元，每三个月支付一次，该互换还有 14 个月到期。对于所有期限，与三个月 Shibor 进行互换的固定利率买入卖出价的平均利率为年利率 12%，一个月之前的三个月 Shibor 为 11.8%。所有的利率均为每季度复利一次，则对金融机构而言，该互换的价值为多少？（提示：实际利率 $r = \left(1 + \dfrac{12\%}{4}\right)^4 - 1 = 12.55\%$）

本章关键词

可赎回债券　首次赎回收益率　最佳赎回日　可转换债券　溢价率　转股价值　可转债二叉树定价　可转债 B-S 期权定价　浮动利率债券　逆向浮动利率债券　发行利差　贴现利差　浮动利率债券离散情形定价　浮动利率债券连续情形定价　利率互换　绝对优势利率互换收益　相对优势利率互换收益　利率互换定价　利率互换价值

风险与策略篇

第7章 债券价格波动率及其测度

7.1 债券价格波动率

7.1.1 债券价格波动率内涵

债券价格变动的影响因素中，市场利率是主要的影响因素。债券价格波动率是指当市场利率变化一定幅度时，债券价格变化的百分比。如图 7-1 所示，假定市场利率 R 从 R_1 上升至 R_2，债券价格 P 从 P_1 下降至 P_2，则市场利率变化 $\Delta R = R_2 - R_1$，债券价格变化 $\Delta P = P_2 - P_1$，债券价格波动率 $\frac{\Delta P}{P} = \frac{P_2 - P_1}{P_1}$。若市场利率 R 从 R_1 下降至 R_3，债券价格 P 从 P_1 上升至 P_3，则市场利率变化 $\Delta R = R_3 - R_1$，债券价格变化 $\Delta P = P_3 - P_1$，债券价格波动率 $\frac{\Delta P}{P} = \frac{P_3 - P_1}{P_1}$。

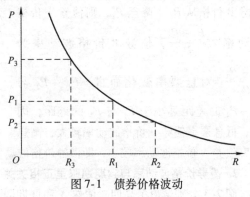

图 7-1 债券价格波动

若市场利率微幅变化，即当 $\Delta \to 0$ 时，$\Delta R \to dR$，$\Delta P \to dP$，则价格波动率为 $\frac{dP}{P}$，因此债券价格波动率实际上反映了债券价格收益曲线的曲度。

债券价格波动率具有以下特征：①对于既定的利率变化，并非所有债券价格波动率都相同，即不同债券的价格收益曲线的曲度不同。如果债券价格收益曲线曲度变大，即曲线变得更陡峭，则对于相同的利率变化，债券价格变动幅度越大，债券价格波动率越大；反之，如果债券价格收益曲线曲度变小，即曲线变得更平缓，则对于相同的利率变化，债券价格变动幅度越小，债券价格波动率越小。②当市场利率发生大幅变化时，债券价格上升幅度大于下降幅度，且债券价格向上波动率大于向下波动率，即债券价格波动率不对称。如图 7-1 所示，债券价格收益曲线斜率随着市场利率的上升而上升，即 $\frac{dP}{dR} < 0$，$\frac{d^2P}{dR^2} > 0$，当市场利率变化相同幅度时，即 $|\Delta R| = |R_2 - R_1| = |R_3 - R_1|$，则债券价格上升幅度大于下降幅度，即 $|\Delta P_2| = |P_3 - P_1| > |\Delta P_1| = |P_2 - P_1|$，债券价格向上波动率大于向下波动率，即 $\frac{|\Delta P_2|}{P_1} > \frac{|\Delta P_1|}{P_1}$。③当市场利率发生微幅变化时，债券价格波动率近似对称，且债券价格向上波动率近似等于价格向下波动率，即等于 $\frac{dP}{P}$。

7.1.2 债券价格波动率的影响因素

债券价格波动率的影响因素主要体现为债券的构成要素,即息票率、到期期限、收益率和债券信用。

1. 债券价格波动率与息票率呈负相关关系

图 7-2 分别给出了高息票率债券 A 和低息票率债券 B 的价格收益曲线。对于相同的收益率,息票率越高的债券价格越高,因而 A 曲线位于 B 曲线的上方。对于相同的收益率,息票率越高的债券曲线斜率越大,因而 A 曲线相对于 B 曲线陡峭。假定市场利率 R 从 R_1 上升至 R_2,债券 A 价格从 P_1 下降至 P_2,债券 B 价格从 P_3 下降至 P_4,则债券 A 价格波动率为 $\dfrac{P_2 - P_1}{P_1}$,债券 B 价格波动率为 $\dfrac{P_4 - P_3}{P_3}$。对息票率变化而言,$P_1 - P_2$ 与 $P_3 - P_4$ 的差距远小于 P_1 与 P_3 的差距,因此,低息票率债券 B 价格波动率较大,高息票率债券 A 价格波动率较小,即债券价格波动率与息票率呈反向变化关系。

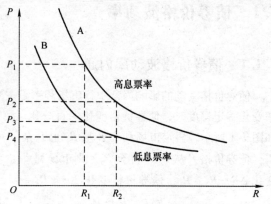

图 7-2 债券价格波动率与息票率

2. 债券价格波动率与到期期限呈正相关关系

图 7-3 分别给出了高期限债券 A 和低期限债券 B 的价格收益曲线。当收益率等于息票率时,债券价格等于面值;当收益率小于息票率时,债券价格高于面值,对于溢价债券,到期期限越高,债券价格越高;当收益率大于息票率时,债券价格低于面值,对于折价债券,到期期限越高,债券价格越低。因而 A 曲线与 B 曲线相交,且 A 曲线相对于 B 曲线陡峭,即对于相同的收益率,到期期限越高的债券曲线斜率越大。假定市场利率 R 从 $R = i$ 下降至 R_1,债券 A 价格从 $P = M$ 上升至 P_1,债券 B 价格从 $P = M$ 上升至 P_2,则债券 A 价格波动率为 $\dfrac{P_1 - M}{M}$,债券 B 价格波动率为 $\dfrac{P_2 - M}{M}$。显然,$P_1 - M > P_2 - M$,因而高期限债券 A 价格波动率较大,低期限债券 B 价格波动率较小,即债券价格波动率与到期期限呈正向变化关系。

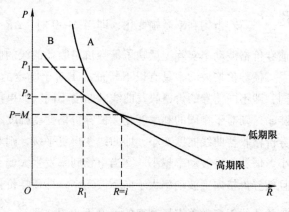

图 7-3 债券价格波动率与到期期限

考虑一个更一般的情形。如图 7-4 所示,假定初始利率 R 从 I($R_1 \neq i$)下降至 B(R_2),高期限债券价格从 D 上升至 A,低期限债券价格从 E 上升至 H,则高期限债券价格波动率为

$\frac{AF}{DI} = \frac{AF}{FB} = \frac{DF}{IC}$,低期限债券价格波动率为 $\frac{HG}{EI} = \frac{HG}{GB} = \frac{GE}{IJ} = \frac{DF}{IJ}$。显然 $IJ > IC$,因而高期限的债券价格波动率高于低期限债券价格波动率,即债券价格波动率与到期期限呈正向变化关系。

3. 债券价格波动率与收益率呈负相关关系

如图7-5所示,假定 $D(R_1)$ 为高收益率,$E(R_2)$ 为低收益率,高收益率从 D 下降至 E,低收益率从 E 下降至 $F(R_3)$,且 $DE = EF$,则高收益率下债券价

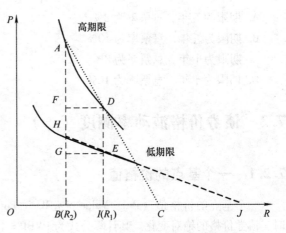

图7-4 债券价格波动率与到期期限

格波动率为 $\frac{A_2B_2}{A_1D} = \frac{A_2B_2}{A_2E}$,低收益率下债券价格波动率为 $\frac{A_3C_3}{B_2E} = \frac{A_3C_3}{A_3F}$。将 A_1 上移至 B_1,B_2 上移至 C_2,使得 $A_1B_1 = A_2B_2$,$B_2C_2 = A_3C_3$,则低收益率下债券价格波动率变为 $\frac{B_2C_2}{B_2E}$。因为 B_2 点处的斜率绝对值大于 A_1 点处的斜率绝对值,所以 $A_2B_2 < A_3C_3 = B_2C_2$,则 $\frac{A_2B_2}{A_2E} < \frac{B_2C_2}{B_2E}$,因而高收益率对应的债券价格波动率低于低收益率对应的债券价格波动率,即债券价格波动率与收益率呈反向变化关系。

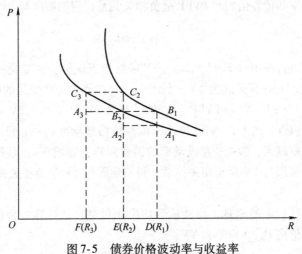

图7-5 债券价格波动率与收益率

4. 债券价格波动率与债券信用呈负相关关系

在相同的收益率水平下,高信用债券价格大于低信用债券的价格。当收益率变化相同幅度时,债券价格变化幅度相同,因而高信用债券价格波动率低于低信用债券的价格波动率,即债券价格波动率与债券信用呈反向变化关系。

问题

投资者预期市场利率将下降,则他会选择下面哪种息票债券?(　　)

A. 期限为五年,息票率为 8%
B. 期限为五年,息票率为 10%
C. 期限为十年,息票率为 8%
D. 期限为十年,息票率为 10%

7.2 债券价格波动率测度(一)

7.2.1 一个基点的价格值

一个基点的价格值(Price Value of a Basic Point,PVBP)是指当收益率 R 变化一个基点时,债券价格的绝对变化。其计算公式为 $PVBP = |\Delta P|_{\Delta R=0.01\%}$。一个基点的价格波动率则是当收益率 R 变化一个基点时,债券价格的相对变化,即 $\frac{PVBP}{P}$。

问题

当收益率 R 变化较小且变化 ΔR 个基点时,债券价格的绝对变化 $|\Delta P|$ 和波动率可以用 PVBP 近似表示为多少?当收益率 R 变化较大时,债券价格的绝对变化 $|\Delta P|$ 和波动率能否用 PVBP 近似表示?若能用 PVBP 近似表示,则结果偏大还是偏小?

对既定的收益率而言,PVBP 越大,债券价格收益曲线的凸度越大,债券价格波动率越大;PVBP 越小,债券价格收益曲线的凸度越小,债券价格波动率越小。因此,PVBP 的大小反映了价格波动率的大小,这意味着影响价格波动率的因素同样会影响 PVBP,且影响方向一致,即息票率、收益率和债券信用与 PVBP 呈负相关关系,到期期限与 PVBP 呈正相关关系。

7.2.2 收益率值

债券价格变化的收益率值(Yield Value,YV)是指当债券价格变化一个报价单位时,债券收益率的绝对变化,其计算公式为 $YV = |\Delta R|_{\Delta P=+/\pm}$。债券价格变化的收益率值 YV 恰好与 PVBP 相反,当 $\Delta P = 1/8$ 时,$YV \times PVBP = 1/800$,当 $\Delta P = 1/32$ 时,$YV \times PVBP = 1/3200$。债券价格变化的收益率值 YV 越大,PVBP 越小,债券价格波动率越小;反之,YV 越小,PVBP 越大,债券价格波动率越大。影响价格波动率的因素同样会影响 YV,且影响方向相反,即息票率、收益率和债券信用与 YV 呈正相关关系,到期期限与 YV 呈负相关关系。

问题

给定表 7-1 中六种债券的信息,每种债券均半年付息,试计算每种债券的初始价格 P_1、利率上升 1bp 后的新价格 P_2、PVBP 和 YV。

表 7-1 PVBP 与 YV

债券	债券期限(年)	面值(元)	息票率	初始市场利率 R_1	报价方式	初始价格 P_1(元)	新价格 P_2(元)($\Delta R = 1bp$)	$PVBP = P_1 - P_2$	YV
1	5	1000	9%	9%	1/8				
2	25	100	9%	8%	1/8				
3	5	200	6%	8%	1/32				

(续)

债券	债券期限（年）	面值（元）	息票率	初始市场利率 R_1	报价方式	初始价格 P_1（元）	新价格 P_2（元）（$\Delta R = 1$ bp）	PVBP $= P_1 - P_2$	YV
4	25	500	6%	5%	1/32				
5	5	1000	0	6%	1/8				
6	25	1000	0	6%	1/32				

7.3 债券价格波动率测度（二）

7.3.1 麦考利久期

债券到期期限越长，其价格波动率越大，即价格受利率变动影响越大，因而可以用期限来衡量利率变动对债券价格的影响。对息票债券而言，息票债券可以拆分为 $n+1$ 个零息债券，每个零息债券到期期限不同，因而价格受利率变动影响不同，那么如何衡量利率变动对所有零息债券价格的综合影响呢？对此，麦考利（F. R. Macaulay）在考虑货币时间价值的基础上，于 1983 年提出了麦考利久期（Macaulay Duration，MD）的概念。

为弄清麦考利久期的真正内涵，首先将息票债券价格对收益率做近似二阶泰勒展开。将债券价格 P 看作收益率 R 的函数，则当 R 变化 ΔR 时，可以将 $P(R)$ 在 ΔR 处进行泰勒展开，则有

$$P(R + \Delta R) \approx P(R) + \frac{\mathrm{d}P}{\mathrm{d}R}\Delta R + \frac{1}{2}\frac{\mathrm{d}^2 P}{\mathrm{d}R^2}\Delta R^2 \tag{7-1}$$

当 R 变化 ΔR 时，债券价格变化 ΔP，则债券价格波动率近似为

$$\frac{\Delta P}{P} = \frac{P(R+\Delta R) - P(R)}{P(R)} \approx \frac{\mathrm{d}P}{P\mathrm{d}R}\Delta R + \frac{1}{2}\frac{\mathrm{d}^2 P}{P\mathrm{d}R^2}\Delta R^2 \tag{7-2}$$

显然，债券价格波动率可以分解为两部分：① $\left|\frac{\mathrm{d}P}{P\mathrm{d}R}\right| = -\frac{\mathrm{d}P}{P\mathrm{d}R}$，即修正久期（Modified Duration，$\overline{\mathrm{MD}}$），构成了价格波动率的主要部分；② $\frac{\mathrm{d}^2 P}{P\mathrm{d}R^2}$，即凸性（Convexity，CV），构成了价格波动率的次要部分，是对麦考利久期的修正。

定义麦考利久期为债券期限的加权平均，权重为每一期现金流的现值占全部现金流现值的百分比，则麦考利久期 MD 可以表示为

$$\mathrm{MD} = \frac{\sum_{t=1}^{n} tP^t}{P} = \frac{1P^1 + 2P^2 + 3P^3 + \cdots + nP^n}{P^1 + P^2 + P^3 + \cdots + P^n} \tag{7-3}$$

式中，$P^1 = \frac{Mi}{(1+R)}$，$P^2 = \frac{Mi}{(1+R)^2}$，…，$P^n = \frac{Mi+M}{(1+R)^n}$。

由价格收益曲线可知价格对收益率的一阶导数，则修正久期 $\overline{\mathrm{MD}}$ 可表示为

$$\overline{MD} = -\frac{dP}{PdR} = -\frac{dP^1}{PdR} - \frac{dP^2}{PdR} - \cdots - \frac{dP^n}{PdR} = \frac{1}{(1+R)}\frac{P^1}{P} + \frac{1}{(1+R)}\frac{2P^2}{P} + \cdots + \frac{1}{(1+R)}\frac{nP^n}{P}$$

$$= \frac{1}{(1+R)} \frac{(P^1 + 2P^2 + \cdots + nP^n)}{P} = \frac{1}{(1+R)} \frac{\sum_{t=1}^{n} tP^t}{P}$$

$$= \frac{MD}{(1+R)} \tag{7-4}$$

当 $\Delta R \to 0$ 时，$\frac{\Delta P}{P} \approx \frac{dP}{PdR}\Delta R = -\overline{MD} \times \Delta R$，即当 $\Delta R = 1\%$ 时，$\frac{\Delta P}{P} \approx \overline{MD}\%$。因此，久期的本质是当市场利率变化 100 个基点时，债券价格的近似变化百分比。例如 $\overline{MD} = 10$，则其含义为当市场利率变化 100 个基点时，债券价格近似变化 10%。

式（7-3）和式（7-4）给出了麦考利久期和修正久期的计算公式，据此可以看出久期的基本特征：①麦考利久期不会超过债券到期期限，即 $MD \leq n$，对零息债券，$MD = n$，但无论是息票债券还是零息债券，修正久期均小于债券到期期限，即 $\overline{MD} < n$。②久期与价格波动率正相关，即久期越大，债券价格波动率越大，久期越小，债券价格波动率越小。③影响价格波动率的因素会影响久期，且影响方向一致，即息票率、收益率和债券信用与久期呈负相关关系，到期期限与久期呈正相关关系。④若半年付息，则以年表示的久期等于以半年表示的久期除以 2，即 $MD_{年} = \frac{MD_{半年}}{2}$；若季度付息，则以年表示的久期等于以季表示的久期除以 4，即 $MD_{年} = \frac{MD_{季}}{4}$。

7.3.2 久期简化公式

由麦考利久期定义公式（7-3）可得

$$MD = \frac{\sum_{t=1}^{n} tP^t}{P} = \frac{1P^1 + 2P^2 + 3P^3 + \cdots + nP^n}{P^1 + P^2 + P^3 + \cdots + P^n}$$

$$\Rightarrow MD(1+R)^{-1} = \frac{1P^2 + 2P^3 + 3P^4 + \cdots + (n-1)[P^n - M(1+R)^{-n}] + nP^n(1+R)^{-1}}{P^1 + P^2 + P^3 + \cdots + P^n}$$

$$\Rightarrow MD[1-(1+R)^{-1}] = \frac{P^1 + P^2 + P^3 + \cdots + P^n + (n-1)M(1+R)^{-n} - nP^n(1+R)^{-1}}{P^1 + P^2 + P^3 + \cdots + P^n}$$

$$= \frac{Mi(P/A,R,n) + M(1+R)^{-n} + (n-1)M(1+R)^{-n} - n(Mi+M)(1+R)^{-1-n}}{P}$$

$$= \frac{Mi(P/A,R,n)}{P} + \frac{nM(1+R)^{-n} - nM(1+R)^{-1-n} - nMi(1+R)^{-1-n}}{P}$$

设 $H = \frac{Mi(P/A,R,n)}{P}$，$1 - H = \frac{M(1+R)^{-n}}{P}$，则有

$$MD[1-(1+R)^{-1}] = H + n[1-(1+R)^{-1}](1-H) - ni(1+R)^{-n-1}(1-H)$$

$$\Rightarrow MD = \frac{1+R}{R}H + \left[1 - \frac{i}{R}\right]n(1-H) \tag{7-5}$$

式（7-5）即麦考利久期的简化公式。特别地，当 $P = M$ 时，$i = R$，$MD = \frac{1+R}{R}H$，其中

$H = i(P/A, i, n)$;当零息债券时,$i = 0$,$H = 0$,$MD = n$;当半年付息时,$MD = \frac{2+R}{R}H +$

$\left[1 - \frac{i}{R}\right]2n(1-H)$,其中 $H = \dfrac{\frac{Mi}{2}\left(P/A, \frac{R}{2}, 2n\right)}{P}$。

问题

(1) 已知某息票债券期限为五年,息票率为14%,到期收益率为10%,半年付息,求该债券的麦考利久期和修正久期。(提示:首先求 P、H、$1-H$,然后代入久期简化公式求得 $MD_{半年}$,最后利用 $MD_{半年}/2$ 求得 $MD_年$,利用 $\dfrac{MD_年}{1+R}$ 求得 $\overline{MD}$。答案:$P = 1154.42$,$H = 0.4682$,$1-H = 0.5318$,$MD_{半年} = 7.705$,$MD_年 = 3.85$,$\overline{MD} = 3.5$)

(2) 给定表7-2中六种债券的信息,每种债券均半年付息,试计算每种债券的麦考利久期和修正久期。

表7-2 麦考利久期与修正久期

债券	债券期限（年）	面值（元）	息票率	市场利率 R	债券价格 P（元）	$MD_{半年}$	$MD_年$	$\overline{MD}$
1	5	1000	9%	9%				
2	25	100	9%	8%				
3	5	200	6%	8%				
4	25	500	6%	5%				
5	5	1000	0	6%				
6	25	1000	0	6%				

7.3.3 久期、价格波动率与PVBP

修正久期构成了价格波动率的主要部分,因而当收益率微幅变化时,债券价格波动率可以近似表示为 $\dfrac{\Delta P}{P} \approx -\overline{MD} \times \Delta R$。PVBP是当收益率 R 变化一个基点时,债券价格的绝对变化,因而PVBP可以近似表示为 $PVBP = |\Delta P|_{\Delta R = 0.01\%} = \dfrac{\overline{MD} \times P}{10\,000}$。

问题

(1) 已知某息票债券期限为五年,息票率为14%,到期收益率为10%,半年付息,当收益率上升1bp时,债券价格向下波动率为多少?当收益率上升10bp时,债券价格向下波动率为多少?(提示:首先求 $MD_年$,利用 $\dfrac{\Delta P}{P} \approx -\overline{MD} \times \Delta R$ 求得价格波动率。答案:$MD_年 = 3.85$,$\overline{MD} = 3.5$;当收益率上升1bp时,$\dfrac{\Delta P}{P} \approx -3.5 \times 0.01\% = -0.035\%$;当收益率上升10bp时,$\dfrac{\Delta P}{P} \approx -3.5 \times 0.1\% = -0.35\%$)

(2) 给定表7-3中六种债券的信息,每种债券均半年付息,当收益率上升1bp时,试利用修正久期计算每种债券的价格波动率和PVBP。

表 7-3 债券价格波动率与 PVBP

债券	债券期限（年）	面值（元）	息票率	市场利率 R	$\overline{MD}$	$\frac{\Delta P}{P}$	PVBP
1	5	1000	9%	9%			
2	25	100	9%	8%			
3	5	200	6%	8%			
4	25	500	6%	5%			
5	5	1000	0				
6	25	1000	0	6%			

7.3.4 有效久期

尽管当收益率微幅变化时，麦考利久期或修正久期可以近似测度债券价格波动率，但却存在三方面的缺陷：①假定利率期限结构水平，没有区分不同期限的即期利率与远期利率，即假定所有期限的到期收益率相同；②假定利率期限结构平行变化，即所有收益率的变化幅度相同；③假定收益率变化不会影响预期现金流变化。考虑利率期限结构可以解决第一个缺陷，允许不同期限利率变化幅度不同可以解决第二个缺陷，而对当收益率变化影响预期现金流变化即内嵌期权债券而言，有效久期（Effective Duration）可以解决第三个缺陷。

有效久期是指当收益率变化 100 个基点时，考虑收益率变化对未来预期现金流变化的影响，债券价格的近似百分比变化，用以反映含内嵌期权债券的价格波动率，是内嵌期权债券的久期的近似，也称为近似久期。假定当收益率 R 上升 ΔR（$\Delta R > 0$）时，债券价格 P 下降为 P_-，当收益率 R 下降 ΔR（$\Delta R > 0$）时，债券价格 P 上升为 P_+，设有效久期为 $\widetilde{MD}$，则有

$$\frac{\Delta P_-}{P} = \frac{P_- - P}{P} \approx -\overline{MD}_- \times \Delta R$$

$$\frac{\Delta P_+}{P} = \frac{P_+ - P}{P} \approx -\overline{MD}_+ \times (-\Delta R) = \overline{MD}_+ \times \Delta R$$

$$\widetilde{MD} = \frac{\overline{MD}_- + \overline{MD}_+}{2} = \frac{-\frac{P_- - P}{P \times \Delta R} + \frac{P_+ - P}{P \times \Delta R}}{2} = \frac{P_+ - P_-}{2 \times P \times \Delta R} \tag{7-6}$$

式（7-6）即有效久期的计算公式。

问题

(1) 假定息票债券 A 当期价格为 115.92 元，到期收益率为 7%，有效久期为 8.37%。试计算当收益率上升为 7.05% 时，债券 A 的实际价格为多少？（答案：115.43 元）

(2) 假定到期期限为六年的可赎回债券 A 当期价格为 100 元，当收益率上升 100 个基点时，该债券的价格将降为 95.87 元；当收益率下降 100 个基点时，该债券价格将升为 104.76 元。试计算该债券的有效久期。当收益率上升 50 个基点时，该赎回债券的实际价格为多少？（答案：有效久期为 4.45，实际价格为 97.78 元）

(3) 一个期限为十年的半年息票债券，面值为 1000 美元，息票率为 10%，当前市场利率为 8.5%，债券价格为 1099.71 美元。当市场利率下降 45 个基点时，债券价格为 1132.21 美元；当市场利率上升 45 个基点时，债券价格为 1068.44 美元。当市场利率下降 30 个基点时，

债券价格近似百分比变化为多少？（答案：2.9%）

7.3.5 关键利率久期

关键利率久期（Key Rate Duration，KRD）是指当某一个期限的即期利率变化 100 个基点，而其他期限即期利率保持不变时，债券价格的近似百分比变化。例如，30 年关键利率久期为 40，则意味着当 30 年期即期利率变化 100 个基点，而其他期限的即期利率保持不变时，债券价格近似变化 40%。关键利率久期能够衡量单个即期利率变化对债券价格变化的影响，允许不同期限利率变化幅度不同，刻画了债券价格对不同期限即期利率变化的敏感度，因而可以解决麦考利久期的第二个缺陷。

Thomas Ho（1992）提出了较为通用的 KRD 算法，包括三个基本步骤：第一步，在即期收益率曲线上选取几个关键期限或关键利率。通常考虑的关键期限为三个月、一年、二年、三年、五年、七年、十年、15 年、20 年、25 年、30 年，共 11 个关键期限点，这些点对应的利率久期作为关键利率久期，例如十期债券的关键利率久期为七个。第二步，确定即期收益率曲线上其他利率跟随关键利率的变动规则，即关键利率对临近利率的影响是线性递减的，且在临近的关键利率处达到 0。假设十年的关键利率增加 10bp，则在 10～15 年所有的即期利率都将增加，但增加的数额不等，并且增加的幅度线性递减。这意味着从 10.5 年开始的每个即期利率比它左边相邻点的即期利率少增加 1bp，即 10.5 年增加 9bp。在七年和十年间所有即期利率也发生类似变化。这样一次仅一个关键利率变化，七年及其以下、15 年及其以上即期利率则不受十年期利率变化的影响。第三步，计算当每一个关键利率及临近利率变化时的债券价格的百分比变化。

问题

（1）具有相同有效久期的债券或债券组合的关键利率久期是否相同？

（2）给定表 7-4 中六种债券的关键利率久期和有效久期，债券组合 P_1 的投资比例为 2∶3∶5，试计算债券组合 P_1 的关键利率久期和有效久期。

表 7-4 债券组合关键利率久期与有效久期

债券与组合	KRD											$\overline{MD}$
	三月	一年	两年	三年	五年	七年	十年	15 年	20 年	25 年	30 年	
1	0.02	0.06	0.12	0.26	0.48	0.75	1.30	1.25	1.50	1.55	4.50	12
2	0.01	0.50	0.00	0.00	0.20	0.35	1.20	0.80	0.90	1.70	1.50	3
3	0.02	0.06	0.11	0.30	1.20	0.00	1.00	0.40	0.10	0.00	0.00	2
P_1												

7.4 债券价格波动率测度（三）

7.4.1 凸性

债券价格的二阶近似泰勒展开式表明，修正久期构成了价格波动率的主要部分，凸性构成了价格波动率的次要部分，是对修正久期的补充。当 ΔR 值较小时，收益率微幅变化，ΔR^2 可以忽略不计，因而久期可以近似衡量债券价格波动率。当 ΔR 值较大时，收益率大幅变化，ΔR^2 无法忽略不计。由于 $\Delta R^2 > 0$，因而当收益率下降时，债券价格上升，仅用久期会低估债券价格波动率；当收益率上升时，债券价格下降，仅用久期会高估债券价格波动率。

定义凸性为久期的变化速度，则凸性可以表示为

$$CV = \frac{d^2 P}{P dR^2} = \frac{d^2 P^1}{P dR^2} + \frac{d^2 P^2}{P dR^2} + \cdots + \frac{d^2 P^n}{P dR^2}$$

$$= \frac{1}{(1+R)^2} \frac{1 \times 2 \times P^1}{P} + \frac{1}{(1+R)^2} \frac{2 \times 3 \times P^2}{P} + \cdots + \frac{1}{(1+R)^2} \frac{n \times (n+1) \times P^n}{P}$$

$$= \frac{1}{(1+R)^2} \frac{1 \times 2 \times P^1 + 2 \times 3 \times P^2 + \cdots + n \times (n+1) \times P^n}{P}$$

$$= \frac{1}{(1+R)^2} \frac{\sum_{t=1}^{n} t(t+1) P^t}{P} \tag{7-7}$$

式中，$P^1 = \frac{Mi}{(1+R)}$，$P^2 = \frac{Mi}{(1+R)^2}$，$\cdots$，$P^n = \frac{Mi + M}{(1+R)^n}$。

当 $\Delta R \to 0$ 时，$\frac{\Delta P}{P} \approx \frac{dP}{P dR} \Delta R = -\overline{MD} \times \Delta R$；当 ΔR 大幅变化时，$\frac{\Delta P}{P} \approx \frac{dP}{P dR} \Delta R + \frac{1}{2} \frac{d^2 P}{dR^2} \Delta R^2 = -\overline{MD} \times \Delta R + \frac{1}{2} CV \Delta R^2$。因此，债券价格波动率包含久期引起的价格波动率和凸性引起的价格波动率。

式 (7-7) 给出了凸性的计算公式，据此可以看出凸性的基本特征：①凸性通常超过债券到期期限，即 $CV > n$，对零息债券，$CV = \frac{n \times (n+1)}{(1+R)^2}$；②影响价格波动率的因素会影响凸性，由于凸性只是对久期的修正，因此影响方向并不一致。③若半年付息，则以年表示的凸性等于以半年表示的凸性除以4，即 $CV_年 = \frac{CV_{半年}}{4}$；若季度付息，则以年表示的凸性等于以季表示的凸性除以16，即 $CV_年 = \frac{CV_季}{16}$。

问题

按年付息的永续债券的修正久期和凸性各为多少？（答案：$\overline{MD} = \frac{1}{R}$，$CV = \frac{2}{R^2}$）

7.4.2 凸性简化公式

由凸性定义式 (7-7) 可得

$$CV = \frac{d^2 P}{P dR^2}$$

$$= \frac{2}{R^2} H - \frac{in}{R^2(1+R)}(1-H) + \frac{1 - \frac{i}{R}}{(1+R)^2} n(n+1)(1-H) \tag{7-8}$$

式中，$H = \frac{Mi \ (P/A, \ R, \ n)}{P}$，$1 - H = \frac{M(1+R)^{-n}}{P}$。

式 (7-8) 即凸性的简化公式。特别地，当零息债券时，$i = 0$，$H = 0$，$CV = \frac{n(n+1)}{(1+R)^2}$。

问题

（1）已知某息票债券期限为五年，息票率为14%，到期收益率为10%，半年付息，求该债券的凸性。

（2）给定表7-5中六种债券的信息，每种债券均半年付息，试计算每种债券凸性。

表 7-5　债券凸性

债券	债券期限（年）	面值（美元）	息票率	市场利率 R	债券价格 P（美元）	$CV_{半年}$	$CV_{年}$
1	5	1000	9%	9%			
2	25	100	9%	8%			
3	5	200	6%	8%			
4	25	500	6%	5%			
5	5	1000	0	6%			
6	25	1000	0	6%			

7.4.3　凸性、价格波动率与 PVBP

债券价格波动率包含久期引起的价格波动率和凸性引起的价格波动率。久期引起的价格波动率可以表示为 $-\overline{MD} \times \Delta R$，凸性引起的价格波动率可以表示为 $\frac{1}{2} CV \Delta R^2$。PVBP 是当收益率 R 变化一个基点时债券价格的绝对变化，因而 PVBP 包含久期引起的 PVBP（一个基点的美元久期）和凸性引起的 PVBP（一个基点的美元凸性）。一个基点的美元久期是当收益率 R 变化一个基点时久期引起的债券价格绝对变化，可以表示为 $\frac{\overline{MD} \times P}{10\,000}$；一个基点的美元凸性是当收益率 R 变化一个基点时凸性引起的债券价格绝对变化，可以表示为 $\frac{1}{2} \frac{CV \times P}{10\,000^2}$。因此，PVBP 可以近似表示为 $PVBP = |\Delta P|_{\Delta R = 0.01\%} = \frac{\overline{MD} \times P}{1000} - \frac{1}{2} \frac{CV \times P}{10\,000^2}$。

问题

（1）已知某息票债券期限为五年，息票率为14%，到期收益率为10%，半年付息。则一个基点的美元久期和美元凸性各为多少？当收益率上升50bp时，债券价格向下波动率为多少？当收益率上升100bp时，债券价格向下波动率为多少？（提示：首先求 $MD_{年}$，其次求 $CV_{年}$，利用 $\frac{\Delta P}{P} \approx -\overline{MD} \times \Delta R + \frac{1}{2} CV \Delta R^2$ 求得价格波动率）

（2）给定表7-6中六种债券的信息，每种债券均半年付息，当收益率上升100bp时，试利用修正期和凸性计算每种债券的价格波动率、美元久期和美元凸性。

表 7-6　债券价格波动率、美元久期与美元凸性

债券	债券期限（年）	面值（美元）	息票率	市场利率 R	$\overline{MD}$	CV	美元久期	美元凸性	$\frac{\Delta P}{P}$
1	5	1000	9%	9%					
2	25	100	9%	8%					

(续)

债券	债券期限（年）	面值（美元）	息票率	市场利率 R	$\widetilde{MD}$	CV	美元久期	美元凸性	$\dfrac{\Delta P}{P}$
3	5	200	6%	8%					
4	25	500	6%	5%					
5	5	1000	0	6%					
6	25	1000	0	6%					

7.4.4 有效凸性

当收益率大幅变化时，凸性可以作为久期的补充，近似测度债券价格波动率，但也存在三方面的缺陷：①假定利率期限结构水平，没有区分不同期限的即期利率与远期利率，即假定所有期限的到期收益率相同；②假定利率期限结构平行变化，即所有收益率的变化幅度相同；③假定收益率变化不会影响预期现金流变化。考虑利率期限结构可以解决第一个缺陷，允许不同期限利率变化幅度不同可以解决第二个缺陷，而对当收益率变化影响预期现金流变化即内嵌期权债券而言，有效凸性（Effective Convexity）可以解决第三个缺陷。

当收益率大幅变化时，有效凸性是有效久期的补充，用以反映含内嵌期权债券的价格波动率，是内嵌期权债券的凸性的近似，也称为近似凸性。假定当收益率 R 上升 ΔR（$\Delta R>0$）时，债券价格 P 下降为 P_-，当收益率 R 下降 ΔR（$\Delta R>0$）时，债券价格 P 上升为 P_+，设有效凸性为 $\widetilde{CV}$，则有

$$\frac{\Delta P_-}{P} = \frac{P_- - P}{P} \approx -\widetilde{MD} \times \Delta R + \frac{1}{2} CV_- \times \Delta R^2$$

$$\frac{\Delta P_+}{P} = \frac{P_+ - P}{P} \approx -\widetilde{MD} \times (-\Delta R) + \frac{1}{2} CV_+ \times \Delta R^2 = \widetilde{MD} \times \Delta R + \frac{1}{2} CV_+ \times \Delta R^2$$

$$\widetilde{CV} = \frac{CV_- + CV_+}{2} = \frac{P_- - P}{P \times \Delta R^2} + \frac{P_+ - P}{P \times \Delta R^2} = \frac{P_+ + P_- - 2P}{P \times \Delta R^2} \tag{7-9}$$

式（7-9）即有效久期的计算公式。

问题

（1）假定息票债券 A 当期价格为 115.92 美元，到期收益率为 7%，有效久期为 8.37，有效凸性为 31.48。试计算当收益率上升 100bp 时，债券 A 的实际价格为多少？

（2）假定到期期限为五年的可赎回债券 A 的息票率为 8%，半年付息，当前收益率为 7%，当期价格为 104.876 美元。当收益率上升 50 个基点时，该债券的价格将降为 101.214 美元，当收益率下降 50 个基点时，该债券价格将升为 108.573 美元。试计算该债券的有效久期和有效凸性。当收益率上升 100 个基点时，该赎回债券的实际价格为多少？

（3）一个期限为十年的半年息票债券，面值为 1000 美元，息票率为 10%，当前市场利率为 8.5%，债券价格为 1099.71 美元。当市场利率下降 45 个基点时，债券价格为 1132.21 美元；当市场利率上升 45 个基点时，债券价格为 1068.44 美元。当市场利率下降 100 个基点时，债券价格近似百分比变化为多少？

7.4.5 凸性的影响因素与价值

久期可以直接测度债券价格波动率，但凸性只是对久期的修正，并不能直接反映价格波动

率，因而凸性与价格波动率的变化方向并不一致，这也使得凸性具有特殊的影响因素和价值。

（1）在久期不变的条件下，当收益率下降时，凸性较大的债券价格波动率较大；当收益率上升时，凸性较大的债券价格波动率较小。

假定债券 A 的凸性为 CV_1，债券 B 的凸性为 CV_2，且 $CV_1 > CV_2$，两个债券的修正久期均为 $\overline{MD}$，则当收益率大幅变化时，债券 A 价格波动率可以近似表示为 $\frac{\Delta P_1}{P_1} \approx -\overline{MD} \times \Delta R + \frac{1}{2} CV_1 \Delta R^2$，债券 B 价格波动率可以近似表示为 $\frac{\Delta P_2}{P_2} \approx -\overline{MD} \times \Delta R + \frac{1}{2} CV_2 \Delta R^2$。当收益率下降时，$\Delta R < 0$，$-\overline{MD} \times \Delta R > 0$，$\frac{\Delta P_1}{P_1} > \frac{\Delta P_2}{P_2}$；当收益率上升时，$\Delta R > 0$，$-\overline{MD} \times \Delta R < 0$，$\left|\frac{\Delta P_1}{P_1}\right| < \left|\frac{\Delta P_2}{P_2}\right|$。

图 7-6 分别给出了高凸性债券 A 和低凸性债券 B 的价格收益曲线。假定市场利率 R 从 R_0 下降至 R_1，债券 A 价格从 P_0 上升至 P_1，债券 B 价格从 P_0 上升至 P_1'，则债券 A 价格波动率为 $\frac{P_1 - P_0}{P_0}$，债券 B 价格波动率为 $\frac{P_1' - P_0}{P_0}$。显然 $P_1 - P_0 > P_1' - P_0$，因而高凸性债券 A 价格波动率较大，低凸性债券 B 价格波动率较小，即当收益率下降时，凸性较大的债券价格波动率较大。假定市场利率 R 从 R_0 上升至 R_2，债券 A 价格从 P_0 下降至 P_2，债券 B 价格从 P_0 下降至 P_2'，则债券 A 价格波动率为 $\frac{P_2 - P_0}{P_0}$，债券 B 价格波动率为 $\frac{P_2' - P_0}{P_0}$。显然 $|P_2 - P_0| < |P_2' - P_0|$，因而高凸性债券 A 价格波动率较小，低凸性债券 B 价格波动率较大，即当收益率上升时，凸性较大的债券价格波动率较小。

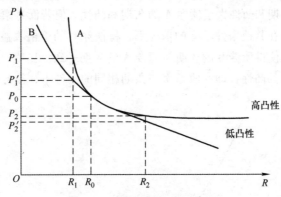

图 7-6 债券价格波动率与凸性

（2）在收益率与期限不变的条件下，债券凸性与息票率呈负相关关系。

图 7-7 分别给出了高息票率债券 A 和低息票率债券 B 的价格收益曲线。对于相同的收益率，息票率越高的债券价格越高，因而 A 曲线位于 B 曲线的上方。对于相同的收益率，A 曲线相对于 B 曲线陡峭，因而息票率越高的债券美元久期和美元凸性越大。假定市场利率 R_0 对应的债券 A 价格为 P_1，债券 B 价格为 P_2，则债券 A 的美元久期为 $\frac{dP_1}{dR}$，美元凸性为 $\frac{d^2 P_1}{dR^2}$，债券 B 的美元久期为 $\frac{dP_2}{dR}$，美元凸性为 $\frac{d^2 P_2}{dR^2}$。对息票率变化而言，债券 A 与债券 B 的美元久期和美

元凸性的差距远小于 P_1 与 P_2 的差距，即 $\dfrac{\mathrm{d}P_1}{P_1\mathrm{d}R} < \dfrac{\mathrm{d}P_2}{P_2\mathrm{d}R}$，$\dfrac{\mathrm{d}^2P_1}{P_1\mathrm{d}R^2} < \dfrac{\mathrm{d}^2P_2}{P_2\mathrm{d}R^2}$。因此，在收益率与期限不变的条件下，低息票率债券 B 凸性较大，高息票率债券 A 凸性较小，即债券凸性与息票率呈反向变化关系。

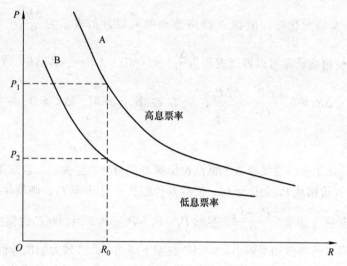

图 7-7 债券凸性与息票率（收益率与期限相同）

（3）在收益率与久期相同的条件下，债券凸性与息票率呈正相关关系。

图 7-8 分别给出了高息票率债券 A 和低息票率债券 B、C 的价格收益曲线。对于相同的收益率，息票率越高的债券价格越高，因而 A 曲线位于 B、C 曲线的上方。在收益率与期限相同的条件下，债券 C 的久期和凸性大于债券 A 的久期和凸性。但若低息票率债券 C 与高息票率债券 A 久期相同，则需在其他条件不变的情况下，将债券 C 的价格收益曲线逆时针旋转至债券 B 的价格收益曲线，使得债券 B 的久期与债券 A 的久期一致。显然，低息票率债券 B 的凸性小于高息票率债券 A 的凸性，即在收益率与久期相同的条件下，债券凸性与息票率呈正向变化关系。

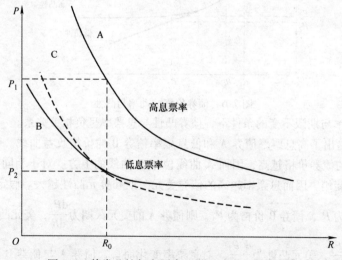

图 7-8 债券凸性与息票率（收益率与久期相同）

(4)债券凸性与收益率呈负相关关系。

债券价格收益曲线是一条向下倾斜且绝对斜率越来越小的曲线,因而债券价格、麦考利久期、修正久期、美元久期、凸性、美元凸性均为收益率的减函数,即在其他条件不变的情形下,它们与收益率呈负相关关系。

问题

已知某息票债券期限为 15 年,息票率为 11%,半年付息。试计算不同收益率下该息票债券的价格、麦考利久期、修正久期、美元久期、凸性、美元凸性(见表 7-7),并观察其与收益率的关系。

表 7-7 债券价格波动率、(美元)久期与(美元)凸性

R	4%	5%	6%	7%	8%	9%	10%	11%	12%	13%
P										
MD										
$\overline{MD}$										
$\dfrac{dP}{dR}$										
CV										
$\dfrac{d^2P}{dR^2}$										

(5)债券凸性与到期期限可能正相关或负相关。

债券价格波动率与久期均与到期期限正相关,但凸性与到期期限并不一定正相关。图 7-9 分别给出了高期限债券 A 和低期限债券 B 的价格收益曲线。A 曲线与 B 曲线相交,且 A 曲线相对于 B 曲线陡峭,即对于相同的收益率,到期期限越高的债券曲线斜率越大。在 $R = i$ 的左侧,市场利率小于息票率,债券 A 和债券 B 均为溢价债券;在 $R = i$ 的右侧,市场利率大于息票率,债券 A 和债券 B 均为折价债券。显然,对于溢价债券,高期限债券 A 凸性大于低期限债券 B;对于折价债券,低期限债券 B 凸性大于高期限债券 A。因此,溢价债券的凸性与到期期限正相关,折价债券的凸性与到期期限负相关。

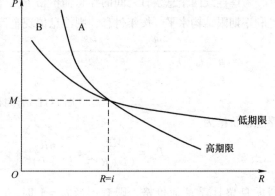

图 7-9 债券凸性与到期期限

(6)债券凸性价值:当收益率波动较小时,选择凸性较小的债券;当收益率波动较大时,选择凸性较大的债券。

图 7-10 分别给出了高凸性债券 A 和低凸性债券 B 的价格收益曲线。A 曲线与 B 曲线相切于 M 点,对应收益率为 R_0,债券价格为 P_0。显然在 M 点处,债券 A 久期与债券 B 相同,债券 A 凸性大于债券 B。当收益率下降时,高凸性债券 A 价格波动率大于低凸性债券 B,债券 A 价格上升幅度大于债券 B;当收益率上升时,高凸性债券 A 价格波动率小于低凸性债券 B,债券 A 价格下降幅度小于债券 B。因此,无论收益率上升或下降,高凸性债券相对于低凸性债券都

具有凸性优势。凸性优势使得投资者会选择债券 A，导致债券 A 价格从 M 点上升至 N 点，即投资者不得不以高于 P_0 的价格购买债券 A，因而高凸性债券相对于低凸性债券具有价格劣势。当收益率波动较小时，高凸性债券相对于低凸性债券的凸性优势小于价格劣势，投资者应选择低凸性债券；当收益率波动较大时，高凸性债券相对于低凸性债券的凸性优势大于价格劣势，投资者应选择高凸性债券。

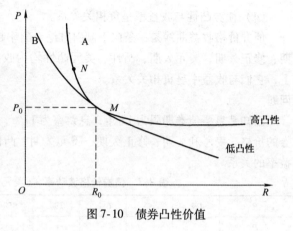

图 7-10 债券凸性价值

7.5 浮息债价格波动率

7.5.1 浮息债久期与凸性

假定浮息债指标利差 $\bar{S}$ 与贴现利差 S 相等且均为 0，初始市场利率为 R_0，且利率期限结构水平。在离散情形的浮息债定价中，当浮息债息票率连续调整时，浮息债价格等于面值；当浮息债息票率不连续调整时，若市场利率不立即变化，则浮息债价格等于面值。这表明当浮息债息票率与市场利率变化同步时，息票率能够完全反映收益率的变化，因而浮息债价格不受市场利率变化影响，即浮息债久期和凸性为 0。但当浮息债息票率不连续调整，而市场利率却立即变化时，浮息债息票率与市场利率变化不同步，浮息债价格不等于面值。

考虑连续两个息票日之间的浮息债价格 P_{t_ω}。假定息票率不连续调整、市场利率立即变化且利率期限结构水平，按年付息，则浮息债现金流如图 7-11 所示。

```
           MR₀           MR        ···          MR      MR+M
  ├────────┼────┼────────┼────────┼───··· ──────┼────────┤
  0   t_ω  R    1    R   2                     n-1   R   n
  R₀            R        R                             R
```

图 7-11 浮息债现金流

浮息债价格为

$$P_{t_\omega} = \frac{MR_0}{(1+R)^\omega} + \frac{MR}{(1+R)^\omega} + \cdots + \frac{MR+M}{(1+R)^\omega} = \frac{M(1+R_0)}{(1+R)^\omega}$$

考虑息票日浮息债价格，则有：当 $\omega = 1$ 时，$t_\omega = 0$，$P_{t_\omega} = P_0 = \dfrac{M(1+R_0)}{1+R}$；当 $\omega = 0$ 时，$t_\omega = 1$，$P_{t_\omega} = M$。

浮息债修正久期为

$$\overline{MD} = -\frac{dP}{PdR} = \frac{M\omega(1+R_0)/(1+R)^{\omega+1}}{M(1+R_0)/(1+R)^\omega} = \frac{\omega}{1+R} \tag{7-10}$$

若按年付息，即息票率调整时间间隔为 1，则 $0 \leq \overline{MD} = \dfrac{\omega}{1+R} < 1$；若半年付息，即息票率调整时间间隔为 1/2，则 $0 \leq \overline{MD} = \dfrac{\omega}{2(1+R)} < \dfrac{1}{2}$。

浮息债麦考利久期为

$$MD = \overline{MD}(1+R) = \omega \tag{7-11}$$

若按年付息，则 $0 \leqslant MD = \omega \leqslant 1$；若半年付息，则 $0 \leqslant MD = \dfrac{\omega}{2} \leqslant \dfrac{1}{2}$。因此，付息频率越高，浮息债价格波动率越小，浮息债久期越小；反之，付息频率越低，浮息债价格波动率越大，浮息债久期越大。但无论如何，浮息债久期不会超过息票率调整的时间间隔。

浮息债凸性为

$$CV = \frac{\partial^2 P}{\partial R^2}\frac{1}{P} = \frac{M(1+R_0)\omega(1+\omega)/(1+R)^{\omega+2}}{M(1+R_0)/(1+R)^{\omega}} = \frac{\omega(1+\omega)}{(1+R)^2} \tag{7-12}$$

若按年付息，则 $0 \leqslant CV = \dfrac{\omega(1+\omega)}{(1+R)^2} < 2$；若半年付息，则 $0 \leqslant CV = \dfrac{\omega(1+\omega)}{4(1+R)^2} < \dfrac{1}{2}$。因此，付息频率越高，浮息债凸性越小；付息频率越低，浮息债凸性越大。

考虑两种特殊情形。当 $\omega = 1$ 时，若按年付息，则 $\overline{MD} = \dfrac{1}{1+R}$，$MD = 1$，$CV = \dfrac{2}{(1+R)^2}$；若半年付息，则 $\overline{MD} = \dfrac{1}{2(1+R)}$，$MD = \dfrac{1}{2}$，$CV = \dfrac{1}{2(1+R)^2}$；当 $\omega = 0$ 时，无论按年付息或半年付息，浮息债价格等于面值，浮息债久期和凸性均为 0。

7.5.2 逆向浮息债久期与凸性

假定基础债券发行规模为 M，息票率为 i，价格为 P；正向浮动利率债券的发行规模为 M_1，息票率为 i_1，价格为 P_1；逆向浮动利率债券的发行规模为 $M - M_1$，息票率为 i_2，价格为 P_2。则由基础债券、正向浮动利率债券和逆向浮动利率债券之间的等价关系，有

$$Mi = M_1 i_1 + M_2 i_2$$

因而有

$$P = \frac{M_1}{M}P_1 + \frac{M_2}{M}P_2 \tag{7-13}$$

式（7-13）两边同时对 R 求一阶导可得

$$\frac{dP}{dR} = \frac{M_1}{M}\frac{dP_1}{dR} + \frac{M_2}{M}\frac{dP_2}{dR}$$

$$\Rightarrow \frac{dP}{dRP}P = \frac{M_1}{M}\frac{dP_1}{dRP_1}P_1 + \frac{M_2}{M}\frac{dP_2}{dRP_2}P_2 \tag{7-14}$$

$$\Rightarrow \overline{MD}P = \frac{M_1}{M}P_1\overline{MD_1} + \frac{M_2}{M}P_2\overline{MD_2}$$

$$\Rightarrow \overline{MD} = \frac{M_1}{M}\frac{P_1}{P}\overline{MD_1} + \frac{M_2}{M}\frac{P_2}{P}\overline{MD_2}$$

式（7-14）表明，基础债券久期是浮动利率债券久期与逆向浮动利率债券久期的加权平均。正向浮动利率债券久期很短，不超过连续两个息票日调整的时间间隔。正向浮动利率债券久期小于基础债券久期，逆向浮动利率债券久期大于基础债券久期。特别地，当 $\overline{MD_1} = 0$ 时，逆向浮动利率债券的久期为

$$\overline{MD}_2 = \frac{M}{M_2}\frac{P}{P_2}\overline{MD} = \frac{M_1+M_2}{M_2}\frac{P}{P_2}\overline{MD} = \left(1+\frac{M_1}{M_2}\right)\frac{P}{P_2}\overline{MD} \tag{7-15}$$

式（7-13）两边同时对 R 求二阶导可得

$$\frac{d^2P}{dR^2} = \frac{M_1}{M}\frac{d^2P_1}{dR^2} + \frac{M_2}{M}\frac{d^2P_2}{dR^2}$$

$$\Rightarrow \frac{d^2P}{dR^2}P = \frac{M_1}{M}\frac{d^2P_1}{dR^2P_1}P_1 + \frac{M_2}{M}\frac{d^2P_2}{dR^2P_2}P_2 \tag{7-16}$$

$$\Rightarrow CV \times P = \frac{M_1}{M}P_1 \times CV_1 + \frac{M_2}{M}P_2 \times CV_2$$

$$\Rightarrow CV = \frac{M_1}{M}\frac{P_1}{P}CV_1 + \frac{M_2}{M}\frac{P_2}{P}CV_2$$

式（7-16）表明，基础债券凸性是浮动利率债券凸性与逆向浮动利率债券凸性的加权平均。

7.5.3 利率互换久期与凸性

利率互换可以看作名义本金相等的固定利率债券与浮动利率债券的组合，因而利率互换的久期为固定利率债券久期与浮动利率债券久期之差。对于收入固定利率支付浮动利率一方而言，利率互换久期为 $\overline{MD}_{IRS} = \overline{MD}_{固} - \overline{MD}_{浮}$；对于收入浮动利率支付固定利率一方而言，利率互换久期为 $\overline{MD}_{IRS} = \overline{MD}_{浮} - \overline{MD}_{固}$。

浮动利率债券久期不会超过息票率调整的时间间隔，固定利率债券久期不会超过到期期限。在平均意义上，通常将付息周期的 $1/2$ 作为浮动利率债券久期的近似值，将到期期限的 $3/4$ 作为固定利率债券久期的近似。若利率互换期限为 n，互换周期为半年，则 $\overline{MD}_{IRS} = \frac{3}{4}n - \frac{1}{4}$ 或 $\overline{MD}_{IRS} = \frac{1}{4} - \frac{3}{4}n$；若利率互换期限为 n，互换周期为季度，则 $\overline{MD}_{IRS} = \frac{3}{4}n - \frac{1}{8}$ 或 $\overline{MD}_{IRS} = \frac{1}{8} - \frac{3}{4}n$。固定利率债券久期不受互换周期的影响，因而互换周期越短，浮动利率债券久期越小，利率互换久期越大；互换周期越长，浮动利率债券久期越大，利率互换久期越小。

问题

已知利率互换期限为三年，浮动利率为 Shibor，固定利率为 5%，互换周期为季度，则对于收入浮动利率支付固定利率一方而言，利率互换久期为多少？（答案：-2.125）

7.6 投资组合久期与凸性

债券投资组合久期的衡量有两种方法。第一种方法是加权平均方法，即依据投资组合中单个债券久期和相应权重计算的加权平均久期，权重为单个债券市值/投资组合市值。

假定债券投资组合中包含 k 种债券，每种债券投资比例为 ω_j，每种债券价格为 P_j，修正久期为 $\overline{MD}_j$，则投资组合的价格为

$$P_I = \omega_1 P_1 + \omega_2 P_2 + \cdots + \omega_k P_k \tag{7-17}$$

式（7-17）两边同时对 R 求一阶导可得

$$\frac{dP_I}{dR} = \omega_1 \frac{dP_1}{dR} + \omega_2 \frac{dP_2}{dR} + \cdots + \omega_k \frac{dP_k}{dR}$$

$$\Rightarrow \frac{dP_I}{dRP_I} = \frac{\omega_1 P_1}{P_I} \frac{dP_1}{dRP_1} + \frac{\omega_2 P_2}{P_I} \frac{dP_2}{dRP_2} + \cdots + \frac{\omega_k P_k}{P_I} \frac{dP_k}{dRP_k}$$

$$\Rightarrow \overline{MD}_I = W_1 \overline{MD}_1 + W_2 \overline{MD}_2 + \cdots + W_k \overline{MD}_k \tag{7-18}$$

式中，$W_j = \frac{\omega_j P_j}{P_I}$ 为权重，即单个债券市值/投资组合市值。因此，投资组合久期为单个债券久期的加权平均。

问题

假设投资组合包含三种债券：债券 A，面值为 1000 元，息票率为 10%，期限为五年，发行价为 100 元；债券 B，面值为 1000 元，息票率为 8%，期限为 15 年，发行价为 84.6275 元；债券 C，面值为 1000 元，息票率为 14%，期限为 30 年，发行价为 137.8590 元。这三种债券均为半年付息，投资份额分别为 4000 元、5000 元、1000 元，市场利率为 10%。求该投资组合的加权平均久期（见表 7-8）。（答案：三种债券的修正久期分别为 3.861、8.047、9.168，投资组合的加权平均久期为 6.47）

表 7-8 投资组合加权平均久期

债券	面值总额	市值 $\omega_j P_j$	权重 W_j	修正久期 $\overline{MD}_j$
A				
B				
C				
债券组合 I		$P_I = \Sigma \omega_j P_j$		

第二种方法是在特定收益率的变化基点下（比如 1bp），累加投资组合中单个债券的价格变化，则投资组合价格波动率为累加价格变化/投资组合初始市场价值，经过调整可近似得到投资组合久期。

假定债券投资组合中包含 k 种债券，每种债券投资比例为 ω_j，每种债券价格为 P_j，一个基点的价格值为 $PVBP_j$，投资组合一个基点的价格值 $PVBP_I$ 为

$$PVBP_I = \omega_1 PVBP_1 + \omega_2 PVBP_2 + \cdots + \omega_k PVBP_k \tag{7-19}$$

每种债券的修正久期 $\overline{MD}_j$ 为

$$\overline{MD}_j = \frac{PVBP_j \times 10\,000}{P_j} \tag{7-20}$$

将式（7-19）和式（7-20）代入式（7-18）可得

$$\overline{MD}_I = W_1 \overline{MD}_1 + W_2 \overline{MD}_2 + \cdots + W_k \overline{MD}_k$$

$$\Rightarrow \overline{MD}_I = \frac{\omega_1 P_1}{P_I} \frac{PVBP_1 \times 10\,000}{P_1} + \frac{\omega_2 P_2}{P_I} \frac{PVBP_2 \times 10\,000}{P_2} + \cdots + \frac{\omega_k P_k}{P_I} \frac{PVBP_k \times 10\,000}{P_k}$$

$$\Rightarrow \overline{MD}_I = (\omega_1 PVBP_1 + \omega_2 PVBP_2 + \cdots + \omega_k PVBP_k) \frac{\times 10\,000}{P_I}$$

$$\Rightarrow \overline{MD}_I = \frac{PVBP_I \times 10\,000}{P_I} \tag{7-21}$$

显然,第二种方法计算的投资组合久期与加权平均方法一致。

问题

假设投资组合包含三种债券:债券 A,面值为 1000 元,息票率为 10%,期限为五年,发行价为 100 元;债券 B,面值为 1000 元,息票率为 8%,期限为 15 年,发行价为 84.6275;债券 C,面值为 1000 元,息票率为 14%,期限为 30 年,发行价为 137.8590。这三种债券均为半年付息,投资份额分别为 4000 元、5000 元、1000 元,市场利率为 10%。试利用每种债券的 PVBP 求该投资组合的修正久期(见表 7-9)。(答案:该投资组合的修正久期为 6.47)

表 7-9 投资组合修正久期

债券	投资比例 ω_j	PVBP_j	修正久期 $\left(\overline{\text{MD}}_j = \dfrac{\text{PVBP}_j \times 10\,000}{P_j}\right)$
A			
B			
C			
债券组合 I		$\text{PVBP}_I = \Sigma \omega_j \text{PVBP}_j$	$\overline{\text{MD}}_I = \dfrac{\text{PVBP}_I \times 10\,000}{P_I}$

债券投资组合凸性的衡量方法与久期一致,即依据投资组合中单个债券凸性和相应权重计算的加权平均凸性,权重为单个债券市值/投资组合市值。

假定债券投资组合中包含 k 种债券,每种债券投资比例为 ω_j,每种债券价格为 P_j,凸性为 CV_j,则式 (7-17) 两边同时对 R 求二阶导可得

$$\begin{aligned}
\frac{\mathrm{d}^2 P_I}{\mathrm{d} R^2} &= \omega_1 \frac{\mathrm{d}^2 P_1}{\mathrm{d} R^2} + \omega_2 \frac{\mathrm{d}^2 P_2}{\mathrm{d} R^2} + \cdots + \omega_k \frac{\mathrm{d}^2 P_k}{\mathrm{d} R^2} \\
\Rightarrow \frac{\mathrm{d}^2 P_I}{\mathrm{d} R^2 P_I} &= \frac{\omega_1 P_1}{P_I} \frac{\mathrm{d}^2 P_1}{\mathrm{d} R^2 P_1} + \frac{\omega_2 P_2}{P_I} \frac{\mathrm{d}^2 P_2}{\mathrm{d} R^2 P_2} + \cdots + \frac{\omega_k P_k}{P_I} \frac{\mathrm{d}^2 P_k}{\mathrm{d} R^2 P_k} \\
\Rightarrow CV_I &= W_1 CV_1 + W_2 CV_2 + \cdots + W_k CV_k
\end{aligned} \quad (7\text{-}22)$$

式中,$W_j = \dfrac{\omega_j P_j}{P_I}$ 为权重。因此,投资组合凸性为单个债券凸性的加权平均。

问题

假设投资组合包含三种债券:债券 A,面值为 1000 元,息票率为 10%,期限为五年,发行价为 100 元;债券 B,面值为 1000 元,息票率为 8%,期限为 15 年,发行价为 84.6275;债券 C,面值为 1000 元,息票率为 14%,期限为 30 年,发行价为 137.8590 元。这三种债券均为半年付息,投资份额分别为 4000 元、5000 元、1000 元,市场利率为 10%。求该投资组合的加权平均凸性(见表 7-10)。

表 7-10 投资组合加权平均凸性

债券	面值总额	市值 $\omega_j P_j$	权重 W_j	凸性 CV_j
A				
B				
C				
债券组合 I		$P_I = \Sigma \omega_j P_j$		

第7章 债券价格波动率及其测度

本章关键词

债券价格波动率　债券价格波动率的影响因素　一个基点的价格值　收益率值　久期　麦考利久期　修正久期　久期简化公式　有效久期　关键利率久期　凸性　凸性简化公式　有效凸性　凸性价值　浮息债久期与凸性　逆向浮息债久期与凸性　利率互换久期与凸性　投资组合久期与凸性

第8章 债券投资策略

8.1 PVBP 对冲

当市场利率上升时,债券价格下降;当市场利率下降时,债券价格上升。若避免投资债券因市场利率上升导致的价值损失,可以利用市场上其他债券,通过计算各自的 PVBP 构造对冲比率来实现对冲。

举例

假设一债券组合包含三种息票债券,这三种息票债券的投资比例为 4:5:1,基本要素为:

债券 1:$i=10\%$,$n=5$ 年,$M=1000$,$R=10\%$

债券 2:$i=8\%$,$n=15$ 年,$M=1000$,$R=10\%$

债券 3:$i=14\%$,$n=25$ 年,$M=1000$,$R=10\%$

现有一对冲息票债券:$i=10\%$、$n=15$ 年、$R=10\%$。所有息票债券均为半年付息。若 R 上升 10 个基点,如何利用对冲债券对冲上述投资组合?

解:(1)三种息票债券的 PVBP 分别为

$$PVBP_1 = 0.386,\ PVBP_2 = 0.705,\ PVBP_3 = 1.21$$

(2)债券组合的 PVBP 为

$$PVBP_I = \frac{4PVBP_1 + 5PVBP_2 + PVBP_3}{10} = 0.6279$$

(3)对冲债券的 PVBP 为

$$PVBP_\Delta = 0.7682$$

(4)对冲比率 Δ 值,即买入 1 单位 1000 元面值的债券组合,同时卖出 Δ 单位 1000 元面值的对冲债券:

$$\Delta = \frac{PVBP_I}{PVBP_\Delta} = 0.8174$$

若 R 上升 10 个基点,买入 1 单位 1000 面值的债券组合的价格损失为

$$-10 \times PVBP_I = -10 \times 0.6279 = -6.279$$

卖空 0.8174 单位 1000 面值的对冲债券的价格收益为

$$0.8174 \times 10 \times PVBP_\Delta = 6.279$$

卖空对冲债券收益等于买入债券组合损失,从而实现完全对冲。

问题

假设一债券组合包含两种息票债券,这两种息票债券的投资比例为 1:1,基本要素为:

债券 1:$i=9\%$,$n=5$ 年,$M=1000$,$R=9\%$

债券 2:$i=8\%$,$n=15$ 年,$M=1000$,$R=9\%$

现有一对冲息票债券:$i=9\%$、$n=10$ 年、$R=9\%$。所有息票债券均为半年付息。若 R 上

升5个基点,如何利用对冲债券对冲上述投资组合?

8.2 免疫策略

久期和凸性可以度量固定收益类资产的利率风险,即利率变动对资产价格波动的影响。从投资者角度而言,如果预期未来利率上升,则选择投资久期较小的资产,如果预期未来利率下降,则选择投资久期较大的资产;如果预期利率波动较小,则选择凸性较小的资产,如果预期利率波动较大,则选择凸性较大的资产。从发行人角度而言,则恰恰相反。金融机构兼具投资者和发行人双重身份,同时拥有负债和资产,当市场利率变动时,负债与资产价格均会波动。金融机构在未来的资金流出属于负债,在负债结构一定的条件下,金融机构需要确定资产结构,使得资产结构与负债结构恰好平衡,从而消除或减弱利率风险。假设某金融机构发行1亿元的大额存单,期限为两年,利率为3.2%,金融机构用以投资固定收益类资产。如果资产投资期限较长,当市场利率上市时,大额存单可能面临提前支取的风险,此时金融机构不得不提前变现因利率上升而导致价格下降的未到期资产,以免遭受损失;如果资产投资期限较短,当市场利率下降时,资产再投资收益下降,金融机构资产投资总收益可能无法满足大额存单的利息支付,从而也会遭受损失。因此需要一种免疫策略,通过合理安排资产投资期限,使得金融机构可以获得对利率风险的一种"免疫力",无论利率如何变动,资产价值的贴现值始终超过负债价值的贴现值。这一免疫策略是由英国精算师 Frank Remingtom 于20世纪50年代提出的,又称 Remington 免疫策略(Remington Immunization),通常被简称为免疫。

8.2.1 部分免疫

假设负债端 L 为一系列未来现金流出 L_1、L_2、$\cdots$、L_n,资产端 A 为一系列未来现金流入 A_1、A_2、$\cdots$、A_n。负债端 L 贴现值之和为 P_L,修正久期为 $\overline{MD}_L$,凸性为 CV_L;资产端 A 贴现值之和为 P_A,修正久期为 $\overline{MD}_A$,凸性为 CV_A。设盈余为 S,则有

$$S(R) = P_A - P_L \tag{8-1}$$

式(8-1)两边同时对 R 求一阶导可得

$$\frac{dS}{dR} = \frac{dP_A}{dR} - \frac{dP_L}{dR}$$

$$\Rightarrow \frac{dS}{dR} = P_A \frac{dP_A}{dR P_A} - P_L \frac{dP_L}{dR P_L} \tag{8-2}$$

$$\Rightarrow \frac{dS}{dR} = -P_A \overline{MD}_A + P_L \overline{MD}_L$$

式(8-1)两边同时对 R 求二阶导可得

$$\frac{d^2 S}{dR^2} = \frac{d^2 P_A}{dR^2} - \frac{d^2 P_L}{dR^2}$$

$$\Rightarrow \frac{d^2 S}{dR^2} = P_A \frac{d^2 P_A}{dR^2 P_A} - P_L \frac{d^2 P_L}{dR^2 P_L} \tag{8-3}$$

$$\Rightarrow \frac{d^2 S}{dR^2} = P_A CV_A - P_L CV_L$$

部分免疫策略的三个条件为：$P_A = P_L$，$\overline{MD}_A = \overline{MD}_L$，$CV_A > CV_L$。将部分免疫的三个条件分别代入式（8-1）、式（8-2）和式（8-3）可得：$S(R) = 0$，$\dfrac{dS}{dR} = 0$，$\dfrac{d^2S}{dR^2} > 0$。假设市场利率变化 ΔR，则盈余 $S(R)$ 的二阶近似泰勒展开式为

$$S(R + \Delta R) \approx S(R) + \frac{dS}{dR}\Delta R + \frac{1}{2}\frac{d^2S}{dR^2}(\Delta R)^2 \tag{8-4}$$

显然，$\Delta S = S(R + \Delta R) - S(R) > 0$，即当市场利率小幅变化时，无论利率上升还是下降，盈余均会增加，从零变为大于零。

但部分免疫策略存在五方面的缺陷：①部分免疫策略只适用于收益率小幅变化的情形，当收益率大幅变化时，盈余 S 无法近似为二阶泰勒展开式；②假定利率期限结构水平，即假定所有期限的即期利率相同；③假定利率期限结构平行变化，即所有即期利率的变化幅度相同；④部分免疫的三个条件只适用于特定时点，在下一个时点，资产和负债的久期与凸性会发生变化，此时需重新调整资产端和负债端的现金流才能满足部分免疫的三个条件，即需要动态调整；⑤假定市场存在无风险套利机会，若市场有效或市场无套利，则资产端凸性不可能始终大于负债端凸性。

举例

假设某养老基金在十年之后要一次性支付一笔债务 1790.85 元，当前市场利率为 6%。为防范利率风险，该养老基金拟投资债券。假定市场上存在三种可供选择的债券：

债券 1：$i = 6.7\%$，$n = 10$ 年，$M = 1000$，$R = 6\%$

债券 2：$i = 6.988\%$，$n = 15$ 年，$M = 1000$，$R = 6\%$

债券 3：$i = 5.9\%$，$n = 30$ 年，$M = 1000$，$R = 10\%$

这三种息票债券均按年付息。若养老基金采用部分免疫策略，则上述三种债券有几种选择方案？哪种方案更优？

解：（1）三种息票债券的现金流现值与负债端现金流现值 P_L 分别为

$$P_1 = 1051.52,\ P_2 = 1095.96,\ P_3 = 986.24,\ P_L = 1000$$

（2）三种息票债券的修正久期与负债端的修正久期分别为

$$\overline{MD}_1 = 7.2316,\ \overline{MD}_2 = 9.434,\ \overline{MD}_3 = 13.8076,\ \overline{MD}_L = 9.434$$

（3）三种息票债券的凸性与负债端的凸性分别为

$$CV_1,\ CV_2,\ CV_3,\ CV_L$$

依据部分免疫策略的第二个条件，即资产端现金流久期与负债端现金流久期相等，存在两种投资方案。

方案一：同时投资债券 1 和债券 3。设投资比例分别为 ω_1 和 ω_3。则由免疫策略第一个条件 $P_A = P_L$ 可得

$$P_A = \omega_1 P_1 + \omega_3 P_3 = \omega_1 1051.52 + \omega_3 986.24 = 1000 = P_L$$

由免疫策略第二个条件 $\overline{MD}_A = \overline{MD}_L$ 可得

$$\overline{MD}_A = \frac{\omega_1 P_1}{P_A}\overline{MD}_1 + \frac{\omega_3 P_3}{P_A}\overline{MD}_3 = \frac{\omega_1 1051.52}{1000} \times 7.2316 + \frac{\omega_3 986.24}{1000} \times 13.8076 = 9.434 = \overline{MD}_L$$

由此可求得投资比例 ω_1 和 ω_3，则免疫策略第三个条件被满足，即有

$$CV_A = \frac{\omega_1 P_1}{P_A}CV_1 + \frac{\omega_3 P_3}{P_A}CV_3 > CV_L$$

方案二：只投资债券 2。设投资比例为 ω_2。则由免疫策略第一个条件 $P_A = P_L$ 可得

$$P_A = \omega_2 P_2 = \omega_2 1095.96 = 1000 = P_L$$

由此可求出 ω_2。则免疫策略第二、三个条件被满足,即有

$$\overline{MD}_A = \frac{\omega_2 P_2}{P_A}\overline{MD}_2 = 9.434 = \overline{MD}_L$$

$$CV_A = \frac{\omega_2 P_2}{P_A}CV_2 > CV_L$$

方案一和方案二都满足免疫策略的三个条件,但相较之下,方案一的资产端凸性大于方案二,即 $\frac{\omega_1 P_1}{P_A}CV_1 + \frac{\omega_3 P_3}{P_A}CV_3 > \frac{\omega_2 P_2}{P_A}CV_2$。由式 (8-4) 可知,在负债端凸性一定条件下,当市场利率变化时,资产端凸性越大,盈余增加越大,因此选择方案一更优。

问题

以上面的例子为例,试给出三种债券和方案一债券组合的价格收益曲线,并比较方案一债券组合与债券 2 的价格收益曲线的修正久期和凸性。

8.2.2 完全免疫

部分免疫策略只适用于收益率小幅变化的情形,当收益率大幅变化时,是否存在一种免疫策略也会使盈余增加呢?这种免疫策略称为完全免疫策略(Full Immunization)。

定理 8-1:假设负债端为单一未来现金流出 L,到期期限为 t,资产端 A 为两笔单一未来现金流入 A_1、A_2,到期期限分别为 t_1、t_2。设盈余为 S,当前市场利率为 R_0。若在当前市场利率下,以下三个条件同时满足,则无论市场利率如何变化,盈余均会增加,即实现完全免疫。

(1) $P_A = P_L$;(2) $\overline{MD}_A = \overline{MD}_L$;(3) $t_1 < t < t_2$

证明:设 $t_1 = t - a$、$t_2 = t + b$ ($a, b > 0$),为简化起见,这里考虑连续时间价值。在当前市场利率 R_0 下,盈余 S 为

$$S(R_0) = P_A - P_L = A_1 e^{-(t-a)R_0} + A_2 e^{-(t+b)R_0} - L e^{-tR_0}$$

由条件(1)可得

$$S(R_0) = 0$$
$$\Rightarrow A_1 e^{-(t-a)R_0} + A_2 e^{-(t+b)R_0} = L e^{-tR_0}$$
$$\Rightarrow A_1 e^{aR_0} + A_2 e^{-bR_0} = L$$

由条件(2)可得

$$\frac{dS(R_0)}{dR} = 0$$
$$\Rightarrow A_1 a e^{-(t-a)R_0} = A_2 b e^{-(t+b)R_0}$$
$$\Rightarrow A_2 = A_1 \left(\frac{a}{b}\right) e^{(a+b)R_0}$$

对于任意的市场利率 R,盈余 S 为

$$S(R) = A_1 e^{-(t-a)R} + A_2 e^{-(t+b)R} - L e^{-tR}$$
$$= e^{-tR}[A_1 e^{aR} + A_2 e^{-bR} - (A_1 e^{aR_0} + A_2 e^{-bR_0})]$$
$$= e^{-tR} A e^{aR_0}\left[e^{a(R-R_0)} + \frac{a}{b}e^{-b(R-R_0)} - \left(1 + \frac{a}{b}\right)\right]$$

设 $f(R) = e^{a(R-R_0)} + \dfrac{a}{b} e^{-b(R-R_0)} - \left(1 + \dfrac{a}{b}\right)$，则 $f'(R) = ae^{a(R-R_0)} - ae^{-b(R-R_0)}$。由于 $a, b > 0$，则有

$$f'(R) \begin{cases} = 0 & R = R_0 \\ > 0 & R > R_0 \\ < 0 & R < R_0 \end{cases}$$

因此，当 $R = R_0$ 时，$f(R)$ 有最小值 $f(R_0) = 0$，$S(R)$ 有最小值 $S(R_0) = 0$；当 $R \neq R_0$ 时，$f(R) > 0$，$S(R) > 0$。即无论市场利率如何变化，盈余均会增加，实现完全免疫。

举例

某保险公司在十年末需要支付一笔 20 000 元的债务，为了偿还这笔负债，该公司可供选择的投资方案只有购买五年期零息票债券和 15 年期零息票债券。假定当前市场利率为 10%。试问：该保险公司为达到完全免疫的目的，应如何分配在这两种零息票债券上的投资？若该保险公司处于完全免疫的状态，则当市场利率变为 20% 时，保险公司的盈余将如何变化？

解：设保险公司分别投资面值为 X 元的五年期零息债券和面值为 Y 元的 15 年期零息债券。

(1) 资产端现金流现值 P_A 和负债端现金流现值 P_L 分别为

$P_A = X(P/S,10\%,5) + Y(P/S,10\%,15)$，$P_L = 20\ 000\ 元 \times (P/S,10\%,10) = 7710.87\ 元$

(2) 资产端的修正久期与负债端的修正久期分别为

$$\overline{MD}_A = 5\dfrac{X(P/S,10\%,5)}{P_L} + 15\dfrac{Y(P/S,10\%,15)}{P_L}, \overline{MD}_L = 10$$

由完全免疫策略第一个条件 $P_A = P_L$ 可得

$$X(P/S,10\%,5) + Y(P/S,10\%,15) = 7710.87$$

由完全免疫策略第二个条件 $\overline{MD}_A = \overline{MD}_L$ 可得

$$5\dfrac{X(P/S,10\%,5)}{7710.87} + 15\dfrac{Y(P/S,10\%,15)}{7710.87} = 10$$

由此可求得 $X = 6209.21$、$Y = 16105.1$。由于负债端现金流到期期限介于资产端两个现金流到期期限之间，满足完全免疫的第三个条件，因而可以实现完全免疫。

当市场利率变为 20% 时，保险公司盈余 S 为

$S = P_A - P_L = 6209.21\ 元 \times (P/S,20\%,5) + 16105.1\ 元 \times (P/S,20\%,15) - 7710.87\ 元 = 310.54\ 元$

问题

(1) 某保险公司在十年末需要支付一笔 2000 万元的债务，该保险公司选择投资面值为 6 209 213.23 元的五年期的零息债券和面值为 16 105 100 元的 15 年期的零息债券。假定当前市场利率为 10%。试问：该保险公司是否处于完全免疫的状态？当市场利率变为 20% 时，保险公司的盈余将如何变化？（答案：盈余 310 540.99 元）

(2) 某保险公司在十年末需要支付一笔 15 000 元的债务，为了偿还这笔负债，该公司可供选择的投资方案只有购买五年期零息债券和 15 年期零息票债券。假定当前市场利率为 8%。试问：该保险公司为达到完全免疫的目的，是否应平均分配在这两种零息票债券上的投资？

8.2.3 部分免疫与完全免疫的关系

部分免疫与完全免疫的前两个条件完全一致，区别在于第三个条件，实际上完全免疫的第

三个条件要比部分免疫更强,也就是说,完全免疫一定部分免疫,但部分免疫却不一定完全免疫。为弄清二者的关系,首先引入两个关于修正久期和凸性的定理。

定理 8-2:$\dfrac{d\overline{MD}}{dR} = -\sigma^2$。式中,$\sigma^2$ 为债券未来现金流到期期限 t 的方差。

证明:设未来 t 期现金流为 D_t($t = 1, 2, \cdots, n$),贴现率为 R,则现金流如图 8-1 所示。

```
      D₁      D₂       ⋯        Dₙ₋₁      Dₙ
──────┼───────┼────────┼─────────┼─────────┼──
  0   1       2        ⋯         n−1       n
```

图 8-1 现金流

将未来现金流到期期限 t 视为随机变量,则到期期限 t 的概率见表 8-1。

表 8-1 未来现金流到期期限概率

到期期限 t	1	2	⋯	n
概率 ω	ω_1	ω_2	⋯	ω_n

表 8-1 中,$\omega_1 = \dfrac{D_1 e^{-R}}{\sum\limits_{t=1}^{n} D_t e^{-Rt}}$,$\omega_2 = \dfrac{D_2 e^{-2R}}{\sum\limits_{t=1}^{n} D_t e^{-Rt}}$,$\cdots$,$\omega_n = \dfrac{D_n e^{-nR}}{\sum\limits_{t=1}^{n} D_t e^{-Rt}}$,为简化起见,这里考虑连续时间价值。设到期期限 t 的期望值和方差分别为 $E(t)$ 和 $D(t)$,则有

$$E(t) = \sum_{t=1}^{n} t\omega_t = \dfrac{\sum\limits_{t=1}^{n} t D_t e^{-Rt}}{\sum\limits_{t=1}^{n} D_t e^{-Rt}} = \overline{MD}$$

$$D(t) = E(t^2) - [E(t)]^2 = \dfrac{\sum\limits_{t=1}^{n} t^2 D_t e^{-Rt}}{\sum\limits_{t=1}^{n} D_t e^{-Rt}} - \left[\dfrac{\sum\limits_{t=1}^{n} t D_t e^{-Rt}}{\sum\limits_{t=1}^{n} D_t e^{-Rt}}\right]^2 = \sigma^2$$

因此有

$$\dfrac{d\overline{MD}}{dR} = \dfrac{-\sum\limits_{t=1}^{n} t^2 D_t e^{-Rt} \sum\limits_{t=1}^{n} D_t e^{-Rt} + \sum\limits_{t=1}^{n} t D_t e^{-Rt} \sum\limits_{t=1}^{n} t D_t e^{-Rt}}{\left[\sum\limits_{t=1}^{n} D_t e^{-Rt}\right]^2}$$

$$= -\left[\dfrac{\sum\limits_{t=1}^{n} t^2 D_t e^{-Rt}}{\sum\limits_{t=1}^{n} D_t e^{-Rt}} - \left(\dfrac{\sum\limits_{t=1}^{n} t D_t e^{-Rt}}{\sum\limits_{t=1}^{n} D_t e^{-Rt}}\right)^2\right] = -\sigma^2$$

定理 8-3:$CV = \sigma^2 + (\overline{MD})^2$。式中,$\sigma^2$ 为债券未来现金流到期期限 t 的方差。

证明:设债券价格为 P,由修正久期和凸性的定义公式可得

$$\overline{MD} = -\dfrac{P'(R)}{P(R)},\quad CV = -\dfrac{P''(R)}{P(R)}$$

则由定理 8-2 可得

$$\frac{d\overline{MD}}{dR} = -\frac{P''(R)P(R) - P'(R)P'(R)}{P^2(R)} = -\frac{P''(R)}{P(R)} + \left[\frac{P'(R)}{P(R)}\right]^2$$

$$= -CV + (\overline{MD})^2 = -\sigma^2$$

$$\Rightarrow CV = \sigma^2 + (\overline{MD})^2$$

定理 8-4：假设负债端为单一未来现金流出 L，到期期限为 t，资产端 A 为两笔单一未来现金流入 A_1、A_2，到期期限分别为 t_1、t_2。设当前市场利率为 R_0。若在当前市场利率下完全免疫三个条件同时满足，则部分免疫的三个条件也会满足。即若（1）$P_A = P_L$，（2）$\overline{MD}_A = \overline{MD}_L$，（3）$t_1 < t < t_2$，则有：（1）$P_A = P_L$，（2）$\overline{MD}_A = \overline{MD}_L$，（3）$CV_A > CV_L$。

证明：只需证明条件三。由于负债端为单一未来现金流且到期期限为 t，资产端为两笔现金流，则由定理 8-1 可得

$$\overline{MD}_A = \overline{MD}_L = t, \ \sigma_A^2 > 0, \ \sigma_L^2 = 0$$

由定理 8-2 可得

$$CV_A = \sigma_A^2 + (\overline{MD}_A)^2 > 0 + t^2 = t^2, CV_L = \sigma_L^2 + (\overline{MD}_L)^2 = 0 + t^2 = t^2$$

因此可得 $CV_A > CV_L$，即完全免疫一定部分免疫。

8.3 利率互换久期对冲

利率互换可以视为同时持有方向相反的固定利率债券和浮动利率债券，因而持有不同方向头寸的利率互换，其久期可能为正或负。这时，若在现有债券组合中引入利率互换进行对冲，就可以增加或减小现有债券组合的久期。当然，现有债券组合的利率风险来源要与利率互换中的浮动利率一致。

假定现有债券组合的修正久期为 $\overline{MD}_{I0}$，目标久期为 $\overline{MD}_{I1}$，对冲利率互换久期为 $\overline{MD}_{IRS}$，现有债券组合市值和对冲利率互换名义本金分别为 M_I、M_{IRS}，则有

$$M_I \overline{MD}_{I0} + M_{IRS} \overline{MD}_{IRS} = M_I \overline{MD}_{I1} \tag{8-5}$$

因而确定了对冲的利率互换久期，就可以确定对冲的利率互换名义本金。

问题

已知市场上利率互换期限为两年，浮动利率为 Shibor，固定利率为 5%，互换周期为半年。一金融机构持有债券组合市值为 5 亿元，债券组合修正久期为 5.5。现金融机构欲将债券组合修正久期降低至 4.5，则应如何参与利率互换实现久期对冲？对冲利率互换名义本金为多少？（答案：金融机构应选择收入浮动利率支付固定利率来参与利率互换，利率互换修正久期为 -1.25，对冲利率互换名义本金为 4 亿元）

8.4 现金流匹配策略

现金流匹配（Cash Flow Matching）也是利率风险管理的一种策略，其核心思想是对债务端未来到期的每一笔现金流出匹配一笔具有相同到期期限和金额的资产端现金流入，在未来不同到期期限，恰好以到期的资产端现金流入偿还负债端现金流出。由于资产端现金流与负债端

现金流具有相同到期期限和金额，因此实际上资产端现金流完全复制了负债端现金流。在当前市场利率下，资产端现金流现值之和等于负债端现金流现值之和；当市场利率变化时，资产端现金流与负债端现金流变化幅度相同，因而资产端现金流现值之和仍等于负债端现金流现值之和，即无论利率上升还是下降，盈余均为零。

现金流匹配策略的优点是无须动态调整资产组合，但却要求策略人能比较准确地预测资产端和负债端的未来现金流，同时因限制了投资选择而缺乏弹性，若市场上债券现金流与负债端现金流无法完全匹配，则不能应用现金流匹配策略。若市场上存在不同期限的零息债券，则现金流匹配策略相对简单，只需按负债端不同期限的现金流选择对应期限的零息债券即可。若市场上只有息票债券，则需按现金流期限由长到短的顺序，先为负债端最长期限现金流选择对应期限的息票债券，再为负债端次长期限现金流选择对应期限的息票债券，以此类推，直至为负债端最短期限现金流选择对应期限的息票债券。

举例

金融机构 A 未来负债端现金流见表 8-2。

表 8-2 负债端现金流

期限（年）	1	2	3	4	5
负债端现金流（元）	1794	6744	144	3144	824

市场上可供该金融机构投资的息票债券为：①息票率为 5% 的一年期息票债券；②息票率为 10% 的两年期息票债券；③息票率为 4% 的四年期息票债券；④息票率为 3% 的五年期息票债券。假定每种息票债券的面值为 1000（元），到期收益率为 5%。试问：如果该金融机构打算通过现金流匹配策略来管理利率风险，则应如何投资这四种债券？

解：该金融机构为实现现金流匹配策略，应购买 1 单位面值的一年期息票债券、6 单位面值的两年期息票债券、3 单位面值的四年期息票债券、0.8 单位面值的五年期息票债券。具体策略与净现金流见表 8-3。

表 8-3 现金流匹配策略下的净现金流

期限（年）	1	2	3	4	5
负债端现金流（元）	1794	6744	144	3144	824
五年期债券现金流（元）	24	24	24	24	824（0.8 份）
剩余负债端现金流（元）	1770	6720	120	3120	0
四年期债券现金流（元）	120	120	120	3120（3 份）	
剩余负债端现金流（元）	1650	6600	0	0	
两年期债券现金流（元）	600	6600（6 份）			
剩余负债端现金流（元）	1050	0			
一年期债券现金流（元）	1050（1 份）				
剩余负债端现金流（元）	0				

问题

某养老基金未来负债端现金流见表 8-4。

表 8-4 负债端现金流

期限（年）	1	2	3	4	5
负债端现金流（元）	4090	6790	3550	36550	5250

市场上可供该金融机构投资的息票债券为：①息票率为 20% 的两年期息票债券；②息票率为 10% 的四年期息票债券；③息票率为 5% 的五年期息票债券。假定每种息票债券的面值为 100 元，到期收益率为 5%。试问：如果该养老基金打算通过现金流匹配策略来管理利率风险，则应如何投资这三种债券？

本章关键词

PVBP 对冲　部分免疫策略　完全免疫策略　利率互换久期对冲　现金流匹配策略

参 考 文 献

[1] 桑德斯. 信用风险度量：风险估值的新方法与其他范式 [M]. 刘宇飞，译. 北京：机械工业出版社，2001.

[2] 陈蓉，郑振龙. 固定收益证券 [M]. 北京：北京大学出版社，2011.

[3] 贝兹-洛佩兹. MATLAB 应用：工程、物理和金融领域（英文影印注释版）[M]. 郭凯，注释. 北京：机械工业出版社，2017.

[4] 法博齐. 固定收益证券手册：第 8 版 [M]. 范舟，王新荣，胡东屿，等译. 北京：中国人民大学出版社，2018.

[5] 法博齐. 固定收益证券分析 [M]. 汤震宇，杨玲琪，译. 北京：机械工业出版社，2015.

[6] 特维德. 金融心理学：掌握市场波动的真谛（修订版）[M]. 周为群，译. 北京：中国人民大学出版社，2007.

[7] 林清泉. 固定收益证券 [M]. 北京：中国人民大学出版社，2013.

[8] 潘席龙. 固定收益证券分析 [M]. 成都：西南财经大学出版社，2007.

[9] 史树中. 金融经济学十讲 [M]. 上海：上海人民出版社，2005.

[10] 普利斯卡. 数理金融学引论：离散时间模型 [M]. 王忠玉，译. 北京：经济科学出版社，2002.

[11] 宋蓬明. 金融工程原理：无套利均衡分析 [M]. 北京：清华大学出版社，1999.

[12] 塔克曼，塞拉特. 固定收益证券：第 3 版 [M]. 范龙振，林祥亮，戴思聪，等译. 北京：机械工业出版社，2014.

[13] 王一鸣. 数理金融经济学 [M]. 北京：北京大学出版社，2000.

[14] 叶中行，林建忠. 数理金融：资产定价与金融决策理论 [M]. 北京：科学出版社，2000.

[15] 赫尔. 期权、期货及其他衍生品：第 8 版 [M]. 王勇，索吾林，译. 北京：机械工业出版社，2011.

[16] COX J C, INGERSOLL J E, ROSS S A. A theory of the term structure of interest rates [J]. Econometrica, 1985, 53 (2)：385-407.

[17] DUFFIE D. Dynamic asset pricing theory [M]. Princeton：Princeton University Press, 2001.

[18] HULL J, WHITE A. Pricing interest-rate derivative securities [J]. Review of financial studies, 1990, 3 (4)：573-592.

[19] HULL J, WHITE A. Numerical procedures for implementing term structure models Ⅰ：single-factor models [J]. The journal of derivatives, 1994, 2 (2)：7-16.

[20] HULL J, WHITE A. Numerical procedures for implementing term structure models Ⅱ：two-factor models [J]. The journal of derivatives, 1994, 2 (2)：37-48.

[21] HULL J, WHITE A. Using Hull-White interest rate trees [J]. The journal of derivatives, 1996, 3 (3)：26-36.

[22] STAMPFLI J, GOODMAN V. 金融数学 [M]. 蔡明超，译. 北京：机械工业出版社，2004.

[23] COMBELL J Y, LO A W, MACKINLAG A C. The econometrics of financial markets [M]. Princeton：Princeton University Press, 1997.

[24] VASICEK O. An equilibrium characterization of the term structure [J]. Journal of financial and quantitative analysis, 1977, 12 (4)：177-188.